家藏文库

梁启超家书

梁启超 著　解玺璋 导读

中州古籍出版社
·郑州·

图书在版编目（CIP）数据

梁启超家书 / 梁启超著；解玺璋导读. — 郑州：中州古籍出版社，2016.1
（家藏文库）
ISBN 978-7-5348-5734-8

Ⅰ. ①梁… Ⅱ. ①梁… ②解… Ⅲ. ①梁启超（1873～1929）- 书信集 Ⅳ. ①K825.1

中国版本图书馆CIP数据核字（2015）第269432号

家藏文库：梁启超家书

选题策划	卢欣欣　赵发杰
约稿统筹	卢欣欣
责任编辑	卢欣欣
责任校对	李接力
封面设计	王　歌
版式设计	曾晶晶

出　版	中州古籍出版社
	地址：河南省郑州市经五路66号
	邮编：450002
	电话：0371-65788693
经　销	新华书店
印　刷	河南大美印刷有限公司
版　次	2016年1月第1版
印　次	2017年4月第2次印刷
开　本	640毫米×960毫米　1 / 16
印　张	24.25印张
字　数	350千字
定　价	36.00元

凡 例

一、本书所选梁启超家书，以当下流行的数种《梁启超家书》为底本，并参照丁文江、赵丰田编《梁启超年谱长编》，吴荔明著《梁启超和他的儿女们》，中华书局版《梁启超未刊书信手迹》进行校订，并以"手迹"为准。

二、本书所选家书，侧重于梁启超与儿女们的关系，选择那些能够体现梁启超的亲子之爱，体现他对儿女们的期许、关心、指导、教育，体现梁氏家风与家教的篇章。

三、本书对家书中难解的人名、字、号、官职、身份、称呼、地名、器物名称和简短的引语作了必要的注释。

四、本书对家书中所用外国人名、地名、书名，虽与今天习惯用法不合，不以今天标准改正，保留原貌。家书中个别与今天用法不同的字，亦保留原貌，不再以今天标准用法改正。

五、本书附录所选内容，除《梁启超在徐志摩和陆小曼婚礼上的训词》选自《梁启超年谱长编》外，均选自《饮冰室合集》，是对家书中所体现的梁氏家风与家教的一种补充或延伸。

导 读

新会梁氏的家风与家教

一

近些年来，梁启超的教子之道越来越为人们所关注。一个津津乐道的话题便是，梁氏一门何以能出三个院士，而其他几个子女也都是各自领域里十分杰出的人才。这种情形在今天确实能引起很多父母的兴趣，作为一代独生子女的父母几乎没有不"望子成龙"的，他们比任何时候的父母都更在意子女能否成才。

有一种说法，认为当今时代生存竞争演变得越发激烈和残酷，为了不让自己的孩子输在起跑线上，做父母的往往罄其所有和所能于孩子的早期教育，甚至从早教发展到了胎教，以至于在社会上形成了一个庞大的产业链和利益集团，而高额的教育费用也让家长们感到负担之沉重非常人所能承载，故有所谓"生儿容易养儿难"的说法。不过，特别使人感到不满意的，是其虽然付出了昂贵的代价却没有得到相应的回报，教育的一塌糊涂（不只家教）给人们带来的是一种深刻的绝望感。

梁氏家教似乎就在这种情形之下进入了大众视野。人们不禁惊叹梁氏一门有九朵奇葩，满门俊秀，以为其在悠久的中国历史长河中亦属罕见，可谓前无古人，后无来者；而且，探求梁氏家教的秘密，也成为众多家长的期许，看看梁启超是如何教育子女并获得成功的，他的教育方式和理念，也许能给我们一些启迪和借鉴。

梁启超是举世公认的改革家、思想家、教育家，文化启蒙的一代宗师，他在甲午战后，国家生死存亡之际，呼吁变法维新，就以教育为突破口。他说："吾今为一言以蔽之曰：变法之本，在育人才，人才之兴，在开学校，学校之立，在变科举，而一切要其大成，在变官制。"①又说："故言自强于今日，以开民智为第一义。"②所谓开民智，说到底，就是要在民众中造就健全的人格。综合他的多次表述，所谓健全人格，至少应该包括：有远大的志向、有自省的能力、严以律己、宽以待人、学而不厌、勤于思考、善与朋友相处、有自制能力、热心公共事务、有冒险精神、自由独立、有爱国情怀，等等。后来他强调"新民为今日中国第一急务"③，也是把国民教育提到了前所未有的高度。"苟有新民，何患无新制度、无新政府、无新国家？"④他总结了中国维新变法的历史教训，认为："吾国言新法数十年而效不见睹者，何也？则于新民之道未有留意焉者也。"⑤

也许有人会问，这里所讲的健全人格，应该属于国民教育的范畴，和梁氏家教有什么关系呢？其实不然。梁氏家教的不同凡响之处，恰恰在于梁启超把家教视为国民教育之基础。他认为，自己的儿女都应该是人格健全，能为国家自觉承担道德责任的新式国民，而不只是梁家的孝子贤孙，能够出人头地，光宗耀祖。这一点也不奇怪。在一个新旧社会转型的时代，梁启超的身上不可避免地兼有东西方两种思想文化的特质。一方面，他接受了来自西方的民族国家观念，尤为看重国民（公民）资格的养成，以为这是中国改变积贫积弱的状况，得以进步、自强的先决条件；而另一方面，他骨子里还是儒家思想，视家国为一体，既强调国家至上，民族至上，又很重视家风、家教在造就健全人格过程中不可替代的作用。特别是欧战之后，他的思想回归传统，对西方的个人本位和自由放任提出质疑，个人对于国家、民族应该负有的责任，更成为他所期许的健全人格不可缺少的内涵之一。当年他在清

---

① 引自梁启超《变法通议·论变法不知本原之害》，《饮冰室合集·文集》之一，第10页，中华书局1989年3月版。
② 引自梁启超《变法通议·学校总论》，同上，第14页。
③ 引自梁启超《新民说》，《饮冰室合集·专集》之四，第1页，中华书局1989年3月版。
④ 同上，第2页。
⑤ 同上。

华学校演说,就曾把英美的绅士(劲德尔门)教育与中国传统的君子教育相提并论,以为无论中西,都"以养成国民之人格为宗旨","必使人人得发展其本能,人人得勉为劲德尔门,即我国所谓君子者"。[1]他还寄语清华学子,要以"自强不息"和"厚德载物"作为人生之目标,"崇德修学,勉为真君子,异日出膺大任,足以挽既倒之狂澜,作中流之底柱"[2],那便是国家之大幸了。

这是梁启超的一贯看法,他始终认为,"教育之事,为国家前途所托命"[3],学校教育如是,家庭教育亦如是,没有例外。而且,家庭教育又何尝不是学校教育的基础和先声呢?明乎此,我们才能真正了解,从梁启超到梁思成辈,再到梁从诫辈,何以梁氏一门几代人都能把家国情怀作为君子以道自任的情感归宿。抗战期间,为救病中的梁思永和林徽因,傅斯年写信给中央研究院代院长朱家骅,称赞梁启超"于中国新教育及青年爱国思想上大有影响启明之作用",并说道:"其长子、次子,皆爱国向学之士,与其他之家风不同。"[4]傅斯年不是梁启超的同道和门生,但他的这番话却一语中的,道出了梁氏家风与家教的核心价值。

二

然而,要谈梁氏的家风与家教,不能不从梁启超的早期教育谈起。至少有三个至亲的人在其中发挥了重要作用:一是他的祖父,二是他的父亲,还有一位是他的母亲。他们在教育梁启超及其他后辈子孙的过程中,逐渐形成了梁氏的家风与家教。

梁启超是广东新会人氏,1873年2月23日(清同治十二年正月二十六日)生于新会之熊子乡茶坑村。梁启超出生时,梁氏一族迁居此地已有

---

[1] 梁启超《在清华学校演说词》,夏晓虹辑《饮冰室合集集外文》,中册,第602页,北京大学出版社2005年1月版。
[2] 同上,第603页。
[3] 梁启超《在广东高等师范学校演说词》,同上,第635页。
[4] 解玺璋《梁启超传》上部,第304页,上海文化出版社2012年10月版。

二百四五十年了。在漫长的历史岁月中，他的高祖、曾祖一直都以农耕为业，是中国乡村中最常见的普通农民，地位、财富、学识都是微不足道的。到了他祖父这一代，"始肆志于学"①，一边种地，一边攻读诗书，终于考取了"生员"，俗称秀才，才使得梁家跻身于绅士阶层，成为当地受人尊敬的乡绅。

这是梁氏家风与家教的起点，或曰底色。梁启超在写给孩子们的信中多次提到他们是"寒士家风"，有其"家门本色"，说的就是这种情形。在这里，梁启超的祖父为梁氏家风与家教奠定了第一块基石。当时的中国乡村，除了科举，没有别的进身途径；教育以私塾、家塾为主。多年以后，梁启超谈及他所看到的国民教育，还是一派放任自流的景象。官宦世家就不必说了，像梁家这种清贫的小康之家，也只有科举求仕、读书做官这一条路。这是他们改变自身及家族命运，提升其社会地位的必由之路。

梁启超的祖父，名维清，字延后，号镜泉先生，他也许不是茶坑梁氏家族第一个走上这条路的人，却是第一个考取功名的人。尽管这功名不算高，却足以让他以"寒士"身份来设想自己家族的未来。他并无学术专长，也没有著述流传于世，不过就是个秀才，"援例捐作附贡生"，才得到"教谕"一职，管理一县的文教事业。②这是一个比七品芝麻官还低一级的八品小官，却是他一生仕途所达到的顶峰。所以，他很想在教育儿子这件事上有一些作为，也就是梁启超所称誉于祖父的"以宋明儒义理名节之教贻后昆"③。

关于"宋明儒义理名节之教"，我们后面还会提到，这里先说他是如何"贻后昆"的。他有过三个儿子，长子、次子先后病故，小儿子梁宝瑛即梁启超的父亲，就成了他唯一的希望。按照族里的规定，考取功名的人都能得到一份用家族"公尝"（即公田收入）作奖励的"封包"。他先用这笔钱买了十几亩田，另有十几亩是祖辈留下的，加在一起就有了二十余亩。有了这个基础，可以衣食无忧了，他便辞去县里"教谕"一职，回乡过上了"田可耕兮书可读，半为农者半为儒"的生活。他购置了一些经史类图书，又在自家屋后空地上建起一间小书斋，取名"留余"，专为课子读书之用。但梁宝

---

① 丁文江、赵丰田编《梁启超年谱长编》，第5页，上海人民出版社1983年8月版。
② 同上，第7页。
③ 梁启超《哀启》，见本书附录第327页。

瑛的仕途并不顺利，屡试不第，连秀才都没考中。三十岁后，由于父亲经常生病，作为家中唯一的壮男，他便放弃了登科及第的梦想，一边耕种从父亲那里继承下来的六七亩田，一边在乡里的私塾执教。这样，既能侍奉生病的父亲，又能督责子侄的学业，可谓一举两得。

梁启超是梁宝瑛的长子。他的到来，使梁维清的心里升起了新的希望。他曾回忆幼年时代："王父及见之孙八人，而爱余尤甚。"①在梁维清生前所见的八个孙儿中，梁启超是他最为喜爱的。在这个孙子身上，梁维清确实倾注了大量心血。根据现有材料我们知道，梁启超从四五岁开始读书，便由祖父悉心指导。他提到祖父当时曾经教他读过两部书，一部是《四子书》，另一部是《诗经》。后者即为"五经"之一，而前者便是我们通常所说的"四书"，包括《大学》《中庸》《论语》《孟子》。相传《大学》为曾参所作，《中庸》为子思所作，曾参是孔子的学生，子思是孔子的孙子，他们和孔子、孟子合称"四子"，是早期儒家的四位代表人物。在很长一段时间里，《大学》《中庸》并未单独成书，朱熹将它们从《礼记》中抽出，与《论语》《孟子》合编为一书，并增加了注解，称为《四书章句集注》，作为学生的教材。自元代开始从其中摘出考题并以朱熹的注释作为标准答案，开了科举考"四书义"的先河；明代以八股取士，尊程朱理学，朱元璋更把"四书"钦定为考试专用书，于是，"四书"的地位从此凌驾于所有典籍之上。"六七百年来，数岁孩童入三家村塾者，莫不以'四书'为主要读本，其书遂形成一般常识之基础，且为国民心理之总关键。"②

这应该也是梁氏家风与家教形成的关键。既然科举仕进之路是每个学子的必由之路，那么，作为科举考试所规定的必读书，梁维清选择《四子书》为梁启超发蒙，是完全可以理解的。"六岁后，就父读，受中国略史，五经卒业。"③至此，对梁启超来说，"四书""五经"的基础教育已经完成。

---

①梁启超《三十自述》，见本书附录第290页。
②梁启超《要籍解题及其读法》，《饮冰室合集·专集之七十二》，第1页，中华书局1989年3月版。
③梁启超《三十自述》，见本书附录第290页。

他八岁开始学做文章,九岁能缀千言,尽管只是八股而已,他仍以专心向学的态度认真对待。因为,"虽心不慊之,然不知天地间于帖括外,更有所谓学也"①。他的努力没有付诸流水,年不满十岁,他随叔伯兄长一起赴省城参加童子试;年十二岁,便考取了秀才,补博士弟子员。

梁维清对于梁启超,除了教他读圣贤书,也很重视言传身教。至少在六岁以前,梁启超都和祖父生活在一起。白天,他跟着祖父一起读书、玩耍;夜里,他和祖父同床而眠,听祖父讲古代英雄豪杰、名士硕儒的故事。梁维清很善于利用身边的历史遗迹、人文环境、节日庆典、祭祀活动,给孙儿讲述那些沉痛的往事。梁家居住的茶坑村,离南宋王朝最终覆灭的崖山不远,这里曾经上演过全体臣民在外侮面前绝不屈服、舍身取义的悲壮一幕。后来有人在此建起一座慈元殿,奉祀帝后和死节的臣民。明朝成化年间,为了纪念抗元牺牲的文天祥、陆秀夫、张世杰三位忠臣,又在这里建起一座大忠祠。此外还有忠义坛、全节庙,都是为表彰宋元之际死难的忠义、节烈之士而建的。梁家的祖墓就在崖山,每逢清明节,梁维清带领儿孙扫墓祭祖,总要从这里经过,此时他便声情并茂地把这里发生过的故事讲给孩子们听。久而久之,忧国忧民的种子就在梁启超幼小的心里扎下了根。

茶坑村有一座北帝庙,庙里珍藏着四十八幅水粉工笔古画,据说是明末清初一个来历不明的人所绘,每幅画上绘有一个历史上赫赫有名的忠臣或孝子的故事,共有二十四位忠臣,二十四个孝子。这些画平时是藏而不露的,只有在每年正月十五上元佳节,才悬挂出来,供人观赏。这时,梁维清就领着儿孙到庙里来观看,并指点着每一幅画,讲故事给他们听。每个月的农历初一,他还要带着儿孙到附近的祠堂、寺庙中瞻仰、祭拜。遇到家族里先人的忌日,他则素食,不饮酒,不食肉。他是个极普通的乡绅,他的功名顶多就是个秀才,他当然读过一些书,包括参加科考不得不读的"四书",但是,他的家风、家教主要并不来自儒家的书本,而是他在日常生活中得到的经验和感受,以及当地民风民俗、文物遗存所构成的人文环境给予他的影响,还有就是流行于民间的社会主导思想和伦理观念

---

① 梁启超《三十自述》,见本书附录第290页。

的长期熏陶和浸染。这些最终构成了他的道德观念和行为准则，他的言传身教，他的人品情操，都是由此衍生出来的。梁启超说他"勤俭朴实，其行己也密，忠厚仁慈，其待人也周，其治家也严，而训子也谨，其课诸孙也详而明"①。梁启超和祖父一起生活了十九年，他的人格和事业，很多都得益于祖父的教诲和感化。

三

梁启超的禀赋以及儿童时代所受到的教育，得自其祖父之处固多，得自其父母之处亦不少。母亲是第一个教他识字的人，然而我们所知道的她对梁启超的教育，只有六岁时责打一事。据梁启超回忆，他六岁时，记不得因为什么，说了谎话。母亲发觉后，十分生气，把他叫到卧房，严加盘问。母亲本来是慈祥的，终日含笑，很疼爱自己的孩子，但这时却是一副盛怒的样子。她命令梁启超跪在地上，竟"力鞭十数"，同时警告伏在膝下的儿子，如果再说谎，将来只能做盗贼或乞丐。②

他的父亲梁宝瑛，字莲涧，人称莲涧先生。虽然不曾博得半点功名，但他退居乡里，教书育人，也深得乡民的爱戴。当年，梁启超从护国前线回到上海，得知父亲已于一个多月前去世，曾怀着悲痛的心情写下《哀启》一文，其中讲到，他和几个兄弟、堂兄弟，从小就在父亲执教的私塾中读书，他的学业根底、立身根基，一丝一毫都来自父亲的教诲。在梁启超眼里，父亲是个不苟言笑、中规中矩的人，在孩子们面前，他总是显得十分严肃。作为父亲，他不仅督促儿子刻苦读书，还要求儿子参加一些田间劳动，言语举止也要谨守礼仪，如果违反了家风、家训，他决不姑息，一定严厉训诫。他对梁启超说得最多的一句话就是："汝自视乃如常儿乎！"③梁启超说，这句话他此生此世一直不敢忘。

---

①丁文江、赵丰田编《梁启超年谱长编》，第7页，上海人民出版社1983年8月版。
②这个故事见梁启超《我之为童子时》，本书附录第296页。
③梁启超《三十自述》，见本书附录第290页。

梁启超称赞他的父亲："先君子常以为所贵乎学者，淑身与济物而已。淑身之道，在严其格以自绳；济物之道，在随所遇以为施。故生平不苟言笑，跬步必衷于礼，恒情嗜好无大小，一切屏绝，取予之间，一介必谨，自奉至素约，终身未尝改其度。"①儿子夸父亲，其间自然有情感在，但我们看他所讲述的梁宝瑛的"德业"，不能不赞许这个人的谦谦君子之风。他处处按照儒家的伦理道德要求自己，谨守父亲开创的家风，既在道德上严格自律，注重内在修养，又不忘社会责任，尽力为公众办事，就连梁启超的祖父都以儿子"能治乡事"②而感到自豪。有几件事可以证明梁宝瑛"治乡事"的能力和他所遵循的原则。

其一是改变村与村、族与族之间的械斗恶习。茶坑村与邻乡东甲村积怨三十年，一直得不到解决，经常发生械斗。起初，东甲人不大看得起茶坑人，以为茶坑穷，又没有获得科举功名的人。梁启超中举之后，闻名乡里，村里有人觉得终于可以扬眉吐气了。梁宝瑛却认为："此和解之时，非报复之时也。"③他谦恭地带着儿子专程去拜访与茶坑有宿怨的东甲人，拜谒他们的宗祠，对村中的父老执弟子礼，让东甲人非常感动，多年的积怨、隔阂从此消除，双方成了友好的邻居。这件事甚至影响到本县其他乡，大家都为械斗而感到惭愧，纷纷请梁宝瑛去帮助调解。梁宝瑛亦不辞辛劳，乐此不疲。经过他的不懈努力，新会各乡的械斗之风收敛了许多。就连附近的香山、新宁、开平、恩平、鹤山等县，如果有械斗发生，人们都会说，请茶坑的梁太公来调解吧。梁宝瑛则不问寒暑，不避风雨，自带干粮前去调解。所以，后来的几十年，"此数县械斗之风稍息"。④

其二是治赌。当初，村里有很多人嗜赌成瘾，常在野外丛林中设密室，或在港湾河曲之处泊船，聚众赌博，风雨无阻。梁宝瑛则冒着风雨，踏着泥泞，追踪赌徒，晓以利害，甚至哭着劝说他们。寒夜的风霜雨露让他落下一身疾病，却也感化了许多人，他们洗心革面，几个村子竞相戒赌。后

---

① 梁启超《哀启》，见本书附录第327页。
② 同上，第330页。
③ 同上，第328页。
④ 同上。

来，广东省的官员为了发展经济，鼓励赌博，只有茶坑是一片净土。

其三是清盗。他认为"赌为盗源"①，茶坑既绝了赌，也就为清盗创造了条件。自办理乡政以来，他还组织村民成立了民团，以防止盗匪的侵扰。那些年，不仅茶坑村没有发生过盗案，外面的强盗也不敢来此骚扰。所以，清乡的军吏那么些年都没有在茶坑留下过足迹。

这些都是梁宝瑛的"德业"。梁启超为此大为感叹："孔子称仁者安仁，呜呼，吾先君子几近之矣。"②他甚至设想，以他父亲治理一个乡的经验，扩而充之，管理一个国家，又如何呢？这倒不是梁启超狂妄，无论如何，在儒家"内圣外王"的人格理想中，原本就包含着"修身齐家治国平天下"的逻辑关系，而治一乡与治一国，在儒家看来，也没有原则上的差别。如果说，梁宝瑛在治理乡政中体现了儒家"仁"的传统，那么，他的"齐家"则标榜"孝"的传统。梁启超讲了这样几件事：

其一，梁启超的祖父晚年多病，作为儿子，梁宝瑛在病床前侍奉父亲近二十年。梁维清去世时七十八岁，他的大儿子先他四十年去世，二儿子也先他十六年去世，他自六十五岁以后更是卧床不起，全靠梁启超的父母日夜侍奉在身边。梁启超的母亲去世之后，父亲一人承担了侍奉祖父的责任，吃喝拉撒都是他一个人打理，甚至不让其他子侄动手。其二，对于两位寡嫂，父亲也谨遵儒家的教诲，恭恭敬敬地侍奉到老。大嫂的儿子，他视如亲子，将其培养成才；而侄子英年早逝，留下三个孩子，长子、次子又相继死去，大嫂的眼睛亦不幸失明，为了能安慰寡嫂，排遣她的寂寞，他一直不肯离开家乡。他有同胞兄妹六人，只有三妹与他活了下来，而三妹丈亦不幸早逝，"故数十年兄妹相依为命，浃旬不见，则结轖不能自解"③。父亲的"孝友睦慈"让梁启超赞叹不已，认为"其庸德实为人所莫能及"④。和父亲相比，他痛责自己对"垂老之亲，生不克养，病不克侍，

---

① 梁启超《哀启》，见本书附录第328页。
② 同上，第329页。
③ 同上，第330页。
④ 同上，第329页。

丧不克亲"，是"人伦道尽，何以自容"。①由此我们看到，梁氏家风与家教之所以能够代代传承，其内在动力，就在于长辈的道德自省和自律。从梁维清到梁宝瑛夫妇，再到梁启超，都是儒家传统道德的忠实践行者，他们的言传身教，如春风化雨，潜移默化，影响着他们的子孙。

四

梁家几代人践行儒家道德，教育子孙，有一个侧重点，即前面提到的"宋明儒义理名节之教"，这是梁氏家风与家教的根基。梁家所在的新会，地处岭南，当时，清代学术以乾嘉汉学为主流，重镇在吴、皖两地，岭南偏于一隅，反而受影响甚微。直到阮元任两广总督，创办学海堂，陆续才有陈澧（东塾）和朱次琦（九江）出现。然而，他们不像中原正统学者那样，自固壁垒，将宋明理学置于不议不论之列，专精于训诂考据，而是把"宋明儒义理名节之教"看得很重，主张"发先圣大道之本，举修己爱人之义，扫去汉宋之门户，而归宗于孔子"②。在学术上，他们"大旨皆归于沟通汉宋"③；在精神上，则相信欧阳修"因文见道"之言，都能狷介自守，并且以经世致用来纠正"为学术而学术"的偏颇。

诚然，清代学术史上的汉宋之争，对梁家父子来说，实在是太遥远了，他们能以"宋明儒义理名节之教"教育后辈子孙，其实是另有其渊源的。这就不能不提到一个人，他就是明代与王守仁（阳明）齐名的儒学大师陈献章（白沙）。他是广东新会白沙里人，世称白沙先生。他的思想和治学精神深受宋代理学影响，尤其是陆九渊（象山）的"心学"，对他的影响是非常大的。他主张教育要从两个方面入手：从自身的角度说，在于认识天命，激励节操，积极把握个人命运；从外部角度言之，就在于要

---

①梁启超《哀启》，见本书附录第332、331页。
②楼宇烈整理《康有为自编年谱》（外二种），第6页，中华书局1992年9月版。
③梁启超《近代学风之地理的分布》，《饮冰室合集·文集之四十一》，第79页，中华书局1989年3月版。

将自己所学尽力服务于社会,报效于国家,所谓内圣外王指的就是这个意思。他的后半生在家乡授徒讲学,过着隐居生活,曾有诗曰"田可耕兮书可读,半为农者半为儒",就是这种生活的写照。他固然没有王阳明那样显赫的名声,但弟子众多,尤其是新会乃至广东人士,多从其学,时人以新会学派称之。他去世后,新会建起了白沙祠、陈白沙读书处等场所纪念他,奉祀的香火长久以来从未间断过。明万历十三年(1585),朝廷规定以陈白沙从祀孔子庙,把他作为圣人来推崇,更强化了他在文人士子乃至民众心目中的地位。虽说明末清初之大学者无不以宋明理学为儒学之反动,尤其是陆王"心学",更是空疏无用的同义语。但在岭南,陈白沙却依然受到乡人的尊崇,他的思想依然滋养着这里的学风和民风。清道、咸以降,以提倡一个"实"字而兴盛的清代学术主流,却也因终日"纷纭于不可究诘之名物制度",走到了自己的反面,"其为空也,与言心言性者相去几何?"①而咸、同年间的社会动乱,以及随之而来的西方列强的入侵,终让一些先知先觉者意识到大乱将至,于是追根寻源,归咎于学者学非所用,或只知功名利禄,科举以求仕进;或闭户读书,钻故纸堆,不知天下大事。所以,他们要将知识分子,即学人士大夫请出书斋,使之承担起济世救民的社会责任,"宋明儒义理名节之教"遂成为造就至圣人格的必修课。这在岭南知识界表现得尤为突出,从朱九江到康有为,再到梁启超,都有一种培养"圣人"的向往和冲动。此后,梁启超还将这种精英教育理念融入梁氏家风与家教之中。

　　陈白沙对梁启超的祖父、父亲也是有影响的,只不过,这种影响并不直接来自师承或书本。作为生活在新会的下层乡绅,他们推崇家乡的这位先贤,而他的思想和主张,多年来早已渗透在当地的民风乡俗之中,并在梁氏家风与家教中留下了深深的烙印。所以,梁家教育子孙,固然离不开"学而优则仕",离不开科举仕进,但其重点并不在于知识的灌输和功利的诉求,而是强调道德的内省和修养,强调淑身与济物、立志与做人,将"义理"和"名节"视为一个人立身的根本。这是从儒家传统教育中得来

---

① 梁启超《清代学术概论》,第70页,上海古籍出版社1998年1月版。

的经验:"记曰,少成若性。谓其耳目未杂,习气未入,质地莹洁,受教易易也。故《曲礼》、《少仪》、《弟子职》等篇,谨其洒扫应对,导以忠信笃敬,大抵薰陶其德性之事,十居八九焉。朱子曰,小学是做人的样子。陆子曰,虽不识一字,亦须还我堂堂地做个人。人而无教,则做人之道,尚不自知,虽谓之非人可矣。"①然而,这种教育观念和教育思想并不为当时的主流社会所接受,恰如梁启超所说:"今中国小学未兴,出就外傅以后,其所以为教者,亦既猥陋灭裂,无所取材。若其髫龄嬉戏之时,习安房闼之中,不离阿保之手,耳目之间,所日与为缘者,舍床笫筐篚至猥极琐之事,概乎无所闻见。其上焉者,歆之以得科第,保禄利,诲之以嗣产业,长子孙,斯为至矣。故其长也,心中目中,以为天下之事,更无有大于此者。万方亿室,同病相怜,冥冥之中,遂以酿成今日营私趋利,苟且无耻,固陋蛮野之天下。"②

在这里,梁启超已经注意到儿童早期教育的缺失和不当所带来的危害,他希望能够恢复《礼记》中所记述的上古圣贤的教育理念,并切实贯彻到梁氏家风与家教中。然而,梁家的这种教育理念和教育方式,至今仍有许多人不能理解,亦不认同,甚至认为流于空疏而失当,还有一点迂腐。一些追求思想自由的当代精英,更把儒家的礼教视为束缚人的精神的枷锁,非铲除之而不能自安。有的朋友说,好奇心、想象力、独立思考能力和批判挑战精神,是21世纪人才的主要特征,也是检验所有教育方向的试金石。这些似是而非的说法很容易误导教育的方向,使得我们越来越远离教育的终极目标。现在的某些青年,从幼儿园读到大学,很多甚至取得了硕士、博士学位,拥有了很多的知识,也不乏独立思考的能力或批判挑战精神,为什么内心却变成了一片荒原,或者说内心荒漠化了,从而丧失了做人的能力呢?有那么多高学历的人自杀或杀人,又是什么原因呢?对此,人们或归结为现代性所带来的生存意义的丧失,或归结为现代社会生

---

①梁启超《变法通议·论幼学》,《饮冰室合集·文集之一》,第58页,中华书局1989年3月版。
②梁启超《变法通议·论女学》,《饮冰室合集·文集之一》,第40页,中华书局1989年3月版。

存压力造成的心理失衡。其实，追根溯源，很重要的一点还在于我们的早期教育有不当之处，身不立而心不正，只讲出人头地，只讲功成名就，只讲实现自我，只讲社会竞争。一句话，只讲狼性，不讲人性；只讲做事，不讲做人；只讲眼前，不讲长远。这种急功近利的做法看上去是在帮助孩子走向成功之路，实际上，却是在引导他们走向万劫不复的深渊。回过头来再看梁启超，就会发现，他最终成为中国近现代历史上一个顶天立地的伟人，其原因就在于梁氏家风与家教，给他奠定了做人的坚实基础。

五

在梁氏家风与家教的传承中，梁启超是个承上启下的关键人物。他既受益于祖父、父母的言传身教，又继承和丰富了这个家族的教育传统。生活在今天的人也许会怀疑它的有效性。毕竟，梁启超的童年和少年时代，中国还处在传统农业社会，或称前现代社会，与此相适应的道德理想只能是儒家伦理，梁维清、梁宝瑛等只能以此来处理人与人的关系，以及个人与社会的关系，因为历史还不曾向他们提供任何新的道德资源。但是，当梁启超面对他那些需要教育的子女时，中华大地已经发生了天翻地覆的变化。一方面，西风东渐，送来了新的教育思想和理念，固有的儒家伦理则被人贴上了"吃人"和"虚伪"的标签；另一方面，以血缘为基础的宗法社会日趋瓦解，人与人的关系，以及个人与社会的关系所发生的深刻变化，也向儒家伦理发出了挑战。

梁启超以其对新民的思考以及对子女的教育，回应来自现实的挑战。在他心目中，"所谓新民者，必非如心醉西风者流，蔑弃吾数千年之道德学术风俗，以求伍于他人；亦非如墨守故纸者流，谓仅抱此数千年之道德学术风俗，遂足以立于大地也"[①]。也就是说，新的道德一定是中西兼顾的，是调和了"保守"和"进取"两种态度之后的结果。为了能使中西道

[①] 梁启超《新民说·释新民之义》，《饮冰室合集·专集之四》，第7页，中华书局1989年3月版。

德合二为一,造出一种新的伦理,他把道德区分为公德与私德,"人人独善其身者,谓之私德;人人相善其群者,谓之公德,二者皆人生所不可缺之具也"①。事实上,传统儒家伦理也有类似的区分。孔子讲"仁",就从内、外两个方面入手,然后归于一,也就是"仁"。最有代表性的是"颜渊问仁",孔子回答:"克己复礼为仁。一日克己复礼,天下归仁焉。为仁由己,而由人乎哉?"颜渊又问,有什么具体要求呢?孔子说:"非礼勿视,非礼勿听,非礼勿言,非礼勿动。"②这个"礼"就指一个人在日常生活中所应当遵守的规则,其中自然包括了社会等级秩序,即所谓三纲:君为臣纲,父为子纲,夫为妻纲,又将忠孝节义与三纲联系起来,从而形成了一整套君主专制制度下的伦理规范。不过,这是后话。孔子时代主要还是强调通过个人修养,使行为符合正当的道理。在这里,"克己"是"复礼"的前提,是"仁"得以实现的前提。所以说"为仁由己",又说,"己所不欲,勿施于人"③,又说,"夫子之道,忠恕而已矣"④,都是讲从自己的内心出发,推己及人,来处理人与人、个人与社会的关系。这便是儒家伦理的内外统一。此后,孔子思想的继承者孟子从这里出发,开创了一个以个人人格修养为前提建立王道政治的学说,所谓内圣外王是也。而孔子思想的另一个继承者荀子则认为,社会稳定需要一个严格的等级制度,个人必须服从这个等级制度。他是讲"礼"的,以"礼"为中心,改变孔子的以"仁"为中心。他的道德不是来自个人的内在觉悟和修养,而是作为治国的重要手段,从而开了以德为法的先河。

尽管如此,我们却不能否认,儒家思想中最有价值的还是伦理道德,春秋以降,两千余年,儒家学者将伦理道德发挥得淋漓尽致,几无余蕴,但梁启超却认为,"其中所教,私德居十之九,而公德不及其一"⑤。他进

---

①梁启超《新民说·论公德》,《饮冰室合集·专集之四》,第12页,中华书局1989年3月版。
②毛子水《论语今注今译》,第195页,重庆出版社2011年1月版。
③同上,第197页。
④同上,第57页。
⑤梁启超《新民说·论公德》,《饮冰室合集·专集之四》,第12页,中华书局1989年3月版。

一步分析说，儒家伦理道德所要处理的关系，可以概括为三纲五常，而三纲已如上述，五常（又称五伦）则为父子有亲，君臣有义，夫妇有别，长幼有序，朋友有信。为什么说这些都在私德范畴之内呢？梁启超的解释是这样的："所重者，则一私人对于一私人之事也。"[1]也就是说，无论三纲还是五常，看上去是要处理个人与家族、个人与社会、个人与国家的关系，本质上还是个人尽其义务。西方也有家族伦理、社会伦理、国家伦理，但它是从公共角度出发，强调伦理关系的平等，以及义务和权利的对应，以实现社会的公平与和谐。中国传统儒家伦理则不同，三纲不必说了，以"纲"来规定双方的关系，主次之分是显而易见的。即使说到五常，其中父子、兄弟、夫妇三组关系，可以归入西方家庭伦理的范畴，固不待言，而朋友关系归入西方社会伦理的范畴，已显得不伦不类，这是因为，"凡人对于社会之义务，决不徒在相知之朋友而已，即绝迹不与人交者，仍于社会上有不可不尽之责任"[2]；至于君臣关系，"尤不足以尽国家伦理"，很显然，"至国家者，尤非君臣所能专有，若仅言君臣之义，则使以礼，事以忠，全属两个私人感恩效力之事耳，于大体无关也"[3]。他质疑，难道不事王侯的逸民，就应该被排除在国家伦理之外吗？显然没有这个道理。

梁启超把儒家伦理看得这样清楚透彻，那么，在教育子女的过程中，很自然地，他便自觉地将中西道德熔于一炉，既能"淬厉其所本有而新之"，又能"采补其所本无而新之"[4]。所以，我们看他的教育理念，既有从祖父、父亲那里继承下来的"义理"和"名节"，强调内心修养、精神陶冶和人格磨炼，又有西方现代教育所提倡的科学、民主、平等、自由、尊重个性、公民责任等理念。他让我们看到了以人格教育为主的儒家伦理实现现代化转换的可能性，以及传统教育与现代教育相结合的美好前景。

---

[1] 梁启超《新民说·论公德》，《饮冰室合集·专集之四》，第12页，中华书局1989年3月版。
[2] 同上，第13页。
[3] 同上。
[4] 梁启超《新民说·释新民之义》，《饮冰室合集·专集之四》，第5页，中华书局1989年3月版。

他教育的九个儿女,不仅个个成才,而且都具有现代知识分子的品格和素养,这是非常难能可贵的。

六

梁启超对九个儿女的教育,首先是基于父爱的教育。他在写给孩子们的信中一再表示,他对他们的爱是发自肺腑的,是自然纯真的。他说:"你们须知你爹爹是最富于情感的人,对于你们的爱情,十二分热烈。"①这样的表白有很多,在他写给孩子们的信中随处可见。这是一种博大的爱、包容的爱。这种爱不仅惠及九个子女,他也将这种爱无私地给予女婿和儿媳。梁思成与林徽因成婚后,他在写给二人的信中按捺不住他的喜悦之情:"我以素来偏爱女孩之人,今又添了一位法律上的女儿,其可爱与我原有的女儿们相等,真是我全生涯中极愉快的一件事。"②有一次,他读了一整天的书,晚上又喝了点儿酒,就有些醉了,于是,"书也不读了。找我最爱的孩子谈谈罢",便在信里和大女儿思顺聊起了家常,称赞女婿周希哲"勤勤恳恳做他本分的事,便是天地间堂堂地(的)一个人"。③他是勤于给孩子写信的,也要求孩子经常写信给他。在他晚年,思顺、思成、思永、思忠、思庄都在国外,写信成为他关心孩子,与孩子交流、沟通的重要方式。他一生写的家信超过百万字,多数写于1920年以后。他事情很多,著作、讲学、办杂志、参与各种社会活动,很多信都是午夜之后写的,字里行间流露出一个慈父爱子的拳拳之心。于百忙之中,给孩子们写信,读孩子们的来信,成了他晚年最大的快乐和享受。

应该说,父母爱其子女是天经地义的,是人的天性使然,所谓舐犊之情,说的就是这个道理。但这种爱通常容易异化为两种方式:一种是溺爱,孩子想怎样就怎样,要星星不给月亮,培养出来的孩子多是逆子或

---

①1927年6月14日~15日《与孩子们书》,见本书第228页。
②1928年4月26日《与思成、徽音书》,见本书第265页。
③1923年11月5日《与思顺书》,见本书第101页。

废物；另一种是棍棒之下出孝子，恨铁不成钢，民间又有"打是疼，骂是爱"的说法，问题在于，用棍棒教育孩子，有成才的，也有不成才的，甚至有变得很邪恶的，说明棍棒通过皮肉传达给孩子的东西很复杂，很多时候是和父母的初衷相反的。近代以来，中国总是挨打，至于贫弱的原因可以一直深挖到家庭内部，传统的父子关系限制了孩子的发育和成长，人的能力于是萎缩，社会的进步也就跟着停顿，中国的落后大约就是如此造成的。所以，革命要革到老子身上，鼓吹儿子造老子的反。鲁迅写过一篇《我们现在怎样做父亲》，据说就是"想研究怎样改革家庭"，用意原是很好的。他依据进化论，以为希望应在将来，故标榜幼者本位，要求做老子的先行解放了儿子，给儿子以自由。这种认识的流行，其目的自然是要解放子女的精神和身体，造就一代新人，却也很容易变成放任和纵容。如果说世俗的溺爱是在物质方面不加限制地满足孩子的所有要求，那么，这种怀有新见解的知识精英则把溺爱表现在精神方面，在家庭教育、人格培养方面主动放弃责任。其结果，新的一代或许能够成为独立、自由的人，却也容易变成自私的人，不负责任的人，缺少家国情怀、人文情怀的人。为了孩子能"幸福的度日，合理的做人"，鲁迅曾提出三点建议：一是理解，二是指导，三是解放。时至今日，做父母的恐怕很少有人是不肯理解和解放自己儿女的，但如何指导他们，"养成他们有耐劳作的体力，纯洁高尚的道德，广博自由能容纳新潮流的精神，也就是能在世界新潮流中游泳，不被淹没的力量"[①]，却是个难题。试想，父母威信扫地，在孩子们面前基本丧失了话语权，即丧失了教育子女的合理性与合法性（完全归结为孩子的逆反心理是不对的，是社会在推卸责任），在这种情形之下，父母作为人生第一个老师的资格已然形同虚设，只能全部或部分地让渡给片面重视知识灌输的所谓幼教。而家教传统既失，学校教育又在高考指挥棒的引领下不把人格培养作为终极目标，于是，所谓幼者本位发展到今天，便只剩下了子女对生活的享受，对权利的要求，没有人告诉他们、指导他们应该承担怎样的责任和义务，怎样为社会和家人

---

① 鲁迅《我们现在怎样做父亲》，《坟》，《鲁迅全集》第一卷，第141页，人民文学出版社2005年11月版。

尽自己的一份力量,怎样报答父母和社会的养育之恩。鲁迅当时说过,他主张幼者本位,并非如攻击他的人所臆想,"孙子理应终日痛打他的祖父,女儿必须时时咒骂他的亲娘"①。然而不幸的是,如今这种臆想在某些家庭中已经成为事实。如果鲁迅活到今天,不知作何感想。

鲁迅所设想的改革家庭的方案,带有明显的乌托邦性质,是理想主义加革命精神,实行起来颇不容易。而且,为了打破所谓父权,把儿子和父亲想象成对立面,抽去父子关系中亲情的内容;把子女未来的成长与他们应该承担的对父母的责任和义务对立起来,简单地归结为父子之间没有恩,只有爱。其实,恩与爱很难一分为二,判然两立,父母施恩于子女,其中并非没有天性的爱,这爱深广而长久,终其一生,难说不是一种恩赐;子女要报答父母的养育之恩,不能不表现为对父母的爱,孝敬父母就是爱父母,如果已经"恩断义绝",爱又附丽于何处?可见,人不同于动物,以为动物"总是挚爱他的幼子,不但绝无利益心情,甚或至于牺牲了自己,让他的将来的生命,去上那发展的长途"②,倒是一种臆想和强加,动物未必认同,而人类在危急关头又何尝不是如此?即便他是个很有父权威严的父亲,如果看到他的"幼子"有性命之危,或关涉"幼子"未来的前途,难道可以无动于衷,不挺身而出吗?这样说来,"抹煞了'爱',一味说'恩'"的做法,的确"不但败坏了父子间的道德,而且也大反于做父母的实际的真情,播下乖剌的种子"。③近百年来,中国传统家庭伦理陷入混乱,家教传统名存实亡,这种道德革命是要承担责任的。

七

梁启超是个慈父,也是个严父。他对待子女,既有关爱、呵护,为他

---

①鲁迅《我们现在怎样做父亲》,《坟》,《鲁迅全集》第一卷,第137页,人民文学出版社2005年11月版。
②同上,第138页。
③同上。

们安排未来，提供建议和帮助；也有对其人生的指导和要求。20世纪20年代，女婿周希哲在加拿大任外交官，1926年，国共发动北伐，随着时局的变迁，北洋政府在财政上陷于困顿之中，作为妻子的梁思顺，很为他们的生计前途担忧。这时，梁启超既没有放弃为希哲寻找新的出路，又一再写信告诫思顺，不要因为这点困难就着急发愁，他说：

> 顺儿着急和愁闷是不对的，到没有办法时卷起铺盖回国，现已打定这个主意，便可心安理得。凡着急愁闷无济于事者，便值不得急他愁他，我向来对于个人境遇都是如此看法。顺儿受我教育多年，何故临事反不得力，可见得是平日学问没有到家。你小时候虽然也跟着爹妈吃过点苦，但太小了，全然不懂，及到长大以来，境遇未免太顺了。现在处这种困难境遇正是磨练身心最好机会，在你全生涯中不容易碰着的，你要多谢上帝玉成的厚意，在这个档口做到"不改其乐"的功夫，才不愧为爹爹最心爱的孩子哩。①

这一番话让思顺颇受教，终于安下心来。思成是梁家的长子，梁启超对他的期待和关心自然更多一些。他一度对思成非常担忧，身体是一方面，更让他放心不下的，是思成的精神气象和性情。他在一封信中说道："我这两年来对于我的思成，不知何故常常像有异兆的感觉，怕他渐渐会走入孤峭冷僻一路去。我希望你回来见我时，还我一个三四年前活泼有春气的孩子，我就心满意足了。"②为此他劝告思成，做学问不要专于某一门，"我愿意你趁毕业后一两年，分出点光阴多学些常识，尤其是文学或人文科学中之某部门，稍为多用点工夫。我怕你因所学太专门之故，把生活也弄成近于单调，太单调的生活，容易厌倦，厌倦即为苦恼，乃至堕落之根源"③。他接着讲道：

> 一个人想要交友取益，或读书取益，也要方面稍多，才有接谈交

---

① 1927年1月27日《与孩子们书》，见本书第187页。
② 1927年8月29日《与孩子们书》，见本书第235页。
③ 同上，第234页。

换,或开卷引进的机会。不独朋友而已,即如在家庭里头,像你有我这样一位爹爹,也属人生难逢的幸福;若你的学问兴味太过单调,将来也会和我相对词竭,不能领着我的教训,你全生活中本来应享的乐趣,也削减不少了。我是学问趣味方面极多的人,我之所以不能专积有成者在此,然而我的生活内容,异常丰富,能够永久保持不厌不倦的精神,亦未始不在此。我每历若干时候,趣味转过新方面,便觉得像换个新生命,如朝旭升天,如新荷出水,我自觉这种生活是极可爱的,极有价值的。我虽不愿你们学我那泛滥无归的短处,但最少也想你们参采我那烂漫向荣的长处。①

什么叫苦口婆心?我以为,这总算是苦口婆心了。再来看看梁启超是如何对待儿子梁思忠的。在他的这些子女中,思忠的政治热情最高,他留学美国,甚至选择了学习政治。梁启超得知后写信表示:"思忠来信叙述入学后情形,我和你娘娘都极高兴。你既学政治,那么进什么团体是免不了的,我一切不干涉你,但愿意你十分谨慎,须几经考量后方可加入。在加入前先把情形告诉我,我也可以做你的顾问。"②梁启超的这种态度,既尊重子女的选择,又不放弃引导、教育的责任,在今天也是很难得的。事实上,这时的梁启超是很为思忠感到担忧和不安的。随着国内形势的发展,思忠在海外也热血沸腾,竟提出中止学业回国参加北伐。这使得梁启超在"万千心事中又增加一重心事",他说,"我有好多天把这问题在我脑里盘旋",毕竟,这是关系到儿子终身的一件大事。对于儿子要"改造环境,吃苦冒险"的精神,他首先给予充分的肯定,然后说:"你们谅来都知道,爹爹虽然是挚爱你们,却从不肯姑息溺爱,常常盼望你们在苦困危险中把人格能磨练出来。"③也许是基于这个理由,梁启超最初是同意儿子回国的,需要商量的只是回国以后去哪里。梁启超倾向于去白崇禧或李济深那里,而且已经派人去联系了。但

---

① 1927年8月29日《与孩子们书》,见本书第234页。
② 1926年12月20日《与孩子们书》,见本书第174页。
③ 1927年5月5日《与孩子们书》,见本书第219页。

仅仅过去三个礼拜，梁启超的主张就完全改变了。他坦诚地向儿子说明发生这种变化的原因："因为三个礼拜前情形不同，对他们还有相当的希望，觉得你到那边阅历一年总是好的。现在呢？对于白、李两人虽依然不绝望——假使你现在国内，也许我还相当的主张你去——但觉得老远跑回来一趟，太犯不着了。头一件，现在所谓北伐，已完全停顿，参加他们军队，不外是参加他们火拼，所为何来？第二件，自从党军发展之后，素质一天坏一天，现在迥非前比。白崇禧军队算是极好的，到上海后纪律已大坏，人人都说远不如孙传芳军哩。跑进去不会有什么好东西学得来。第三件，他们正火拼得起劲——李济琛在粤，一天内杀左派二千人，两湖那边杀右派也是一样的起劲——人人都有自危之心，你们跑进去立刻便卷在这种危险漩涡中。危险固然不必避，但须有目的才犯得着冒险。现这样不分皂白切葱一般杀人，死了真报不出帐来。冒险总不是这种冒法。这是我近来对于你的行止变更主张的理由，也许你自己亦已经变了。"①梁启超对于儿子的冲动始终没有责备和埋怨，他说："这也难怪。北京的智识阶级，从教授到学生，纷纷南下者，几个月以前不知若干百千人，但他们大多数都极狼狈，极失望而归了。"②

不过，梁启超对于思忠仍放心不下，几天后又在给思顺的信中谈到思忠："思忠呢，最为活泼，但太年轻，血气未定，以现在情形而论，大概不会学下流(我们家孩子断不至下流，大概总可放心)，只怕进锐退速，受不起打击。他所择的术——政治军事——又最含危险性，在中国现在社会做这种职务狠容易堕落。即如他这次想回国，虽是一种极有志气的举动，我也狠夸奖他，但是发动得太孟浪了。这种过度的热度，遇着冷水浇过来，就会抵不住。从前许多青年的堕落，都是如此。我对于这种志气，不愿高压，所以只把事业上的利害慢慢和他解释，不知他听了如何。这种教育方法，狠是困难。一面不可以打断他的勇气，一面又不可以听他走错了路(走错了本来没什么要紧，聪明的人会回头另走，但修养工夫未够，也许便因挫折而堕落)。所以我对于他还有好几年未得放心，你要就近常常察看情形，帮着我指导他。"③

---

① 1927年5月5日《与孩子们书》，见本书第219～220页。
② 同上，见本书第220页。
③ 1927年5月13日《与顺儿书》，见本书第224页。

既尊重子女意愿，又不失时机地循循善诱，在女儿思庄求学这件事上，也体现着梁氏家教的这一特点。1925年，思庄和大姐思顺一起赴加拿大，当时她只有十七八岁，却一心想进大学。但由于不够资格，只能先读中学，一年后再考大学。年轻人，满怀理想，心高气盛，最不能受到挫折，梁启超便写信告诫她："至于未能立进大学，这有什么要紧，'求学问不是求文凭'，总要把墙基越筑得厚越好。你若看见别的同学都入大学，便自己着急，那便是'孩子气'了。"①听说她英文不及格，梁启超还劝她"绝不要紧，万不可以自馁。学问求其在我而已。汝等都会自己用功，我所深信。将来计算总成绩不在区区一时一事也"②。对于思庄的学业，梁启超也曾有所考虑，他一直希望思庄将来能做他的助手，为此，他曾建议思庄："我想你们弟兄姊妹，到今还没有一个学自然科学，狠是我们家里的憾事，不知道你性情到底近这方面不？我狠想你以生物学为主科，因为它是现代最进步的自然科学，而且为哲学社会学之主要基础，极有趣而不须粗重的工作，于女孩子极为合宜，学回来后本国的生物随在可以采集试验，容易有新发明。截到今日止，中国女子还没有人学这门(男子也狠少)，你来做一个'先登者'不好吗？还有一样，因为这门学问与一切人文科学有密切关系，你学成回来可以做爹爹一个大帮手，我将来许多著作，还要请你做顾问哩！不好吗？你自己若觉得性情还近，那么就选他，还选一两样和他有密切联络的学科以为辅。你们学校若有这门的好教授，便留校，否则在美国选一个最好的学校转去，姊姊哥哥们当然会替你调查妥善，你自己想想定主意罢。"③梁思庄最终并没有接受父亲的建议，她坚持学习文学，后转入美国哥伦比亚大学攻读图书馆学。此后她成为著名的图书馆学专家，一生致力于西文编目的教学和研究。

八

显而易见，梁启超对待儿女，不仅关心他们的学业、工作、生活、

---

① 1925年7月10日《与孩子们书》，见本书第119页。
② 1925年9月24日《与思顺书》，见本书第134页。
③ 1927年8月29日《与孩子们书》，见本书第235～236页。

健康，更对他们的品性、为人、立身、处世给予细致入微的指导。在他看来，教育不是别的什么，教育就是教人学做人，而且是学做一个现代人。他讲到求知识与学做人的关系，曾老实不客气地告诉年轻人："你如果做成一个人，智识自然是越多越好；你如果做不成一个人，智识却是越多越坏。"①问题在于，怎样才能如他所言做成一个人呢？他说："人类心理有知、情、意三部分，这三部分圆满发达的状态，我们先哲名之为三达德——智、仁、勇。为什么叫做'达德'呢？因为这三件事是人类普通道德的标准，总要三件具备才能成一个人。三件的完成状态怎么样呢？孔子说：'知者不惑，仁者不忧，勇者不惧。'所以教育应分为知育、情育、意育三方面——现在讲的智育、德育、体育，不对，德育范围太笼统，体育范围太狭隘——知育要教到人不惑，情育要教到人不忧，意育要教到人不惧。教育家教学生，应该以这三件为究竟，我们自动的自己教育自己，也应该以这三件为究竟。"②

这里所讲的"三不"——不惑、不忧、不惧，是君子所应具有的德性，也是梁氏家风与家教的核心内容。他的教育理念，说到底，就是每个孩子要养成"三不"的能力。首先是"知者不惑"，他说："怎么样才能不惑呢？最要紧是养成我们的判断力，想要养成判断力，第一步，最少须有相当的常识，进一步，对于自己要做的事，须有专门智识，再进一步，还要有遇事能断的智慧。"③做到这几条，就可以说是"不惑"了。他还告诫年轻人："我们做人，总要各有一件专门职业。"④基于这种认识，他把子女的求学、求职都看得十分重要，认为是立身的根本。思成、思永、思忠、思庄几个大孩子，从报考专业到在校学习，再到毕业后的职业选择，甚至成家以后的生计问题，他都亲力亲为，尽量为他们做出妥善安排，绝不敢掉以轻心。他要求孩子们，毕业之后，不说成名成家，至少先要求得能在社会上自立，有自己的事业。他向孩子们传授治学的方法，强调要

---

① 梁启超《为学与做人》，《饮冰室合集·文集之三十九》，第109页，中华书局1989年3月版。
② 同上，第105页。
③ 同上。
④ 同上，第106页。

细密而踏实，不贪图虚名，也不急于求成。他希望思庄学生物，思庄不喜欢，他也不强求，反而说："凡学问最好是因自己性之所近，往往事半功倍。"①他主张做学问要讲一点"趣味主义"，其中就包括"研究你所嗜好的学问"。在他看来，只有这样，才能始终保持一种积极探求的精神和勇气。他告诉几个孩子，求学时心里不要总想着将来如何如何，他说："我生平最服膺曾文正两句话：'莫问收获，但问耕耘。'将来成就如何，现在想他则甚？着急他则甚？一面不可骄盈自慢，一面又不可怯弱自馁，尽自己能力做去，做到那里是那里，如此则可以无入而不自得，而于社会亦总有多少贡献。我一生学问得力专在此一点，我盼望你们都能应用我这点精神。"②他把这点精神归纳为"无所为"三个字，认为这是"趣味主义最重要的条件"。如果事事"有所为"，比如读书就为了参加高考，参加高考就为了上个好大学，上了好大学就为了拿文凭，拿文凭就为了找个好工作，找到好工作就为了挣大钱，有了钱就为买房买车享受生活，这样，一切就变得很无趣了。他不希望孩子把求学当作一块敲门砖，一旦门敲开了，砖也就成了无用的东西。梁思成曾经问他有用与无用的区别，他以李白、杜甫和姚崇、宋璟为例，来说明有用、无用的辩证关系："为中国文化史及全人类文化史起见，姚、宋之有无，算不得什么事。若没有了李、杜，试问历史减色多少呢？我也并不是要人人都做李、杜，不做姚、宋，要之，要各人自审其性之所近何如，人人发挥其个性之特长，以靖献于社会，人才经济莫过于此。"③这就是说，人要有自知之明，人能自知，乃不惑之始。

接着说到"仁者不忧"。他从自己的人生经验中总结出一点，就是要在生活中保持积极进取的态度。他最怕自己的孩子消极、气馁、悲观、忧郁，在一次写给思顺的信中，他谈到对思成的担忧："我就怕因为徽音的境遇不好，把他牵动，忧伤憔悴是容易销磨人志气的(最怕是慢慢的磨)。即如目前因学费艰难，也足以磨人。但这是一时的现象，还不要紧，怕将来为日方长。我所忧虑者还不在物质上，全在精神上。我到底不深知徽音胸

---

① 1927年8月5日《与庄庄书》，见本书第233页。
② 1927年2月6日～16日《与孩子们书》，见本书第194页。
③ 同上，见本书第193页。

襟如何,若胸襟窄狭的人,一定抵当不住忧伤憔悴,影响到思成,便把我的思成毁了。你看不至如此吧!关于这一点,你要常常帮助着思成注意预防。总要常常保持着元气淋漓的气象,才有前途事业之可言。"[1]他有时也现身说法:"你们几时看见过爹爹有一天以上的发愁,或一天以上的生气?我关于德性涵养的工夫,自中年来,狠经些锻炼,现在越发成熟,近于纯任自然了。我有极通达、极健强、极伟大的人生观,无论何种境遇,常常是快乐的。"[2]他认为,这就是孔子所说的"仁者不忧"。《易·系辞上》称作"乐天知命",对此,梁启超有过具体解释,他说:"大凡忧之所从来,不外两端,一曰忧成败,二曰忧得失。我们得着'仁'的人生观,就不会忧成败。为什么呢?因为我们知道宇宙和人生是永远不会圆满的,所以,《易经》六十四卦,始'乾'而终'未济',正为在这永远不圆满的宇宙中,才永远容得我们创造进化,我们所做的事,不过在宇宙进化几万万里的长途中,往前挪一寸两寸,那里配说成功呢?然则不做怎么样呢?不做便连这一寸两寸都不往前挪,那可真真失败了。'仁者'看透这种道理,信得过只有不做事才算失败,肯做事便不会失败,所以《易经》说'君子以自强不息'。换一个方面来看,他们又信得过凡是不会成功的,几万万里路挪了一两寸,算成功吗?所以,《论语》说'知其不可而为之'。你想,有这种人生观的人,还有什么成败可忧呢?再者,我们得着'仁'的人生观,便不会忧得失。为什么呢?因为认定这件东西是我的,才有得失可言,连人格都不是单独存在,不能明确的画出这一部分是我的,那一部分是人家的,然则那里有东西可以为我所得?既已没有东西为我所得,当然也没有东西为我所失,我只是为学问而学问,为劳动而劳动,并不是拿学问、劳动等等做手段,来达某种目的——可以为我们'所得'的。所以《老子》说'生而不有,为而不恃','既以为人己愈有,既以与人己愈多'。你想,有这种人生观的人,还有什么得失可忧呢?总而言之,有了这种人生观,自然会觉得'天地与我并生,而万物与我为

---

[1] 1927年5月13日《与顺儿书》,见本书第223~224页。
[2] 1928年5月13日《与顺儿书》,见本书第274页。

一',自然会'无入而不自得',他的生活,纯然是趣味化艺术化,这是最高的情感教育,目的教人做到仁者不忧。"①

这是梁启超对"仁者不忧"的看法,看上去很理想化,但也不是不可求。其途径除了儒家的克己求仁,还有墨家的勤俭寡欲,吃苦耐劳,以及老庄的虚无静观。总之是要磨炼自己的人格,使之成为一个真正健全的人。他常常在给孩子们的信中提醒他们:"处忧患最是人生幸事,能使人精神振奋,志气强立。"②他教导孩子们说:"孟子言:'生于忧患,死于安乐。'汝辈小小年纪,恰值此数年来无端度虚荣之岁月,真是此生一险运。吾今舍安乐而就忧患,非徒对于国家自践责任,抑亦导汝曹脱险也。吾家十数代清白寒素,此乃最足以自豪者,安可逐腥膻而丧吾所守耶?"③这些既是他的人生感悟,也是他对孩子们的殷切希望和要求。他认为,一个人,如果是在"不惑""不忧"上下过一番功夫的,那么,要做到"不惧"已非难事。但为保险起见,有时还需要一点意志力。"一个人,若是意志力薄弱,便有很丰富的智识,临时也会用不着;便有很优美的情操,临时也会变了卦"④,也就勇不起来。

所以,还是要把自己的意志力锤炼得坚强一点。他说,有两件事是必须做的。头一件叫作心地光明,襟怀坦荡,恰如俗语所说:平生不做亏心事,夜半敲门心不惊。用他的话说则是:"一个人要保持勇气,须要从一切行为可以公开做起。"⑤第二件,则要练就抵御各种诱惑的本事,"不为劣等欲望之所牵制"。他看到,社会上有很多诱惑,而人又很容易为各种欲望所左右,于是说道:"一个人的意志,由刚强变为薄弱极易,由薄弱返到刚强极难。一个人有了意志薄弱的毛病,这个人可就完了。自己作不起自己的主,还有什么事可做?受别人压制,做别人的奴隶,自己只要肯

---

①梁启超《为学与做人》,《饮冰室合集·文集之三十九》,第107~108页,中华书局1989年3月版。
②1916年1月2日《与娴儿书》,见本书第62页。
③1916年2月8日《与娴儿书》,见本书第63页。
④梁启超《为学与做人》,《饮冰室合集·文集之三十九》,第108页,中华书局1989年3月版。
⑤同上。

奋斗，终须能恢复自由；自己的意志做了自己情欲的奴隶，那么，真是万劫沉沦，永无恢复自由的余地，终身畏首畏尾，成了个可怜人了。"①他因此时时提醒自己，并以此教育孩子们，一定要在磨炼意志上下一番功夫。他在写给孩子们的信中多次告诫他们："切勿见猎心喜，吾家殆终不能享无汗之金钱也。"②

  梁启超是个开明的父亲，也是一个高明的教育家，他在性情、品格，以及眼界、胸怀等诸多方面都高人一筹。他的家风与家教，也往往是从大处着眼，小处着手。他写给孩子们的每一封信，都传递着他的体温，娓娓道来，透着坦诚、平和、真挚和暖意，种种人生道理就这样在"润物细无声"的诉说中潜移默化地影响着孩子。观其一生，他就像一个辛勤的园丁，耕耘劳作，用心血浇灌，最终结出了丰硕果实，九个子女，个个成才，而且把梁氏家风与家教传给了下一代。清华研究院的高材生谢国桢曾在梁家任教，他对梁氏的家风家教羡慕到极点，常和同学们说，要学先生，须从家庭学起。无论如何，梁启超的为父之道和家风家教是留给后人的宝贵财富，是值得我们认真对待和效法的。

2014年9月17日于望京西园

---

①梁启超《为学与做人》，《饮冰室合集·文集之三十九》，第108页，中华书局1989年3月版。
②1912年12月18日《与娴儿书》，见本书第32页。

代 序

少年中国说

　　日本人之称我中国也，一则曰老大帝国，再则曰老大帝国。是语也，盖袭译欧西人之言也。呜呼！我中国其果老大矣乎？梁启超曰：恶！是何言！是何言！吾心目中有一少年中国在。

　　欲言国之老少，请先言人之老少。老年人常思既往，少年人常思将来。惟思既往也，故生留恋心；惟思将来也，故生希望心。惟留恋也，故保守；惟希望也，故进取。惟保守也，故永旧；惟进取也，故日新。惟思既往也，事事皆其所已经者，故惟知照例；惟思将来也，事事皆其所未经者，故常敢破格。老年人常多忧虑，少年人常好行乐。惟多忧也，故灰心；惟行乐也，故盛气。惟灰心也，故怯懦；惟盛气也，故豪壮。惟怯懦也，故苟且；惟豪壮也，故冒险。惟苟且也，故能灭世界；惟冒险也，故能造世界。老年人常厌事，少年人常喜事。惟厌事也，故常觉一切事无可为者；惟好事也，故常觉一切事无不可为者。老年人如夕照，少年人如朝阳。老年人如瘠牛，少年人如乳虎。老年人如僧，少年人如侠。老年人如字典，少年人如戏文。老年人如鸦片烟，少年人如泼兰地酒。老年人如别行星之陨石，少年人如大洋海之珊瑚岛。老年人如埃及沙漠之金字塔，少年人如西伯利亚之铁路。老年人如秋后之柳，少年人如春前之草。老年人如死海之潴为泽，少年人如长江之初发源。此老年与少年性格不同之大略也。梁启超曰：人固有之，国亦宜然。

　　梁启超曰：伤哉，老大也！浔阳江头琵琶妇，当明月绕船，枫叶瑟瑟，衾寒于铁，似梦非梦之时，追想洛阳尘中春花秋月之佳趣 。西宫南内,白发宫娥,一灯如穗,三五对坐,①谈开元、天宝间遗事,谱《霓裳羽衣曲》②。青门种瓜人③,左对孺人④,顾弄孺子,忆侯门似海,珠履杂遝之盛事。拿破仑⑤之流于厄蔑,阿剌飞⑥之幽于锡兰,与三两监守吏,或过访之好事者,道当年短刀匹马驰骋中原,席卷欧洲,血战海楼,一声叱咤,万国震恐之丰功伟烈,初而拍案,继而抚髀,终而揽镜。呜呼!面皴齿尽,白发盈把,颓然老矣!若是者,舍幽郁之外无心事,舍悲惨之外无天地,舍颓唐之外无日月,舍叹息之外无音声,舍待死之外无事业。美人豪杰且然,而况于寻常碌碌者耶?生平亲友,皆在墟墓;起居饮食,待命于人。今日且过,遑知他日?今年且过,遑恤明年?普天下灰心短气之事,未有甚于老大者。于此人也,而欲望以拏云之手段,回天之事功,挟山超海之意气,能乎不能?

呜呼!我中国其果老大矣乎?立乎今日,以指畴昔,唐虞三代⑦,若何之郅治;秦皇汉武,若何之雄杰;汉唐来之文学,若何之隆盛;康乾间之武功,若何之烜赫。历史家所铺叙,词章家所讴歌,何一非我国民少年时代良辰美景、赏心乐事⑧之陈迹哉!而今颓然老矣!昨日割五城,明日割十城,处处雀鼠尽,夜夜鸡犬惊。十八省之土地财产,已为人怀中之肉;四百兆之父兄子弟,已为人注籍之奴,岂所谓"老大嫁作商人妇⑨"者耶?

---

①参阅白居易《琵琶行》。
②参阅白居易《长恨歌》。
③青门种瓜人,语出《史记·萧相国世家》:"召平者,故秦东陵侯。秦破为布衣,贫,种瓜于长安城东,瓜美,故世俗谓之'东陵瓜'。"李白《古风》之九有"青门种瓜人,旧日东陵侯"诗句。
④孺人,古时称大夫的妻子,明清时为七品官母亲或妻子的封号,也用作对妇人的尊称。
⑤拿破仑(1769~1821),法兰西第一帝国缔造者,世界著名军事家、政治家。1814年被反法同盟军打败,流放到地中海的厄尔巴岛。
⑥阿剌飞(约1839~1911),埃及爱国军官,1879年组建祖国党,两次领导武装起义,要求实施宪政,试图摆脱英、法对埃及的控制。1882年领导埃及军民抵抗英军,失败后被捕,流放锡兰(今斯里兰卡)。
⑦唐虞三代,唐虞即指唐尧虞舜,传说中的上古贤君。唐虞之后,即夏商周三代。
⑧良辰美景、赏心乐事,汤显祖《牡丹亭》中有"良辰美景奈何天,赏心乐事谁家院"的戏词。
⑨老大嫁作商人妇,见白居易《琵琶行》,其中有"门前冷落鞍马稀,老大嫁作商人妇"。

呜呼！凭君莫话当年事，憔悴韶光不忍看！楚囚相对①，岌岌顾影②，人命危浅，朝不虑夕③。国为待死之国，一国之民为待死之民。万事付之奈何，一切凭人作弄，亦何足怪！

　　梁启超曰：我中国其果老大矣乎？是今日全地球之一大问题也。如其老大也，则是中国为过去之国，即地球上昔本有此国，而今渐渐灭，他日之命运殆将尽也。如其非老大也，则是中国为未来之国，即地球上昔未现此国，而今渐发达，他日之前程且方长也。欲断今日之中国为老大耶？为少年耶？则不可不先明"国"字之意义。夫国也者，何物也？有土地，有人民，以居于其土地之人民，而治其所居之土地之事，自制法律而自守之；有主权，有服从，人人皆主权者，人人皆服从者。夫如是，斯谓之完全成立之国。地球上之有完全成立之国也，自百年以来也。完全成立者，壮年之事也。未能完全成立而渐进于完全成立者，少年之事也。故吾得一言以断之曰：欧洲列邦在今日为壮年国，而我中国在今日为少年国。

　　夫古昔之中国者，虽有国之名，而未成国之形也。或为家族之国，或为酋长之国，或为诸侯封建之国，或为一王专制之国。虽种类不一，要之，其于国家之体质也，有其一部而缺其一部。正如婴儿自胚胎以迄成童，其身体之一二官支，先行长成，此外则全体虽粗具，然未能得其用也。故唐虞以前为胚胎时代，殷周之际为乳哺时代，由孔子而来至于今为童子时代。逐渐发达，而今乃始将入成童以上少年之界焉。其长成所以若是之迟者，则历代之民贼有窒其生机者也。譬犹童年多病，转类老态，或且疑其死期之将至焉，而不知皆由未完全未成立也。非过去之谓，而未来之谓也。

　　且我中国畴昔，岂尝有国家哉？不过有朝廷耳！我黄帝子孙，聚族

---

①楚囚相对，本指春秋时被俘到晋国的楚人钟仪和他的同伴相对悲泣。东晋时，逃到江南的士族常在新亭这个地方相聚，皆相视叹息流泪，只有丞相王导说："当共勠力王室，克复神州，何至作楚囚相对。"
②岌岌顾影，《初学记》卷二七引南朝梁张率《绣赋》："顾影自媚，窥镜自怜。"意指自我欣赏。
③人命危浅，朝不虑夕，见西晋李密《陈情表》，其中有"日薄西山，气息奄奄，人命危浅，朝不虑夕"。

而居，立于此地球之上者既数千年，而问其国之为何名，则无有也。夫所谓唐虞、夏、商、周、秦、汉、魏、晋、宋、齐、梁、陈、隋、唐、宋、元、明、清者，则皆朝名耳。朝也者，一家之私产也。国也者，人民之公产也。朝有朝之老少，国有国之老少。朝与国既异物，则不能以朝之老少而指为国之老少明矣。文、武、成、康，周朝之少年时代也。幽、厉、桓、赧，则其老年时代也。高、文、景、武，汉朝之少年时代也。元、平、桓、灵，则其老年时代也。自余历朝，莫不有之。凡此者谓为一朝廷之老也则可，谓为一国之老也则不可。一朝廷之老且死，犹一人之老且死也，于吾所谓中国者何与焉？然则，吾中国者，前此尚未出现于世界，而今乃始萌芽云尔。天地大矣，前途辽矣。美哉，我少年中国乎！

玛志尼①者，意大利三杰之魁也。以国事被罪，逃窜异邦。乃创立一会，名曰"少年意大利"。举国志士，云涌雾集以应之。卒乃光复旧物，使意大利为欧洲之一雄邦。夫意大利者，欧洲第一之老大国也。自罗马亡后，土地隶于教皇，政权归于奥国，殆所谓老而濒于死者矣。而得一玛志尼，且能举全国而少年之，况我中国之实为少年时代者耶！堂堂四百余州之国土，凛凛四百余兆之国民，岂遂无一玛志尼其人者！

龚自珍②氏之集有诗一章，题曰《能令公少年行》。吾尝爱读之，而有味乎其用意之所存。我国民而自谓其国之老大也，斯果老大矣；我国民而自知其国之少年也，斯乃少年矣。西谚有之曰："有三岁之翁，有百岁之童。"然则，国之老少，又无定形，而实随国民之心力以为消长者也。吾见乎玛志尼之能令国少年也，吾又见乎我国之官吏士民能令国老大也。吾为此惧！夫以如此壮丽浓郁翩翩绝世之少年中国，而使欧西日本人谓我为老大者，何也？则以握国权者皆老朽之人也。非哦几十年八股，非写几十年白折③，非当几十年差，非挨几十年俸④，非递几十年手本⑤，非唱几

---

①玛志尼，即马志尼（1805~1872），意大利爱国者，复兴运动中民主共和派领袖。先后创立"青年意大利党"和"青年欧罗巴"，发动和组织资产阶级革命，为意大利统一而斗争。他与同时的加里波第、加富尔并称为"意大利三杰"。梁启超常以他自况。
②龚自珍（1792~1841），字璱人，号定盦，清代思想家、文学家。
③白折，奏折之一种，用素纸写成。
④俸，即俸禄，古代皇朝给予各级官员的报酬。
⑤手本，这里指明清时门生见老师或下属见上司所递的名帖。

十年诺①，非磕几十年头，非请几十年安，则必不能得一官、进一职。其内任卿贰②以上，外任监司③以上者，百人之中，其五官不备者，殆九十六七人也。非眼盲则耳聋，非手颤则足跛，否则半身不遂也。彼其一身饮食步履视听言语，尚且不能自了，须三四人在左右扶之捉之，乃能度日，于此而乃欲责之以国事，是何异立无数木偶而使之治天下也！且彼辈者，自其少壮之时，既已不知亚细欧罗④为何处地方，汉祖唐宗是那朝皇帝，犹嫌其顽钝腐败之未臻其极，又必搓磨之，陶冶之，待其脑髓已涸，血管已塞，气息奄奄，与鬼为邻之时，然后将我二万里山河，四万万人命，一举而畀于其手。呜呼！老大帝国，诚哉其老大也！而彼辈者，积其数十年之八股、白折、当差、挨俸、手本、唱诺、磕头、请安，千辛万苦，千苦万辛，乃始得此红顶花翎⑤之服色，中堂大人⑥之名号，乃出其全副精神，竭其毕生力量，以保持之。如彼乞儿，拾金一锭，虽轰雷盘旋其顶上，而两手犹紧抱其荷包，他事非所顾也，非所知也，非所闻也。于此而告之以亡国也，瓜分也，彼乌从而听之，乌从而信之！即使果亡矣，果分矣，而吾今年既七十矣，八十矣，但求其一两年内，洋人不来，强盗不起，我已快活过了一世矣！若不得已，则割三头两省之土地，奉申贺敬，以换我几个衙门；卖三几百万之人民作仆为奴，以赎我一条老命，有何不可？有何难办？呜呼！今之所谓老后、老臣、老将、老吏者，其修身齐家治国平天下之手段，皆具于是矣。西风一夜催人老，凋尽朱颜白尽头。使走无常⑦当医生，携催命符以祝寿，嗟乎痛哉！以此为国，是安得不老且死，且吾恐其未及岁而殇也。

---

①唱诺，古人见尊长，双手作揖，口念颂辞，叫作唱喏或声喏。
②卿贰，次于卿相的朝中大官，即二品、三品的京官。
③监司，负有监察之责的官吏。
④亚细欧罗，指亚洲和欧洲。亚洲曾译作亚细亚，欧洲曾译作欧罗巴。
⑤红顶花翎，红顶是官帽，花翎是官衔。清代官帽有两种，一种为暖帽，红顶镶黑边，以顶部所镶珠子材料不同而区分官员的等级，共分为九品，无顶珠者无品。顶珠下有翎管，用以安插翎枝。翎枝分蓝翎、花翎两种，后者有一眼、二眼、三眼之分，三眼最为尊贵。前者主要赐予六品以下，在皇宫和王府当差的侍卫官员。
⑥中堂大人，此称呼起于北宋，因宰相常在中书省内办公而得名。元代延续。明清两代用来称呼内阁大学士。后来变成一种尊称，不代表实际权力。
⑦无常，亦称无常鬼，传说中人死时前来摄魂的使者。

梁启超曰：造成今日之老大中国者，则中国老朽之冤业也。制出将来之少年中国者，则中国少年之责任也。彼老朽者何足道，彼与此世界作别之日不远矣，而我少年乃新来而与世界为缘。如僦屋者然，彼明日将迁居他方，而我今日始入此室处。将迁居者，不爱护其窗枨，不洁治其庭庑，俗人恒情，亦何足怪！若我少年者，前程浩浩，后顾茫茫。中国而为牛为马为奴为隶，则烹脔鞭棰之惨酷，惟我少年当之。中国如称霸宇内，主盟地球，则指挥顾盼之尊荣，惟我少年享之。于彼气息奄奄与鬼为邻者何与焉？彼而漠然置之，犹可言也。我而漠然置之，不可言也。使举国之少年而果为少年也，则吾中国为未来之国，其进步未可量也。使举国之少年而亦为老大也，则吾中国为过去之国，其澌亡可翘足而待也。故今日之责任，不在他人，而全在我少年。少年智则国智，少年富则国富；少年强则国强，少年独立则国独立；少年自由则国自由，少年进步则国进步；少年胜于欧洲则国胜于欧洲，少年雄于地球则国雄于地球。红日初升，其道大光。河出伏流，一泻汪洋。潜龙腾渊，鳞爪飞扬。乳虎啸谷，百兽震惶。鹰隼试翼，风尘吸张。奇花初胎，矞矞皇皇。干将发硎，有作其芒。天戴其苍，地履其黄。纵有千古，横有八荒。前途似海，来日方长。美哉我少年中国，与天不老！壮哉我中国少年，与国无疆！

三十功名尘与土，八千里路云和月。莫等闲，白了少年头，空悲切。此岳武穆①《满江红》词句也。作者自六岁时即口受记忆，至今喜诵之不衰。自今以往，弃哀时客②之名，更自名曰少年中国之少年。

选自《饮冰室合集·文集之五》

---

①岳武穆，即岳飞（1103~1142），字鹏举，相州汤阴（今属河南）人，抗金英雄，名列南宋中兴四将之首。
②哀时客，梁启超曾以此为笔名发表文章。

目　录

1912年

［思顺十九岁　思成十一岁　思永八岁　思忠五岁　思庄四岁　思达出生］

1912年10月5日	与娴儿书	2
1912年10月11日	与娴儿书	3
1912年10月13日	与娴儿书	5
1912年10月17日	与娴儿书	6
1912年10月18日	与娴儿书	7
1912年10月24日	与娴儿书	8
1912年10月29日	与娴儿书	10
1912年11月1日	与娴儿书	11
1912年11月3日	与娴儿书	14
1912年11月4日	与娴儿书	15
1912年11月7日～8日	与娴儿书	16
1912年11月9日～10日	与娴儿书	17
1912年11月12日	与娴儿书	18
1912年11月13日	与娴儿书	19
1912年11月13日	与娴儿书	20

1912年11月20日	与娴儿书	20
1912年11月22日	与娴儿书	21
1912年11月23日	与娴儿书	21
1912年11月24日	与娴儿书	22
1912年12月1日	与娴儿书	23
1912年12月2日	与娴儿书	27
1912年12月3日	与娴儿书	27
1912年12月5日	与娴儿书	28
1912年12月	与娴儿书	29
1912年12月16日	与娴儿书	31
1912年12月18日	与娴儿书	32
1912年12月20日	与娴儿书	33
1912年12月22日	与娴儿书	34
1912年12月23日	与娴儿书	35
1912年12月27日	与娴儿书	35

1913年

[思顺二十岁　思成十二岁　思永九岁　思忠六岁　思庄五岁　思达一岁]

1913年1月10日	与娴儿书	38
1913年1月12日	与娴儿书	39
1913年1月15日	与娴儿书	40
1913年1月17日	与娴儿书	41
1913年1月23日	与娴儿书	42
1913年1月25日	与娴儿书	43
1913年1月31日	与娴儿书	44

1913年2月4日	与娴儿书	45
1913年2月7日	与娴儿书	47
1913年2月10日	与娴儿书	48
1913年2月20日	与娴儿书	49
1913年3月18日	与娴儿书	50
1913年4月17日	与娴儿书	51
1913年4月18日	与娴儿书	52
1913年4月21日	与娴儿书	53
1913年5月2日	与娴儿书	54

1915年

[思顺二十二岁 思成十四岁 思永十一岁 思忠八岁 思庄七岁 思达三岁 思懿一岁]

1915年5月11日	与娴儿姊弟书	56
1915年5月14日	与娴儿书	57
1915年6月4日	与思顺、思成书	58
1915年6月5日	与娴儿书	59

1916年

[思顺二十三岁 思成十五岁 思永十二岁 思忠九岁 思庄八岁 思达四岁 思懿二岁 思宁出生]

1916年1月2日	与娴儿书	62
1916年2月8日	与娴儿书	63
1916年3月18日	与娴儿书	64
1916年3月20日	与娴儿书	65

1916年6月22日	与思成、思永书	66
1916年8月27日	与娴儿书	67
1916年10月11日	与娴儿书	67

1918年

[思顺二十五岁 思成十七岁 思永十四岁 思忠十一岁 思庄十岁 思达六岁 思懿四岁 思宁二岁]

| 1918年12月10日 | 与思顺书 | 70 |

1919年

[思顺二十六岁 思成十八岁 思永十五岁 思忠十二岁 思庄十一岁 思达七岁 思懿五岁 思宁三岁]

| 1919年11月5日 | 与娴儿书 | 72 |
| 1919年12月2日 | 与娴儿书 | 74 |

1920年

[思顺二十七岁 思成十九岁 思永十六岁 思忠十三岁 思庄十二岁 思达八岁 思懿六岁 思宁四岁]

1920年3月25日	与思顺书	76
1920年4月20日	与娴儿书	77
1920年7月20日	与娴儿书	78

1921年

[思顺二十八岁 思成二十岁 思永十七岁 思忠十四岁 思庄十三岁 思达九岁 思懿七岁 思宁五岁]

1921年5月30日	与娴儿书	80
1921年7月22日	与娴儿书	81

1922年

[思顺二十九岁 思成二十一岁 思永十八岁 思忠十五岁 思庄十四岁 思达十岁 思懿八岁 思宁六岁]

1922年12月2日	与思顺书	84
1922年12月25日	与思顺书	84

1923年

[思顺三十岁 思成二十二岁 思永十九岁 思忠十六岁 思庄十五岁 思达十一岁 思懿九岁 思宁七岁]

1923年1月7日	与思顺书	86
1923年1月15日	与思顺书	87
1923年1月21日	与思顺书	87
1923年2月24日	与思顺书	88
1923年5月8日	与思顺书	89
1923年5月10日	与思顺书	91
1923年5月11日	与思顺书	92
1923年5月	与思成书	93
1923年5月17日	与思顺书	93
1923年5月18日	与思顺书	94
1923年6月1日	与思顺书	94
1923年6月13日	与思顺书	95
1923年7月26日	与思顺书	95

1923年7月26日	与思成书	96
1923年8月1日	与思顺书	96
1923年8月8日	与思顺书	97
1923年8月22日	与思顺书	98
1923年9月6日	与思顺书	98
1923年9月10日	与思顺书	99
1923年9月15日	与思顺书	99
1923年10月6日	与思顺书	100
1923年11月1日	与思顺书	100
1923年11月5日	与思顺书	101
1923年11月16日	与思顺书	103
1923年11月20日	与思顺书	104
1923年11月27日	与思顺书	104
1923年12月18日	与思顺书	105

1924年

［思顺三十一岁 思成二十三岁 思永二十岁 思忠十七岁 思庄十六岁 思达十二岁 思懿十岁 思宁八岁 思礼出生］

1924年2月2日	与顺儿书	108
1924年4月2日	与顺儿书	109
1924年4月4日	与顺儿书	109
1924年4月9日	与顺儿书	110
1924年4月16日	与顺儿书	110
1924年4月19日	与顺儿书	111

1925年

[思顺三十二岁　思成二十四岁　思永二十一岁　思忠十八岁　思庄十七岁　思达十三岁　思懿十一岁　思宁九岁　思礼一岁]

1925年4月17日	与思顺、庄庄书	114
1925年5月1日	与顺儿书	115
1925年5月9日	与思顺、思成、思永、思庄书	116
1925年5月11日	与思顺书	118
1925年7月10日	与孩子们书	119
1925年8月3日	与孩子们书	123
1925年8月12日	与思顺书	126
1925年8月16日	与顺儿书	127
1925年9月3日	与顺儿书	129
1925年9月13日	与思顺书	131
1925年9月20日~21日	与思顺、思成、思永、思庄书	132
1925年9月24日	与思顺书	134
1925年9月29日	与思顺、思成、思永、思庄书	134
1925年10月3日	与思顺、思成、思永、思庄书	135
1925年10月4日	与思顺、思成、思永、思庄书	138
1925年11月9日	与孩子们书	139
1925年12月27日	与思成书	141

1926年

[思顺三十三岁　思成二十五岁　思永二十二岁　思忠十九岁　思庄十八岁　思达十四岁　思懿十二岁　思宁十岁　思礼二岁]

1926年1月5日~7日	与思成书	144

1926年2月9日	与孩子们书	146
1926年2月18日	与孩子们书	147
1926年2月27日	与孩子们书	149
1926年3月10日	与孩子们书	151
1926年4月19日	与顺儿书	152
1926年6月5日	与顺儿书	153
1926年6月11日	与思顺书	155
1926年8月22日	与大小孩子们书	156
1926年9月4日	与孩子们书	157
1926年9月14日	与孩子们书	158
1926年9月26日	与孩子们书	162
1926年9月27日	与孩子们书	163
1926年9月29日	与孩子们书	164
1926年10月4日	与孩子们书	167
1926年10月7日	与思顺书	168
1926年10月14日	与孩子们书	170
1926年10月19日	与孩子们书	171
1926年10月22日	与孩子们书	171
1926年12月10日	与思永书	172
1926年12月20日	与孩子们书	173

1927年

[思顺三十四岁 思成二十六岁 思永二十三岁 思忠二十岁 思庄十九岁 思达十五岁 思懿十三岁 思宁十一岁 思礼三岁]

1927年1月2日	与孩子们书	176

1927年1月10日	与思永书	179
1927年1月13日	与孩子们书	181
1927年1月18日~25日	与孩子们书	182
1927年1月26日	与孩子们书	185
1927年1月27日	与孩子们书	187
1927年1月30日	与思顺书	189
1927年2月6日~16日	与孩子们书	191
1927年2月23日	与孩子们书	195
1927年2月28日~3月1日	与孩子们书	196
1927年3月1日	与思成书	198
1927年3月9日	与孩子们书	199
1927年3月10日	与孩子们书	201
1927年3月21日	与孩子们书	203
1927年3月29日	与孩子们书	205
1927年3月30日	与孩子们书	206
1927年4月2日	与顺儿书	207
1927年4月19日~20日	与孩子们书	208
1927年4月21日	与思永书	210
1927年4月25日	与思永书	212
1927年4月27日	与思永书	214
1927年4月28日	与庄庄书	216
1927年5月4日	与顺儿书	217
1927年5月5日	与孩子们书	218
1927年5月11日	与顺儿书	222
1927年5月13日	与顺儿书	223

1927年5月26日	与孩子们书	225
1927年5月31日	与孩子们书	227
1927年6月14日~15日	与孩子们书	228
1927年6月23日	与顺儿书	231
1927年7月3日	与顺儿书	232
1927年8月5日	与庄庄书	233
1927年8月29日	与孩子们书	234
1927年10月11日	与孩子们书	238
1927年10月29日	与孩子们书	239
1927年10月31日~11月15日	与孩子们书	241
1927年11月23日~12月5日	与孩子们书	243
1927年12月上旬	与孩子们书	248
1927年12月12日	与孩子们书	249
1927年12月13日	与思顺书	251
1927年12月18日	与思成书	253
1927年12月19日	与思顺书	255
1927年12月24日	与顺儿书	256

1928年

［思顺三十五岁 思成二十七岁 思永二十四岁 思忠二十一岁 思庄二十岁 思达十六岁 思懿十四岁 思宁十二岁 思礼四岁］

1928年1月	与达达书	258
1928年2月2日	与思顺书	259
1928年2月12日	与思成书	260
1928年2月13日	与孩子们书	261

1928年4月3日	与思永书	264
1928年4月26日	与思成、徽音书	265
1928年4月28日	与思顺书	268
1928年5月4日	与思顺书	269
1928年5月4日	与思成书	270
1928年5月5日	与思顺书	271
1928年5月8日	与思顺书	271
1928年5月8日	与思成书	272
1928年5月13日	与顺儿书	273
1928年5月14日	与思成、徽音书	275
1928年6月10日	与思成书	277
1928年6月19日	与思顺书	278
1928年6月23日	与思顺书	280
1928年8月22日	与孩子们书	282
1928年9月2日	与思顺书	283
1928年10月12日	与顺儿书	285
1928年10月17日	与思成书	287

附录

三十自述 ································· 289
    附：我之为童子时 ················· 295
双涛阁日记 ····························· 297
哀启 ······································· 327
梁启超在徐志摩和陆小曼婚礼上的训词 ········ 334

一九一二年

[思顺十九岁 思成十一岁 思永八岁 思忠五岁 思庄四岁 思达出生]

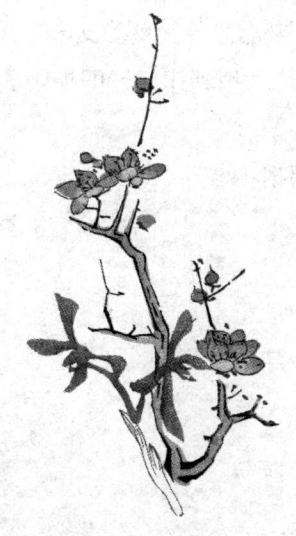

1912年10月5日

[与娴儿①书]

　　门司②一电,想早达。登舟吸纳海风,宿疾全愈,胃气逾壮。门司展轮之翌晨风颇剧,第三日至平稳,第四日之夕,又遇大风,并我亦觉体中不适,荷丈③则几于无心人世矣。惟尔二叔④饮啖更健,真可人也。此次因船小无散步处,闷守小室中,殆无复海行之乐,幸同行有数人,得谐谈消遣耳。因风稍迟数时(初五晨十时到沽)乃到大沽,遂不能趁早潮直至,今晚(初五)十时可进,明日破晓登岸也。船到步(埠)后,尚须候一日,此真天下所无,此中国之所以为中国欤?此间已寒极,可以御裘,去年一冬不冰河,遂开未有之奇变,今年恐九月遂冰河,又不知生何变象也。在舟一来复,不知世事,不审登岸后有何惊心动魄之事也。

　　天气渐寒,祖父⑤寒衣宜早备,睡席恐冷,可劝支床。吾到津后,当甚忙,或不能多写信,告祖父不必悬念。拟到津后,即买奶子葡萄托船主带上,未审能有暇否耳。

　　匆匆写示娴儿,书呈祖父,不另禀。

　　　　　　　　　　　　　　饮冰⑥　　初五夕　　大信丸

---

①娴儿,即梁思顺,梁启超的长女,生于1893年。
②门司,日本九州旅客铁路起点站,位于北九州市门司区西海岸一丁目。
③荷丈,即汤觉顿(1878~1916),名睿,字觉顿,号荷庵,梁启超在万木草堂的同学。
④二叔,即梁启勋,梁启超二弟,同受业于康有为。
⑤祖父,即梁启超的父亲梁宝瑛,字莲涧。
⑥饮冰,梁启超自称,语出《庄子·人间世》:"今吾朝受命而夕饮冰。"

1912年10月11日

[与娴儿书]

到津后情形,由汝叔报告,想先达。三日来无一刻断宾客(唐绍仪①,及前直督张锡銮②皆已来谒,赵秉钧③、段祺瑞④皆派代表来),门簿所登已逾二百人矣。各省欢迎电报,亦络绎不绝,此次声光之壮,真始愿不及也。张謇⑤、黄兴⑥皆候三日,因初十在湖北开国纪念,彼等候至初七不至,遂皆往鄂耳。汝所发电报误初五为初三,故自初二日各人麇集,客邸俱满,诸熟人向荷丈戟手唾骂,谓误电害人,统计所核,将及十万,要荷丈赔偿损害云云,然正以此,故今日各人次第归京(人人盘费皆竭),此间又稍得清静也(明日礼拜六,又将纷纷来矣)。

连日赴共和、民主两党欢迎宴及演说会,又地方官纷纷请宴,应酬苦极。寓中则分三处,客厅无时不满,大约总须十日后,乃能回复秩序也。共和、民主两党合并已定,举黎⑦为总理,吾为协理,张⑧、伍⑨、那⑩皆退居干事,大约一月内(现甚秘密)成立发表,国民党亦曾来交涉,欲请吾为理事,经婉谢之,彼必愤愤,然亦无如何也。

---

① 唐绍仪(1862~1938),字少川,南北议和时为北方代表,后担任中华民国首任内阁总理。
② 张锡銮(1843~1922),字金波,民国成立后曾任直隶都督。
③ 赵秉钧(1859~1914),字智庵,民国之初为内务部总长、国务总理。
④ 段祺瑞(1865~1936),字芝泉,北洋军将领,与王士珍、冯国璋被时人称为"北洋三杰"。
⑤ 张謇(1853~1926),字季直,清状元,后辞官办实业,曾任中华民国农商总长。
⑥ 黄兴(1874~1916),字克强,曾创办华兴会,后与孙中山的兴中会结合,成立同盟会,曾任中华民国临时政府陆军总长兼参谋总长。
⑦ 黎,即黎元洪(1864~1928),字宋卿,湖北黄陂人,人称黎黄陂。武昌起义时被举为湖北军政府鄂军大都督,后任中华民国副总统、总统。
⑧ 张,即张謇,见注⑤。
⑨ 伍,即伍廷芳(1842~1922),本名叙,字文爵,号秩庸,后改名廷芳,广东新会人,清末民初外交家、法学家。
⑩ 那,即那彦图(1873~?),字钜甫,清末蒙古镶黄旗人,成吉思汗的第二十七代子孙。武昌起义后,组织"蒙古王公联合会",阻挠清帝退位。民国期间任国会议员。

入京期尚未定,项城①颇盼速往,吾约以两旬后或竟俟新党成立后乃往,亦未可知。此间屋小不敷住,一月后或将迁居,然总住津,不住京也。

祖父大人近体何如,天气渐寒,总以不睡地为宜,可婉劝。吾虽终日劳劳(惟未得一好跟人,颇不便耳),而精神逾健,亦因诸事顺遂,故神气旺耶!汝功课如何?所听受能领悟否?随时告我。思成②病全愈否?本月家用尚充否?现尚未收报款,故不能寄来,北方今年大约无事,住此极可安适。勿念。

此示娴儿。

饮冰 十月十一日

---

①项城,即袁世凯(1859~1916),字慰亭(又作慰庭),号容庵,河南项城人,故称袁项城。
②思成,即梁思成,梁启超的次子,因长子早夭,实为其长子,生于1901年。

1912年10月13日

[与娴儿书]

汝德叔已至,亦阻潮一日也。前电及函想俱达,连日应酬之繁如故,惟各事进行,一日千里,虽繁冗,亦不觉其苦也。现所难处者,惟国民党欢迎入党一事,彼已二次专人来劝驾,然此安可者,只有拒绝之而已。

共和、民主两党大约两旬后联合成立,两党党员皆有"哀鸣思战斗,迥立向苍苍"之意,选举胜利可期,然自兹以往,当无日不与大敌相见于马上,吾则必须身先士卒也。项城约早入京(迟早本无不可,因莫礼逊①由英新归,欲就我决定借款问题。顷复有一事,北京大学堂学生正反对新校长,吾闻至则向政府要求任我就此职,今日各科各派代表四人来津求我承认,已力辞之矣),同人意欲俟大党成立后乃往,顷荷丈方在京,待彼来乃能定也。

项城月馈三千,受之与否,亦尚未定,旅费家费皆极繁,恐不能不受也。党成后,此间诸事稍定,尚须往鄂一行,寓所或须移至京(项城已为我备一宅,我若不往,则命鼎父②看屋也)。

汝叔因言语不甚通,料理家务极苦,日言须汝母来,吾意无论如何,必须俟汝听讲毕业,然人事难知,或不及待,亦未可知,当念光阴难得,黾勉日进,诸事可禀祖父大人知之。

此示娴儿。

饮冰 十三日

---

①莫礼逊,亦称莫理循,全名为乔治·厄内斯特·莫理循(1862~1920),澳大利亚出生的苏格兰人,曾任《泰晤士报》驻华首席记者,1912~1920年任中华民国总统政治顾问。
②鼎父,即杨维新,梁启超弟子,又称鼎甫。

1912年10月17日

[与娴儿书]

连日两党议合并大略就绪，吾准二十日入京，在京小住四五日，即须赴鄂。京中行馆，一切由总统府供张，即前此用以馆黄氏①者也。

此次项城致敬尽礼，各界欢腾，万流辏集，前途气象至佳也。惟应酬苦极，夜不得睡，今日虚火涌上，牙痛大作，遥思须摩、箕面间，菊花正肥，枫叶将赤，携酒跌宕，为乐何极，无端预人家国事，尘容俗状良自怜也。

祖父大人比来心绪何似，宜常侍游以慰岑寂。汝学业何如，能听受领会否？吾于一身起居饮食，既不惯料理，加以此间食客日常十数，仆役亦十余人，汝叔言语不大通，荷丈又无暇，在理非汝母归来不可(汝母归后家费月当省百数)，然吾欲汝学成，不思移家也。客散将睡，辄复作此。

娴儿读。

饮冰　十月七日

项城书呈祖父一览。

---

① 黄氏，即黄兴。

1912年10月18日

[与娴儿书]

  各书并悉。吾决二十入京,项城初预备军警公所为行馆,因吾偶与人言,曾文正、李文忠入京皆住贤良寺①,彼饬人铺设贤良寺,顷已备矣。此公之联络人,真无所用其极也。日来最困之问题,则国民党日日使人来招邀强聒不已(大学总长亦是一难题,吾颇乐此,然国人不许我也),彼盖深忌吾两党之合并也。

  大约入京后,不惟此两党开欢迎大会。即彼党亦有,然对付之法,煞费商量也。现都中各报记事(论说时评)皆以吾为题目,闻(擎一②来述)上海各报亦然。黎宋卿今日有长电至(各报所登皆节省,因中多言党事也),大约鄂行总不能免,乘此一漫游全国,亦未可知,但出报则恐不得不愆时日矣。

  吾牙痛已愈,惟应酬太繁,饮食无节,终虑作病耳。

  示娴儿。

饮冰 十八

思忠③笔当赏之,可先告彼。

---

①贤良寺,在今北京东城帅府园一带,清代,外省官员晋京述职多居于此,李鸿章在这里抱憾离世。
②擎一,即何天柱,字擎一,追随梁启超多年,1903年编辑出版了最早的《饮冰室文集》。
③思忠,即梁思忠,梁启超的第三子,生于1907年。

1912年10月24日

[与娴儿书]

到京四日矣。应酬之苦,殆绝非言语所能形容,若常常如此,真不复知有生之乐矣。各种情形,报中略载一二,已由汝两叔汇寄,想既收到。都人士之欢迎,几于举国若狂,每日所赴集会,平均三处,来访之客,平均每日百人。吾除总统处,概不先施,国务员自赵总理以下至各总长,旧官吏如徐世昌①、陆征祥②、孙宝琦③、沈秉堃④之流,皆已至,吾亦只能以二十分钟谈话为约,自余则五分钟,自余则旅见而已。得罪人(架子似乎太大)甚多,然亦无法也。

每日必有演说,内中以报界欢迎会、民主党欢迎会、共和党欢迎会三处为最长,想在报中次第见之。此三次演说,其势力之伟大,未可量也,然演说时亦颇劳苦矣(民主党演说至三时之久,喉几为哑)。

尚有直隶公民会、广东公会、北京商会、军警俱乐部,皆须排日欢迎,欲稍过此即逃避出京,不然精神支持不及也。广东公会过半数皆同盟派,前曾削籍,今乃欢迎,亦大异事。此次最奇者,同盟派各报馆噤若寒蝉,中有一二且致赞美之辞,国民心理之趋势,可窥一斑。两党合并成立后,势未可限也。

要之,此行为国中温和派吐尽一年来之宿气矣。初时总统府为我预备行馆,吾两党同人谓以个人资格受社会欢迎,不宜受政府特别招待,以授人口实,故别借一宅,以作寓所。

---

①徐世昌(1855~1939),字卜五,号菊人、东海,与袁世凯交好,清末任皇族内阁协理大臣,民国后曾任总统。
②陆征祥(1871~1949),字子欣,曾任清驻俄公使,北洋政府国务总理、外交总长。
③孙宝琦(1867~1931),字慕韩,出身于清代官宦世家,清末任山东巡抚,武昌起义后,宣告山东独立,不久,袁世凯迫使他宣布取消独立。曾任北洋政府外交总长、国务总理等职。
④沈秉堃(1862~1913),字幼岚,清末任广西巡抚,武昌起义后,宣布广西独立,被举为都督。后为参议院参议,不久病逝于北京。

吾十年来，颇思念北京房子，谓为安适，今乃大觉不便，汝二叔更大攻击，吾初亦有迁居北京之意，今不复作此想矣。非惟房屋不佳，即应酬亦不了也。

总统处密谈一次，赴宴一次，仍虚与委蛇而已。

吾虽极忙，然居然已一逛琉璃(其中一书贾呼吾为老叔，言吾前此常向其父买书云，可笑之至，彼亦在店中盛设欢迎，陈列无数宋本书，请观，迫得我亦随意买一二闲书，亦费百数十矣)，已为汝购得《东坡集》《韩柳合集》，汝现在方治他学，暂不寄，何如？百忙中，抽写数纸，可持慰重堂。余续闻。

示娴儿。

饮冰　廿四日

电款千二百收否？续来二书已收。

1912年10月29日

[与娴儿书]

由佛丈①交来书,已悉。日来所受欢迎,视孙、黄过数倍(彼等所受欢迎会不过五六处,吾到后已十余处相迎矣,吾之演说,本非甚佳,而都人以为得未曾有),且其人皆出于诚意,听演说后无不欢迎鼓舞。(昨夕总统府开欢迎会,国务员全体作陪。自赵秉钧、陆征祥以下皆是先来谒见,吾除项城外,唯先拜刚甫②耳。各都督来电欢迎者已有十省。)

尤奇者为明日之会,上午九点至十一点,则佛教会也。一点至四点,则国民党也(国民党见各党皆欢迎,彼虽恨极,亦不能不相敷衍,同人恐其乱暴,皆阻勿往,然吾决然行,不能示人以怯也)。晚六点则山西票庄也(老西向不请人,都人咸以为奇闻,彼见我穿华装起敬云,可笑)。(五点至六点即直隶公民会也,明日旗人欢迎。)

本定今日出京,然各处欢迎纷纷不绝,竟至初一乃能行(究竟不识能行否),实则亦断断不能不行,若再留十日,亦必每日不断赴会耳(必闹到各学堂皆开会而后已,大学学生频来请,已谢之,未知能谢否也)。日日自晨九时至晚十二时,未尝停口,铁石人亦受不住,故非逃遁不可矣。返津后闭户十日,将第一期报出版后,乃作鄂行,大抵鄂行决不能已耳。

我住都数日,又觉都中屋好住,将来或仍迁入都未定。

沪中连日来数次密电,言某党确派多人来图我,属严防(汝两叔常侍左右防范极严),亦只得听之。吾常自信敌人之不能害我也。

昨日又到琉璃厂一次,购得文具多种,赏汝曹,待到津后托人带上。祖父大人心绪佳,吾滋慰。吾虽终日劳顿,而精神愈旺,亦一奇也。汝母暂不必来,若迁入都(若以天津屋租,在京租屋,可得园林院落极胜之地),须请汝母来布置矣。

匆匆写数纸。俾汝得呈祖父奉慰一切。

示娴儿。

饮冰 廿九日

---

①佛丈,即徐佛苏,字运奎,号佛公,中华民国成立前后,是梁启超的重要帮手。
②刚甫,曾习经,字刚甫,又字刚父。以诗名,是梁启超的好朋友。

1912年11月1日

[与娴儿书]

今日居然返天津矣。在京十二日，可谓极人生之至快，亦可谓极人生之至苦，今拉杂为汝告，可据禀重堂①。大概情形，各报具载。汝叔闻已按日寄返，想已见。一言蔽之，即日本报所谓人气集于一身者，诚不诬也。盖上自总统府、国务院诸人，趋跄惟恐不及，下则全社会，举国若狂。此十二日间，吾一身实为北京之中心，各人皆环绕吾旁，如众星之拱北辰，其尤为快意者，即旧日之立宪党也。

旧立宪党皆以自己主张失败，嗒然气尽。吾在报界欢迎会演说一次，各人勇气百倍。旬日以来，反对党屏息，而共和、民主两党，人人有哀鸣思战斗之意矣。国民党经此刺激，手忙脚乱，其中大部分人皆欲来交欢，其小部分则仍肆攻击，党中全无统一，狼狈之态尽露。彼党不开欢迎会，则恐为人所笑，开会则有一部分暴乱分子，恐更闹笑话，卒乎会议数日，决意欢迎，而相约不许有暴动。彼党欢迎之日，吾党人多忧虑，劝勿往，吾则决然往，实则彼之主席(孙毓筠②主席，其人乃老同盟会，前任安徽都督者也)述欢迎词，亦极诚恳，吾一场演说，更令彼人人感动。其后胡瑛③继起演说，语亦极挚，此真出意外也。

吾在京旬日，无一日不演说，吾素不善演说，然在中国内，人人几以为闻所未闻，咸推我为雄辩家，中国人程度亦太可怜矣。吾每演说一次，则增一次效力，吾党之热心，达于沸度矣。此次欢迎，视孙、黄来京时过之十倍，各界欢迎皆出于心悦诚服，夏穗卿④丈引《左传》言，谓国人望君如望慈父母焉。盖实情也。孙、黄来时，每演说皆被人嘲笑(此来最合时，孙、黄到后，极惹人厌，吾乃一扫其秽气)，吾则每演说令人感动，其欢迎会之多，亦远非孙、黄所及。

---

①重堂，指祖父母。
②孙毓筠(1872~1924)，字少侯。中华民国成立后，曾任临时参议院议员。
③胡瑛(1884~1933)，字经武，著名反清志士，中华民国成立后曾当选众议院议员。
④夏穗卿(1863~1924)，即夏曾佑，穗卿是字。清末民初著名学者，梁启超密友。

在京十二日，而赴会至十九次之多，民主、共和党各两次(一次演说会、一次午餐会)，统一党、国民党各一次，其他则同学会、同乡会、直隶公民会、八旗会、报界、大学校工(国学会、政治研究会)、商会，尤奇者则佛教会及山西票庄、北京商会等，吾既定本日出京，前日则各团争时刻，以至一日四度演说，若再淹留，则不知何日始了也。昨日吾自开一茶会于湖广会馆，答谢各团，此会无以名之，只得名之曰"李鸿章杂碎"①而已，政界在焉，报界在焉，各党在焉，军人在焉，警界在焉，商界各行代表在焉，蒙古王公在焉，乃至和尚亦到十余人(内中有一和尚，汝叔谓为酷似鲁智深，吾不知汝叔几时曾见智深也)。杂沓不可名状，可谓自有北京以来，未有之奇观矣。

每夜非两点钟客不散，每晨七点钟客已麇集，在被窝中强拉起来，循例应酬，转瞬又不能记其名姓，不知得罪几许人矣。

吾演说最长者，为民主党席上，凡历三时，其他亦一二时，每日谈话总在一万句以上，然以此之故，肺气大张，体乃愈健。又每日坐车总有数时，车中摇动，如习体操，故胃病若失。可惜者，每日不得饱食(治胃病甚好)，盖各团皆请食西菜，日日望得食一京菜而不可得也。最舒服者，来往皆坐专车，吾国火车本优于日本，专车则有客室，有睡房，此后来往京津间，皆坐专车，此亦各国所未有，而在共和国尤为笑话，亦只得安享之而已。

有一大问题极难解决者，则为洗澡，到京后未尝得一浴也(汝叔居然偷浴一次，然彼每日必浴，今十日仅得一浴耳)。至今返津，仍无从解决。到京十日，稍添衣服买器物，已费去五六百金，各种食用车马费在外，盖皆由别人供应也。各省都督纷纷电迎，黎宋卿派人来迎，不日将到，然吾必稍安息乃行也。

吾逛琉璃厂已两次矣，买得许多文玩(一二日内托船主带返)，赏诸孩并赏家中诸叔及诸姑，惟无一物赏汝者，赏汝一部苏集，然仍拟留在此间，汝若气不分，则迟日寄汝亦得。

项城月馈三千，已受之，一则以安反侧，免彼猜忌；二则费用亦实浩

---

① "李鸿章杂碎"，指因李鸿章访美而被西方人接受的一种中国食品，梁启超《新大陆游记》曾记载此事，此处取其参会人员庞杂之意。

繁,非此不给也。东中尚存款几何?暂足支家用否?吾当按月寄五六百来,祖父大人若欲归粤,则当别寄千金来,粤中家事大约非祖父一归整顿不可,汝四叔不知闹到若何田地矣。

汝母可暂勿来,吾行踪无定,大约到鄂后,尚须历游东南各省,盖各省人士,皆望我如望岁也。此间家事已可渐就整理,汝叔已渐惯矣(家中壮士及仆役几二十人,日间当稍裁汰)。

吾极喜欢北京房子,汝叔始终攻击,谓一返天津,如登天堂,吾不谓然。然吾实不能居京,居京则卖身于宾客而已。

吾从今日起,拟谢客十日,未知能否。然所欠文字债,已如山积,亦非能安逸也。吾相片即印一百张寄来,《商报》旧码、美洲密电码即寄来。

两党合并必成,各报言难成者,消敌党之忌耳。党成后项城许助我二十万,然吾计非五十万不办,他日再与交涉也。欲言甚多,今已倦极,不复书。

示娴儿。

饮冰 十一月初一晚

1912年11月3日

[与娴儿书]

　　在都为客所苦。出津谓可免，乃安息仅半日，而客之跟踪追剿而至者已络绎不绝。人人皆欲我割出数点钟之光阴以与接谈，彼曾不谅我所居何地也。厌倦之极，辄为汝一言之。

　　汝来禀问何故不受政府招待，此因吾党人前曾痛诋某某以私人资格滥用国民资财作供张，故此次决然谢绝，免使人反唇相稽耳。

　　然吾在都浃旬①，一切饮食车马费仍不知谁所出也。

　　示娴儿。

饮冰　三日

　　汝离我一月，已渐惯否？不至缘念我妨学耶？思成体复何似？吾集陶句所制笺，此间乃无有，可印数百寄来。新造像亦印数十通。今年狐裘价甚廉，欲为祖父置一袭，且为汝置之(汝母须此否)，可即开尺寸来。此月家用能给否？投机业断之为妙，可告汝母。

　　娴儿读。

饮冰　十一月三日

---

① 浃旬，即一旬，十天。《资治通鉴·后汉隐帝乾祐三年》："比皇帝到阙，动涉浃旬，请太后临朝听政。"胡三省注："十日为浃旬。"

1912年11月4日

[与娴儿书]

数日不得汝书,想船期不合耶?

今日杂客较少,秩序渐可望回复,吾居然读书数十叶矣。津居较适于京居也。汝母可暂勿来,此间事分派略定,吾亦得一二伶俐跟人,颇能了我身边事,故亦暂无所苦,阿发拟令其司庖,因汝叔等不放心外人也。

津村先生[①]已归否?汝所学渐有味否?《商报》旧电码可速寄来。

示娴儿。

饮冰　四日

鼎父事未得,当可必得,但少迟耳,荐希哲[②]当大学教授亦未定。

中国银朱不佳,不如日本,有便可购数锭寄来。

---

①津村先生,日本学者,梁启超为女儿梁思顺所请家庭教师。
②希哲,即周希哲,梁思顺的丈夫,梁启超的上门女婿,毕业于美国哥伦比亚大学,国际法学博士。

1912年11月7日～8日

[与娴儿书]

吾前所著《国文语原解》可寄一两部来，寄四十元往书林，托其购《人境庐集》二十部寄来。

都中各报已寄至家否？吾已命之，但吾出京后各报记吾事者，当渐少矣。中国之事亦无甚可记者。

家用何如？阅报知米价上升，不审尚投机否。果尔，恐所损多矣。可告汝母勿再从事也。

七日

日来一事最快适，则饱餐馒头烙饼及小米粥也。荷丈自归国后，未尝食过一顿饭，闻之得无惊否？

七日午饭后

顷已登告示，定期会客，而客之踵至如故，且皆在京，远来不见则怨望，吾未如之何矣。居东十年，养成山野之性，入此烦浊界为之头痛。

托文卿①带上墨四锭，内两锭松烟、两锭油烟也，尚非劣品，以油烟与松烟合磨甚佳。

七日晚

检所刻文具，漏却汝华姑一份，华姑年长与汝同，可缓给也。他日再补之。

七日晚

特念汝梦想苏集已久，竟以畀汝，汝得此大赏，可以雄视诸弟妹矣。
示娴儿。

饮冰　八日

---

① 文卿，即任承允，文卿是字，甘肃天水人，光绪二十年（1894）进士，授内阁中书，民国后闭门读书，不问世事。

1912年11月9日~10日

[与娴儿书]

　　昨日文卿带去各物有象箸、银匙、银碟及绒帽、棉鞋，皆呈重堂者也，不知适老人意否，可以告我。

　　苏集吾实欲留读，吾此间竟无一本国书，欲购则价太重也，以汝太向隅，故以畀汝耳。吾尚得仿宋本《四书》一部(王文敏公①旧藏本)，吾留以自养矣。

　　思成学课归汝监督试验，若至明年二月，汝出报告谓其有进益者，吾则于其生日时以此赏之，文玩中有未刻字者，可分些与思静，不然彼太向隅矣。

九日午

　　今日武昌复有电来询行期，然吾现时乃断不能行，吾报中文十未及一也。究竟不知能否有作文之时日，奈何，奈何。
　　津村已归否？汝学课有无间断，观汝来书，似各教授未能按日来，何耶？
　　祖父思南归否？若需款可电告筹寄，留债尚负几何耶？

十日晚

　　吾照此体例每日有暇，辄写数行，汝亦可用此法。
　　示娴儿。

饮冰

---

① 王文敏公，即王懿荣（1845~1900），字正孺，一字濂生，文敏是其谥号，近代著名金石学家。

1912年11月12日

[与娴儿书]

可托书林向黄幼达[①]购《人境庐诗》二十部(寄四十元往),即托大信丸船主带来最妙。若赶不及付邮亦可。

日来颇有意欲令思成往青岛留学,汝叔主持尤力。其实吾十三岁即离父母,独学于省城。明年思成十四矣,有何不可?可与汝母一商,若彼体质平复后,即可作此预备也。住家在青岛亦甚好,但终觉不甚便耳。

彼处离此间只一日车路,思成在彼,吾及汝母与汝亦可常往视之也。

汝学课究能受益否?教习有缺课否?暂不移家专为汝耳。苟非尔者,诚不如移归之为便也。

荷丈及汝叔辈常有行乐之地,我则私权尽被剥夺,可愤之至。荷丈谓我为三个字所累,实则仅一个字耳。汝叔与我同了两个字,不为累也。

荷丈又谓,有坐专车之权者,即无任意游乐之权矣,一叹。

现在家务已大整顿,吾得二书童颇好,已无甚不便。

示娴儿。

饮冰　十二日

[①] 黄幼达,黄遵宪之弟。

1912年11月13日

[与娴儿书]

七日书悉，汝学居然有味，吾甚慰也(吾书房陈设极美丽，恨不得汝来一观也)。法学一面教授何如？来禀可言及。吾演说稿已汇印，数日后便印成，盖共和党印以送人也。

报定名《庸言》，十二月初一出版，顷正预备文字耳。暗杀队无妨，此间守卫亦极严密，王同郑福未觅得(在都时，上海同人四电催出京，吾尚赴国民党欢迎会也。所派来暗杀之人之姓名皆知矣，警道日使人尾其后)。然此间所用人皆有来历，可信也。厨房今由发记管之。鄂行当俟来月，希哲国文汝叔已教之，顷柳隅①复为任此也。鼎父觅事甚难，今仍使当校对，日内须入京住藻孙②处也(印刷所在京)。

示娴儿。

饮冰　十三日

---

①柳隅，即吴贯因（1879～1936），原名吴冠英，别号柳隅，著名史学家、语言学家，长期追随梁启超，为宪政奔走呼号。
②藻孙，待考，疑为童第德（1893～1968），字藻孙，又字次布，号惜道，浙江鄞县（今宁波市鄞州区）人，近代文史学者。

1912年11月13日

[与娴儿书]

两日来为俄蒙事①,都中风起水涌(共和、民主两党宣布政府十大罪,国民党亦附和),内阁殆将必倒,而此难题将落于我头上(今日来访之客,以十帮计,皆为此问题),我安能毫无预备而当此者,抵死决不肯就也。再逼我,我返东矣(今又安能返东者),中国必亡,决无可救,在此惟有伤心饮泪,不知今年作何过法也。

群客散后,书示娴儿。

十三夕

1912年11月20日

[与娴儿书]

数日来为俄蒙问题,吾直忙杀,又加以报须出版,每夜率皆两点钟后乃赶作文字,而鄂行又不容缓,故赶文更急,数日不作家书为此也。

今日连接书至第七号,甚慰,甚慰。汝所学日入实际,可喜。问题答案大略无误,吾尚未暇细阅也。思成字极有笔意,再经一年数月,可以为我代笔矣。

祖父归心可少缓否?约月底乃能汇款来也。游存②处不可太伤感情,吾所以自处者,不欲受人指摘也。

吾本月必须赴鄂,或不到沪而径返都亦未可知。

示娴儿。

饮冰 二十日

---

①俄蒙事,即俄蒙协约一案,1912年11月3日,沙俄不顾中国政府不承认外蒙独立的严正声明,强迫外蒙傀儡政府签订《俄蒙协约》,促使外蒙脱离中国,宣布独立,遭到全国上下一致反对。
②游存,即康有为。

1912年11月22日

[与娴儿书]

　　托琼笙为汝做衣服,彼做来之材料颜色皆不合我意,今姑寄上,明年改做可也。我因气彼不过,另在津购漳缎料两件(吾本令其用漳缎)及配色花边,可在神户缝之,吾一礼拜内当赴鄂,一往即返,不复沿江而下也。明春更游曲阜泰山,彼时或唤汝侍游耳。
　　示娴儿。

饮冰　廿二夕

1912年11月23日

[与娴儿书]

　　第九号书悉,如此写信以代日记,甚好。昨电汇二千元,想达。内五百元留作家用,千五百元备祖父大人南归之用,可存在银行,勿扯散(即万不得已只许扯用五百元,其千元必须紧留)。本年不复寄钱来东矣,并前所寄想亦足用也。汝所学皆能领会,至为欣慰,似此则留学此一年极有益也。
　　笺纸一二日内当购寄,以文具送年礼甚好。惟现已无船,小包邮便不太贵耶,定后商可也。哈克图火锅竟未买得,今年总吃不着矣。

廿三夕

1912年11月24日

[与娴儿书]

　　黎宋卿已派人来接，吾将报中第三号文字作就即往，（去时须入京住两三日）欲小住即返津，暂不往宁沪，不知能否。今为报所困，出游殊不自由，大约将来总须时时南下，时时北归，好在交通机关尚便也。（若得吾往鄂电报后，有信可寄武昌共和党支部转交，吾在鄂最多不过十日，信可勿多寄也。）

　　思成往青岛，彼自愿否？吾观汝如此长大，尚像吃奶孩子一般离不开爹妈，彼乃能耶？若往，不必多预备，但利用此时日多用力于国文可耳。他日有便当更调查详细也。

廿四

1912年12月1日

[与娴儿书]

顷《庸言》第二号文已全部脱稿,宾客亦皆散,故作此书商量家事,可呈祖父及汝母商之。

(方写至此,忽又有一帮政客来,以下乃隔三点钟后所写也。)

观现在情形,吾在京津间当常住,十年以内未必归粤,即归亦暂住数日即行耳。此并非因粤中治乱何如也。吾之一身渐为全国政治之中心点,故不能不常居于政治中心点之地。而祖父年高,非迎养在此,则一日不能即安,惟必须细婆①及家中诸幼姑幼叔随侍而来,另宅而居,始有办法,今详言其故。

吾之欲迎养为承欢也。必祖父常能欢愉,然后兹愿始遂。然若使祖父独来,一则常悬念乡中诸幼,心常不适然,此犹小鸟者也。二则在此间极寂寞,必至生闷。何以故?吾今极忙,情形不必多言,汝当可想而知,即以现在在津而每日见客写信作文无一刻暇,每夜非至三四点钟,诸事不能办了。现在尚未入党,尚未当国,犹且如是。转瞬旬日后则党事遂加吾肩,明年正式国会成立时,为吾党占多数,欲不组织内阁而不可得(吾现时最忧者,若能免,此则如释重负矣,然安可能者),试思其时之忙,视今日更加几倍者,故吾决无能日日陪侍祖父闲谈之余暇。此外,各人皆有常职,如汝二叔现在为我身边刻不可离之人(然时或有事须命彼往沪,果尔则吾目前已大不得了),每日代我会客、办事、出纳金钱、管理寓中诸物,亦无一刻暇。汝德猷叔在发行所(旭街十七号,离此不远),一身兼数人之役,其忙碌亦正相类。汝姑丈来时,大抵须住京中印刷局,不能朝夕过从。

诸人各干各事,祖父到来,终日少人陪侍,必生恼怒,祖父一恼怒则吾踧踖②无所容,必至百事俱废,即当未恼怒时,而吾时时刻刻惧恼怒之发

---

① 细婆,梁启超继母。
② 踧踖,恭敬而不安的样子。

生，精神无片刻能安，亦必至一事不能办而已。然吾今日之地位非同旧时，欲不办事，天下人安能许我？既已投身办事，以今日中国事之难办，处处若衣败絮，行荆棘，身入其中，即无日不与苦恼为缘。即归国以来，仅一月耳，所遇可忧可恼之事已不知凡几，他日什佰于此，又可想而知。就令家庭中一无拂戾而精神已苦不支，若家事更益以困难，则人非木石，岂能堪此，而祖父独来居此，不能不生恼怒，此吾所敢断言也。又祖父独来，就我而居有种种不便处。吾此间宾客杂遝，出入无时，吾待之皆有分寸，然吾深知，祖父之意常欲吾所交之友皆一一晋见，一修子弟礼而于有名有位之人为尤甚，然吾所处地位万不能凡一客来皆告之曰，吾有老亲在此，汝其一见也。

又，此间日日几皆有客共饭，饭时常常纵谈无数事，若有老人在座，则客皆拘束不便，且饭时若吾专应酬客耶，偶一为之，固无所不可，日日如此(实则几于日日宴客)，老人又安得不怒，且客又岂能安者？不应酬客耶，吾地位又安能？若日日使老人独饭，更成何事体？故我必欲侍祖父同居于一地，而又必须异室而居，吾惟间日或间数日往朝见而已。若此地有大屋分数院落，可住多人，尚容易商量，然此间洋式房屋，实无此类。以现所住荣街之屋，月租百三十元，仅有可住之房四间耳。将来汝母挈汝等归，已万不能与我同居(吾他日终须住京，然家眷必住津，吾若能躲避不组织内阁，则吾终乐居津也)，若汝等侍祖父住一屋，汝等又非能十分承欢。且祖父老矣，身边无人伺候终觉不便，偶有小恙，则不便益加，吾现不能常侍，必易招恼怒，一恼怒吾亦卒无以自容耳。且诸姑诸叔年已长大，更安能听其在乡废学，使之出外受教育，又吾之责也。

故吾欲请细婆挈汝华姑雄叔以下来津另赁一屋而居，祖父即住其间。如此则共计此间所赁屋三处：吾常住办事处，荷丈及汝二叔同居焉。汝母所住处，吾留室设一书案、一卧榻以备偶归。祖父住处则细婆率诸姑叔侍焉，吾惟常往朝，若无客时，则往侍饭。该处用一厨子两三仆役，家务若有为细婆所不能料理者，则汝两叔常往检点，不患不便也。

祖父每日在寓时则随意教诸姑叔，高兴出门则或来我处，或到汝母所住处抚弄诸孙，或到汝德叔(报馆发行所也)处闲坐，食饭则随便，任在何处皆可。似此则祖父不至因闷而生恼，而吾亦惟享家庭之乐，更无家庭之苦，可以专用精神以办事矣。如此并可请任儒先生来教汝诸姑叔，既令此老得以自赡，亦可陪祖父清谈也。三姑婆孑然一身，亦并可迎来。惟有一事当订明者，则汝诸婶及汝四叔不能来也。(汝二叔欲接汝二婶来则又当别论。) (五叔来五婶不来则可。)未婚娶之诸姑叔他日有事吾当全负责任。其已据室而居者，则应在乡常居。汝五叔既成废疾，则汝五婶更宜使之独立料理家事，庶他日尚能自教其儿女，若出来则全然依赖，他日更不了耳。至于汝四叔，则吾真不敢与之亲近，彼一来必使我身败名裂而已。

此吾所拟大略办法也。要之，吾既不能返乡居，若祖父不来则祖父既日念我，我亦日念祖父，此何可久者？若祖父独来与我同居，则祖父既不安，我亦不安(即汝等随侍祖父而来，仍不免诟病)，此又两失之道也，故非细婆及诸姑叔侍来不可也。

为祖父计，无甚难处。来此后虽不免悬挂乡间诸叔婶，然既有数子各居异地，例如昔时有数子分途服官于数省，亦只能就养其一，而暂置其他，此无如何也。惟细婆舍不得五叔(婶)，且安土重迁亦情之常。然祖父无论住何处，细婆固应有追随服侍之义务，此则吾能以大义相责者也。且人生一世安可不游他方一开眼界，今若侍祖父来，则养尊处优真如别有天地。

为细婆计，亦何乐而不为此。若祖父以此谕，细婆当必从命也。且诸幼辈不来就学，他日又成废人，如何是了耶？若祖父决意如此办法，则请年内或开春回粤一部署家事，将诸婶析爨，毋使受汝四叔鱼肉，其诸婶若有不给，吾仍可接济之。

祖父及细婆行后，家事益散漫，自无待言，然亦只得暂时不顾，充其量则公产为汝四叔盗卖尽耳，谅彼亦未必敢未必能。即令如此，吾亦能照数赔出。吾此间现时一月所用殆已买得起家中全产矣(连报馆一切开销，每月约四千五百也。然汝二叔除寄神户家用外，尚欲为我每月储留二千，大约尚能办到)，祖父何必断断顾虑焉？祖父老矣，惟当就养此间，屏除杂念，含饴弄幼，若诸子已有室家者，听其自养，不宜复以此劳慈虑也。

至若细婆不侍而祖父独来，吾虽不敢必语不可，然以理论之，细婆必宜来分我之劳(奉侍承欢，本我全责，然我所处地位非细婆分劳不可)；以势论之，恐必有不便之处致祖父不欢，而我尤万分狼狈，甚则着急生病，轻亦废时堕誉,故吾再四思维,惟有出于此一法也。此事可详禀重堂,婉劝决定,吾一切揭开直言毫无所隐,谅祖父必不嗔责。如有嗔责,则汝为我引匿求恕可也(吾百忙中作此长函,实不易)。

汝所学精进,吾甚喜慰。货币问题答案十条,条条无误(汝师语何如),纵此加勉,他日必能传吾学且能助我不让汝叔矣。吾实欲汝毕此一年之业,但汝不能离汝母,而汝母久不归,吾甚不便。万一汝叔有事他往,则吾更不得了。吾今已甚忧此矣,故欲将汝学科缩为半年,至明年三月杪(阳历)则全眷归国。缩之之法:其一则请津村将《经济学讲义》稍加省略或添时间;其二则讲《法学通论》时,将民刑商等法删去,而惟讲宪法行政法大意,此两法吾必欲汝稍得门径也。得门径则可以自修矣,可以此意商津村,吾日间亦当专函与彼商也。思成若往青岛,亦当在七月前往,终不能待汝一年也(彼或迟一年往亦无不可,顷尚未查确)。此着若定,则加纳町之屋不妨与中村预商,或可通融办理,此事可禀汝母商行。

鄂行或稍缓,顷屡接多处警报,群小日谋相害,派暗杀队无算,彼辈所忌者惟我与项城,此亦无怪其然,吾向来不信彼辈之能奈我何,然多人苦劝(项城其一也),亦只得勉徇众意,大抵终须一行,惟时日未定耳。

汝劢学宜得赏,吾有极精美之文房品赏汝,但恐未必有便人耳。思成学进亦更有赏也。

示娴儿。

饮冰 十二月初一

1912年12月2日

[与娴儿书]

前日寄一长书,部署家事,想已达。

今因刘子楷①东渡,托带各物计影宋本韩集一箱、镶珠金镯一对、金领扣一枚皆赏汝者(欲购物赏思成等三人,竟不可得)、镀金银镯二双、衣料二袭赏思庄、思静(衣料足副做衣裤各两套),又送教习年礼诸品共一包(每人笔一盒,墨合一枚,镇纸二枚)可点收,余续闻。

示娴儿。

十二月二日

收到后,即复一书,因金器价颇不菲也。棉烟犯禁忌,不便托人带。

1912年12月3日

[与娴儿书]

别有影宋本《四书》一部赏与思成,此书至可宝,可告之。又衣料一件给汝,偶见其花色雅驯,故购之。又核桃、虾油、小菜等物,缘子楷行李少,故用一网篮装之,即添购以实此篮也。

初三夕

---

① 刘子楷,即刘崇杰(1880~?),字子楷,清末任驻日一等参赞,民国后留任。

1912年12月5日

[与娴儿书]

十二、十三号禀皆收。

祖父南归一行,自非得已,然乡居如何可久?且亦令吾常悬悬望,仍以吾前书之意,力请明春北来为要。

前托刘子楷带各物本有虾油、辣椒两篓(津中尤物也,北京无之),后子楷言放在车中恐有气味,为人所不喜,故已抽出矣。(又小说两部呈祖父消闲。)其中有摹本缎两段,乃赏汝两妹者,人各一套(问思庄何故写信与二叔而不与我?岂至今尚未得闲耶?汝三人将所赏衣服穿起照一相寄我)。其外国缎一段则赏汝者也。金器多两件赏汝,汝两妹亦各一件。此次汝姊妹所得独多,汝诸弟想气不分矣。然思成所得《四书》乃最贵之品也。可令其熟诵,明年侍我时必须能背诵,始不辜此大赉也。

吾游曲阜,可令山东都督办差(周督旬日前方来谒),张勋派兵护卫,吾亦极思挈汝行,俾汝一瞻圣迹(若国内一年内无乱事,吾又一年内可以不组织内阁,则极思挈汝遍游各省),但又不欲汝辍学耳。

津村先生肯别诲汝中央银行制度,大善,大善。惟吾必欲汝稍学宪法、行政法(宪法能讲比较尤妙),知其大意。经济学亦必须毕业。而各课皆须于三月前完了。试以商津村何如?经济学吾曾为汝讲生产论(诸师乞书,日内当寄),故此可稍略,交通论中之银行货币既有专课,尤可略,然则亦易了也。

荷丈月入已八百,尚有数部力邀彼往(其职约当前清之三品京堂),若皆应之,则千余金可得。而鼎父至今无着落(但今者报馆缺彼不可,印刷局在京,非彼莫辞也),汝诸表兄日日来嬲我求差事(小四、小八皆不自量,小八指缺,硬索已四五次矣),吾亦无能为助。甚矣,人贵自立也。

示娴儿。

饮冰 十二月五日

韩集本欲留读,因濒行曾许汝,故复以赍汝,吾又得一明刻本《李杜合集》,字大寸许,极可爱,姑以告汝,却不许撒娇来索(思成若解文学,则吾他日赏之)。

1912年12月

[与娴儿书]

顷电汇四千，想先此书达。书言二千者，恐祖父见家费多，或生恼怒也。当告汝母，切切不可再投机，若更失败，吾力亦实不逮也。

本年不再寄家费，可否？老吴手法实不高妙，汝叔辈不放心用外人，牵率吾夫仍食初九下等之馆子菜，可谓冤极。然权在彼手，吾无如何也。(我若反对，将并下等菜亦不给吃矣)。我依然不名一钱，财权在汝叔手，吾独奈何！一叹。局面稍定，风波稍平，吾必易名厨以偿口腹耳。

昨书言今日电四千，因荷丈终日会客，款未取得，明日当电，惟电二千，其二千则票寄也。北江①处吾前月曾寄与二百，彼入东京或适得此款时亦未可知，不必深怪彼。故者无失其为故，凡事须为我留地步也(切嘱，切嘱)。岂可令人诮我凉旧者。吾若稍自贬损，月入万金不难，然吾不欲尔。尔今汝叔主意除两处家用外，欲为我每月储蓄二千，不知究能办到否。听汝叔为之可也。此间自费有限，一切房租、食用、工钱等，皆报馆数，吾所用惟添置衣物及车马、请客等费耳。可以此告慰汝母，但宜力谏汝母勿再投机，倘再失败，汝叔不允救济，吾亦无法也。藻孙陕款已交。

(此纸不必呈祖父。)

来禀称汝母为投机失败忧心如焚，殊可怪，汝母何至不达如是(吾前书所言凡以戒再举耳)。凭吾之力，必可令家中无忧饥寒，汝母但专心用力教诲汝辈足矣，何必更驰念及此耶？但此后必当戒断(切勿再贪此区区者)，不可更为冯妇②耳。此数日内先后电汇票汇共四千，可敷本年用否？来禀可详言之(究竟现在未偿之债尚几何，所需总数可详禀汝叔)，此间尚随时可寄。顷汝叔以思成名义存万金于正金(定期预金防我滥用，汝叔专制极矣)，汝叔

---

① 北江，即康有为，与南海相对也。
② 冯妇，战国晋人，见《孟子·尽心下》。这个人善打虎，后来要做善人，表示不再打虎了。一次，他在郊外看到许多人围着一只老虎，没人敢迫近它，便出手将老虎捉住了。大家都很高兴，可士人却嘲笑他不能信守诺言。成语"再做冯妇"便用来讥笑那些说话不算话，重操旧业的人。

之意总欲稍积储以备不虞也,可持此慰汝母。

(汝母生日,吾本欲买些物奉寄,前日亲自出门一次即为此,乃徒为汝买金器、衣料等,竟不得一物与汝母,汝却借此荫得许多物矣。汝母所要之物,必为不值钱者,如火锅也,棉烟也,我却无法带来。王姑娘①亦未得一物,汝可问彼所欲,吾明年开河时赏之。)

十三号书悉,两次票汇项想已到。目前当可敷衍过去,已与汝叔商,日间再汇千元,本年(指阳历也)当不至匮乏耶。此间因已存定期一万,不能取出,不然尚可稍多也,告汝母勿着急为盼。子楷带去金器各物已收否?金价贱,吾尚欲为汝置办,可并问汝母欲何物。来喜有所欲亦可给之。

此纸可勿呈重堂。

---

①王姑娘,即王来喜(1886~1968),梁启超正室李蕙仙(端蕙)的陪嫁丫头,后被其纳为侧室,改名桂荃。王氏生有子女六人,即思永、思忠、思达、思懿、思宁、思礼。

1912年12月16日

[与娴儿书]

十四、十五号禀均收。吾前为汝计学科,竟忘却财政学,可笑之至。且法学一面亦诚不欲太简略(国际法实须一学),似此非再延数月不可,每来复①十四小时大不可(来复日必须休息,且须多游戏运动),吾决不许汝如此。从前在大同学校以功课多致病,吾至今犹以为戚,万不容再蹈覆辙。(可与诸师商,每来复最多勿过十时,因自修尚费多时也,可述吾意告之,必须听言,切勿着急。)吾在此已习安,决无不便。汝叔沪行亦未定(此事须俟荷丈一到沪乃定),即行后,吾亦能自了,得汝成学,吾愿大慰,诸师既如此相厚,尤不可负,且归后决无从得此良师。

(第一纸可出示诸师)

今但当以汝卒业为度,不必计此,间请商诸师,若能缩短数月,固佳,否则径如前议,至明年九月亦无不可(一言蔽之,则归期以诸师之意定之),汝必须顺承我意,若因欲速以致病,是大不孝也。汝须知汝乃吾之命根,吾断不许汝病也。前已合寄四千,谓夙逋可耳,何尚须尔许耶?

此间已无存(有万金存定期,不能取出),本月收入须月杪乃到手,明日只得设法向人挪借,(若得)当电汇以救急耳。

子楷带去各物已收否?祖父想已旋南耶。

示娴儿。

十六夕

---

① 来复,《易·复》:"反覆其道,七日来复,天行也。"旧时因称一周为一来复,周日为来复日。

1912年12月18日

[与娴儿书]

第十六号禀悉。款三千顷往银行借取，明后日当电汇，想先此书达矣。顷见报知米复大落，不知汝母稍有所获否。此后波澜必仍甚多，然切勿见猎心喜，吾家殆终不能享无汗之金钱也。

《庸言》报第一号印一万份，顷已罄(火车站零卖，每册卖五六角，熊秉丈①即出六角购一本，到家中硬向我索回三角，谓要赔偿损害，吾将予之兴讼)。而续定者尚数千，大约明年二三月间，可望至二万份(若至二万份，年亦仅余五六万金耳，一万份则仅不亏本，盖开销总在五六万金内外也。惟此五万金中，我与汝叔薪水居四分之一有奇耳)，果尔，则家计粗足自给矣。吾初到时殆一无费用，近则已作地主，酒食之费颇繁，吴厨之菜太不能出台，有客来率皆往外叫菜。其他借贷亦不少，大约每月自费亦数百也。自正月起，月寄家八百便是，告汝母勿忧。

日来频见魏铁丈②，大快。彼言将用册页写《圣教序》一本赠汝也(彼近年专写《张猛龙》《圣教序》《郑文公》，欲合三者自成一家，正与我同)。铁丈见思成之字，大激赏，谓再一二年可以跨灶③，思成勉之（吾爱女之名举国皆知，故交相见者，无不问汝，却无人问思成以下）。崇雨铃之《圣教序》原本(即擎一携来之玻璃影本之原本也)，吾已见之，爱不忍释，使非为米所累，此物必归吾家矣。（祖父生日合家所照相，即寄一份来，吾久欲见此，屡次书皆忘写及耳。）

汝求学总不必太急，每来复十四小时总嫌太多，多留两三月，绝不关紧要。吾今甚安习，全眷来反嫌吵闹也。

汝母所索物，吾尚能供(本月却真不能)，但不识有此物否耳，且今亦无从寄，告汝母待归来自置何如？王姑娘之镯开河第一次船便可得，可先告

---
①熊秉丈，即熊希龄（1870～1937），字秉三，湖南凤凰人。
②魏铁丈，即魏戫（1870～1938），字铁珊，近代书法家。
③跨灶，原喻指好马、良马，引申为儿子胜过父亲。

彼。(实则并未冰河，一月来甚暖，不如初至时之寒也。)

祖父归乡后，汝与思成每十日必须寄一安禀往，吾书亦当择寄去。(吾题汝日记书共有若干字，可检来当为汝再写一通，又吾诗副本可检寄。)连日为客所困，惫甚。第三号文尚未脱稿也。

示娴儿。

饮冰　十二月十八

1912年12月20日
[与娴儿书]

得书知添一幼弟，甚喜慰，想母子平安耶？祖父命以何名，想有书在途矣。大版《通鉴》不须汝索，已嘱擎一购寄，非久或将寄至矣。王姑娘赏品必给之，但无便人，恐难寄耳。汝母耳挡，则俟归来自置何如？读报见米价落，疑必小有所获，但兹事总极险，终以戒断为善，可仍常谏汝母也。

吾昨夕因得须磨书，烦躁异常。又见国事不可收拾，种种可愤可恨之事，日接于耳目，肠如涫汤，不能自制(昨夕大雪，荷丈与汝叔皆外出游乐，吾独处不适，狂饮自遣，今宿酒未解，得汝书极慰耳)，因思若吾爱女在侧，当能令我忘他事，故念汝不能去怀。(昨夕酒后作一短简，今晨视之乃连呼汝名耳，可笑之至，今不复寄，以乱汝意，吾虽欲汝侍我，然欲汝成学之心忧也。)

几欲东渡，月余谢绝一切，以自苏息也。大抵居此五浊恶世，惟有雍乐之家庭，庶少得退步耳。吾实厌此社会，吾常念居东之乐也。

汝求学不可太急，勿贻吾忧。

示娴儿。

饮冰　二十日

前书索全家相片想已寄出，汝近顷照相否？吾极欲见汝近影。

乡书仍寄艺新否？一禀可加封寄。

1912年12月22日

[与娴儿书]

　　擎一寄去正续《资治通鉴》已收否？闻版本颇佳，然耶？近日购书真不易，吾以无《义山集》，故购一部，已费十四两(二十元余)，吾家所有书今乃知其值钞(欲买一《荆公集》，索价百两，今尚未买也)，大约纳海寄庐所藏已不下数千金矣。

　　汝病已愈否？何故久无书来，吾以得汝书为惟一乐事也。

　　连日秉三、君劢①、刚甫在此，马先生二至，尚有杂客，终日扰扰无隙暇，文章则一字作不出，焦灼万状，项城日运动我入京住，彼亦急极(敌党阴谋至多，数月后有极热闹戏看)，欲与我相依为命，我则不甚欲与彼共命也。吾十日来胃病复发，顷正服药，宅前即公园，而吾归数月至今足迹未履园阈，不生胃病无天理矣。汇款九百已收否？

饮冰　二十二夕

---

① 君劢，即张君劢 (1887～1969)，名嘉森，字君劢，中华民国成立后始终追随梁启超。

1912年12月23日

[与娴儿书]

吾一昨因心中偶尔焦烦，念汝不置，故作书告汝，其后甚悔之，想累汝数日不宁贴矣。吾顷甚适(吾体至壮，安得有病)，前日小病不过受煤而已，散步公园(对门即公园，此次散步乃第一次也)，即已无事。汝不许常常念我太过以纷向学之心，求学亦不许太急，每来复不可过十时。汝叔行无期或且作罢。吾此间绝不须人照料，全眷来反嫌聒噪，汝但依原定功课从容学去，则吾欢喜无量。若共和、民主合并终成，复选举后即可发表，此亦足令吾大慰者。

示娴儿。

饮冰　廿三日

1912年12月27日

[与娴儿书]

十九号禀收。重堂既归，汝辈当勤寄安禀以慰慈怀，吾所寄书亦当随时转去，因吾作禀不能甚多也。简甫先生处可以吾意挽留，并言明年月馈脩金五十，将来移眷来，尚可稍兼他事，更当别报也。

顷查青岛专为我国人所立之校学风极坏，其德童专用校，入之不易。思成明年能往与否，尚未决耳。归国后为汝诸弟妹求学真一大问题也。此间连日大雪，十年来未睹此壮观矣。

示娴儿。

饮冰　廿七夕

一九一三年

[思顺二十岁 思成十二岁 思永九岁 思忠六岁 思庄五岁 思达一岁]

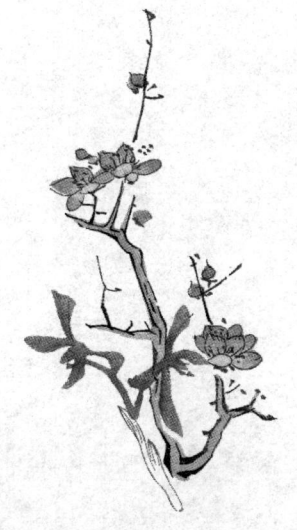

1913年1月10日

[与娴儿书]

新年第一、第二号禀并悉。吾此间都过旧历年，不过新历年。故汝等压岁钱尚未寄去，迟旬日当即寄，汝等不惟不吃亏，反占便宜矣。可告群季公议之，结果有效也。惟汝母一分，我却不任赔偿，恐此端一开，又要索赔祖父一分矣。

第二禀所言事诚有之，吾前有两书与汝母即言此(吾事断不瞒家人，特不欲语汝耳)，此不过偶然逢场作兴，吾岂无分寸，何至不自慎？且汝叔及荷丈又岂肯任我蹈险者？吾偶一消遣，并非到彼嚣尘之地，且已绝迹十余日，以后亦不再为冯妇矣。汝勿许远念，但安心劬学，学成乃归可也。乡中又闹官司，祖父南归真不合时。恐尚滞香港耳，东中亦接有安信否耶？

示娴儿。

　　　　　　　　　　　　　　　　　　　　　　饮冰　十日

1913年1月12日

[与娴儿书]

汝前书所言事,吾复书已尽言近情。吾岂不知自爱,岂劳劝谏?汝可勿焦念以致废学也。惟汝诸表兄小题大做,既招汝惊忧,又招汝叔愤怒,真无语耳。

思成留学事,青岛者来书述情形(有门生在),今寄阅。惟所谓特别高等学堂者,闻学风极不佳,思成独往,实不放心,或再俟一二年后,彼稍长大再作商量亦可耳。此事可禀汝母知之,本初月馈之项十二月份者至今未交到,不知何故,现颇窘也。

示娴儿。

饮冰　十二夕

1913年1月15日

[与娴儿书]

　　第三号禀悉。何故忽患不能睡之证，由忧我思我耶？抑由功课太迫用脑太劳耶？我何劳汝忧，汝忧我是杞人之类耳。功课迫则不妨减少，多停数日亦无伤。要之，吾儿万不可病，汝再病则吾之焦灼不可状矣。吾得汝全愈之报告，吾心乃释也。今属汝叔寄上九百元，内八百充家费，其一百充压岁钱。汝兄弟七人，人十元，廷献①及诸外戚，人五元，若有余则归汝，仍由汝请群仲吃一顿，若不足则在汝所得之份垫出，吾将来别以他物酬汝。汝母之分吾却不认赔偿，吾知汝母尚有金钞数枚，汝等何不再开一次"国会"直往要索耶？吾数日来心境大舒，勿远念。

　　汝言达达可爱如此，吾亦念之矣。可告彼。

　　示娴儿。

饮冰　十五夕

粤中家信须常写。

---

① 廷献，即梁廷献，梁启超之侄。

1913年1月17日

[与娴儿书]

汝病何如？已全愈耶？小小年纪，何故患不寐之病？得毋用脑太过耶？日本教育识者诋为诘达主义①，最是亏体气而昏神志，谅诸师所以诲汝者，或不至如是。然以区区数月间受他人两三年之学科，为道实至险，故吾每以为忧也。以后受学只求理解，无须强记，非徒摄生之道，即求学亦应尔尔也。

此次选举，吾党大概总要失败，敌党纯用乱暴贿赂，此固一最大原因，而吾党少数人反对合并者亦不能辞其责也。似此吾仍可以不接近政界优游养望自为计良得。然大乱之起恐亦在半年内耳，日来耳闻目见，皆陆沉之象②，吾生平乐观主义竟不能自持，几欲委而去之矣。

日来因喜食腊味饭之故，胃病似又复发，然终未能减食也。每夜就榻，仍极迟，大率三四点为常。连日观剧，聊以解忧，自今日起亦停止矣。闻乡居欲迁香港。重堂已有书告汝否？

饮冰　十七日

①诘达主义，日语填鸭式教育之意。
②陆沉之象，意为国土沦陷于敌手。这里指国家政治的混乱，使梁启超有一种国家危亡之感。

1913年1月23日

[与娴儿书]

汝病何如？若患神经衰弱，则功课必须渐少，或更停课调养亦可，即受业时亦不宜务强记，至要，至要。

吾党选举可望转败为胜，直隶已大胜矣。大抵将来即共和已可敌(或稍优)国民，加以民主则成大多数。第两党恐终不能合，此吾所最痛耳。连四日中，座客皆夜三时乃散，报中文字竟不能作，奈何，奈何！

今日有一人假冒汝表兄来打抽风，可谓无奇不有，将彼帖寄上，博汝母一粲。蜕丈①东游曾至我家否？汝等照像何尚未寄至？粤中常有安禀往否？过年作何热闹耶？

示娴儿。

廿三夕　饮冰

---

① 蜕丈，即麦孟华（1874~1915），字孺博，号蜕庵，与梁启超同受业于康有为，入万木草堂。

1913年1月25日

[与娴儿书]

病已愈，不至悬悬。连日曾刚丈在此谭宴甚乐，熊秉丈继来，政界信谈又刺耳刿心矣。有石星巢先生①，吾少年受业师，贫不能自存，哀属我为觅事，不得已请作书记。然亦不适，拟移家归后，包其授思成辈学，分简叔之劳。此老旧学尚好。吾十五六时之知识大率得自彼也。吾近日写字之兴复大发，得好宣纸，日以自娱，洋纸则厌极矣(土佐纸仍爱)。

思成写《郑文公》宜摹原碑，勿裨贩吾所写者，可告之。魏铁丈为汝写《圣教》已成，顷往付装潢，归时给汝。《资治通鉴》已到不？本尚佳耶？

闻徐雪丈②为华侨代表来赴选举，若到东，可促其即来。二月初六为选期，今仅余十日耳。彼来吾可助之当选也。

示娴儿。

饮冰　一月廿五

---

①石星巢先生，即石德芬（1852～1920），字星巢，号惺庵，藏书家，梁启超早年受学于他。
②徐雪丈，即徐勤（1873～1945），字君勉，号雪庵，与梁启超同受业于康有为，追随康有为在海外流亡多年，辛亥革命后在天津做寓公。

1913年1月31日

[与娴儿书]

连得七、八、九号禀，至慰。汝真纯孝，能与我精神感通。计汝作第九次禀时，吾心颇有所刺激不宁也。然吾亦尝学道自得，岂外界所得牵移？吾十日来半掷日力于字课，此吾频年所用养心之良法。汝若侍侧，当能窥其微矣。汝学日进，吾闻此则百忧解。

阿壮、阿达之态皆告，令我悬想开颜。改岁后吾或微行一入京第，恐不能密又惹无味之酬应耳。造像明日可成，成当遂寄。

壬子腊不尽六日　饮冰

1913年2月4日

[与娴儿书]

吾半月来书兴大发,每月日客散后即学书,使汝在此又将猜我有何心事矣。此纸即吾制以作书者也。汝叔索我为写玉溪生①诗,已写十余叶,汝闻之得毋羡耶?

汝病何如?亟宜善摄以慰远怀。吾室中群卉竞放,腊梅海棠最佳,三日前已造一像,成当寄汝,汝姊妹所照何久未寄耶?

此间党人报捷合并复有望,差可慰。然于大局所裨实涓涓耳。

今日所写已尽十纸,研有余沈,聊复书此。

饮冰 小除夕

穷签亘闭,公私蹙蹙,斗室俯仰,言悲已叹。况乃明月白露,文通赋其销魂落叶,凋年东阳,哀其生意。沈沈洛浦之梦,草草河梁之泪,以此思伤,伤可知矣。玉溪遗句,凄婉在抱,重吟细把,用赠所思。

此吾顷所作小骈文也,喜其文采,写以示汝,不必求甚解也。

得第七号禀,知已全愈,甚慰。参考书亦不必太多读,专受一先生之言而领会之,所得已多矣。吾今精神上所感苦痛,全由徘徊于出与处之间,若决定一途,则虽苦亦有兴耳。吾顷请伍连德②为我配胃病药,今日始服,观后效何如。腊尽家中有何娱乐耶?

示娴儿。

饮冰 小除夕

昨用宣纸所作书误写日子耳。

---

①玉溪生,即李商隐(约813~约858),唐代诗人,字义山,号玉溪(谿)生。
②伍连德(1879~1960),字星联,剑桥大学医学博士。

今日连得第十、十一、十二号禀，极慰悦。汝病新愈，宜加慎摄，吾胃病尚未全愈(顷尚服药无间)，然亦若减矣。不好运动，性习难改，户外即公园，吾居此四月，惟半月前踏雪造像到一次耳。

吾心绪无甚不宁，惟所受刺激颇多，然吾常自镇，每有刺激最多不过数小时即平复矣。选举结果未全发表，计议员五百九十人，国民党得二百六十，共和党得二百四十余，民主党得三十余，统一党得六十余，若共、民、统三党能合并，则决占优胜，否则未可知矣。

然共、民感情极恶，恐难合，统一则全为本初①机关，虽欲与我合，我则须提出条件也。吾若能不入党，则可以倏然自乐，然恐事势终不许尔尔耳。

吾日来字课极勤，岁暮结账文美斋南纸店之债务乃至七十余金，可见我用纸之多矣。

诗久不作，报中所登寿几道②(严又陵也)诗亦请人捉刀耳。

此间即以书房为卧房，房中供花颇多(花皆租者，而母爱腊梅，归时可大租供耳)，以后当减之，新造像两轴与此函同寄，计迟二三日当到，在室中所造者佳也。

后日岁除，此间亦有娱乐之法第，断不能似去岁之热闹耳。

示娴儿。

饮冰　腊不尽二日

汝似久未作禀与汝叔，何耶？汝叔前得汝书颇怒，谓不应以闺秀作此等语，其复书云何？吾未之见，大约必大申饬矣，然此自出于爱汝之意，今气亦久平，汝宜作禀请安，只着一二句谢过，不必再提前事也。

又示

---

①本初，指袁世凯，因三国时袁绍字本初，这里是代指。
②几道，即严复(1854~1921)，初名传初，改名宗光，字又陵，后改名复，字几道。

1913年2月7日

[与娴儿书]

得陇谷①书,大誉汝,谓试验之结果为彼邦男学生所不逮。试思我闻此,喜慰何如耶?恨遣汝就学太迟,时日太促,不能得大成耳。吾因汝前此曾因学致病,至今谈虎色变,故累信戒勿欲速,实则吾岂愿一日离汝哉?吾每遇有拂意事(日来拂意事颇多,顷念汝切也),辄思汝耳。

张将军勋昨专人来迎我,谓我若肯往,彼将率全军郊迎。吾今安能往(为人所忌)?只能以游孔林、游泰山为名,乃得一往耳。愿此游吾已许与汝偕矣。

国中大乱非久,且虽久恐终无此从容游燕之时也。

实则四月以后,无论局面如何,我身必卷入漩涡中,当天下极险艰之冲,断无复余暇以享家庭之乐,其时宜移家与否,尚在不可知之数耳。

言念及此,辄思东渡,度旧腊省视汝母及汝曹,作十日闲散,但此愿亦岂易偿者,姑妄言之而已。与人家国事无往而非困心衡虑之地,但终已不能忘天下,则茹荼啮药亦固其所耳。

我十年来实太自佚乐,今固宜受苦辛也。顷熊秉丈、潘若丈②在此(若丈自吾归后,往来南北已三次,其坚苦卓绝,真可敬也)夜谈方散,已将拂晓矣。有所怅触,作书告汝,每得汝书或寄汝书,皆能减我苦痛也。

祖父书及汝书(姑丈书)皆极言达达之可爱,究竟其特别可爱者何在?能一言耶?

陇谷字写就另寄,写得颇用心(长泽、武田各一幅),可以报彼也。

思成字大进,今尚写《郑文公》耶?写五十本后可改写《张猛龙》。

孙慕韩日使之说此间无所闻,亦已两旬不晤彼矣。若果有此事,与言当易之耳。

顷为汝四表兄觅一官,想可成,此子真不才,顾不能生视其冻馁,冒耻为之请托耳。

蜕丈至今不至,今吾无以对冯华甫③,亦吾拂意之一事也。

示娴儿。

正月二日　饮冰

---

①陇谷,与后面的长泽、武田,同为梁思顺在日本时的老师。
②潘若丈,即潘若海,与梁启超同为万木草堂学生,师事康有为。
③冯华甫,即冯国璋(1859~1919),字华甫,直系军阀首领。

1913年2月10日

[与娴儿书]

十三四号禀悉。汝病全愈,大慰。此后总宜极自摄卫,不可以病劳我念也。

顷得祖父来谕,粤家中种种恼人之事实不欲闻。祖父在港,恐终亦无愉快时耳。

外祖母家如此困顿,吾义当扶助,且吾与汝母十余年来未尝能为老人一作甘旨之奉,尤所歉然,非汝提醒,吾竟阁置矣。

二月份津贴项尚未到(阳历十二月正月份一钱不能储蓄,因前此汇东之三千乃借项,今须偿也)。此间度岁支用浩繁,稍迟半月当即寄去也(石先生处,吾碍于情面不能不周之,现在又无事可办,不得已托其专教希哲,月脩六十元)。十四舅事当即致书汪年丈①,并托人在外部一为设法,如何之处?当续告。

雪丈昨日至今晨入都,选举明日揭晓,大约可望当选。荷丈亦有为议员之望,由何处选出,则不可知。今日共和党本部方有电话来查其籍贯也(藻孙可望得上院议员,倏忽间便变成贵族矣),吾当议员之说已罢论,因荷丈、秉丈、佛丈皆反对也。

武田刀祢馆条幅寄上,日间当别写精楷数幅赠津村也。

今日魏铁丈忽集杜甫诗作一联,原书文曰:"忍能对面为盗贼,但觉高歌有鬼神。"可谓隽妙,此老满肚皮不合时宜,即此可见。彼言今年必改行作戏子也(唱得佳绝)。数日前共和党人忽来交涉,欲举彼作议员,彼闻之掩耳急遁,实则吾党非有他故,因彼之技击为国中第一,预备在院中与敌党挥拳耳。

自除夕至今政客麇集,头目为眩,顷略清净矣。

鼎父已得主事,可告其家。

思庄字佳。传语当索赏。

示娴儿。

饮冰　旧历五日

---

① 汪年丈,疑为汪大燮(1859~1929),字伯唐,民国初年任外交官员。

1913年2月20日

[与娴儿书]

　　得禀知已受比较宪法及财政学,甚慰。可以吾命请于诸师,乞其于纯理方面稍从简略,于应用方面稍加详,能随处针对我国现象立论尤妙,即如比较宪法当多从立法论方面教授,其解释法理则简单已足。又宪法毕业后能一授政治学大略最妙,盖政治学本以宪法论占一大部,再讲舆论及政党之作用,与现在各国政治之趋势足矣。所费时间可不甚多,但不识能有此教师否耳?惟功课虽增,每周受业时间万不须加增,宁可延归期一两月耳。吾极不欲过劳汝,惟念归后难得良师,故欲汝受此完全教育耳。可出此书与津村先生商之,刀祢馆先生复以余暑授思成,可感之至。为我深道谢,并告思成勉学,毋负盛意也。

　　示娴儿。

饮冰　上元

续寄赠诸师之书想已收。

1913年3月18日

[与娴儿书]

廿九号禀悉。决定六月中旬行，可也。名师不易得，岂可交臂失之。吾顷有事可做，意兴勃发，更不劳若曹为我解闷也(吾字课废已兼旬，即此可知我意境，大约吾写字时必极无聊中也)。吾非轻视私法，数年前且极好之(得挈汝至须磨时，吾专治民法)。特以时日不逮不得已而省略耳(使早一年令汝就学，必可大成，然彼时又安有此力者)。

且又审高商中，未必有良师也。今津村先生既谆谆不倦，悉遵其计划可也。惟不许每周增加时间致再酿病，宁可更延长一半月耳。

书林事未与汝德叔详谈，大权偕来亦可，届时吾必命任发往迎也。相片尚未至(信未到片已到，达达采有趣)，急欲见之，计明日或至耶？

建部著《世界列国大势》尚未到，可催宝文或购来同寄，樋江龙峡著《近代思想之解剖》可购寄一部。吾月来饮酒不多，勿念。

闻往观楼颇复遥羡，惟春明花事亦渐盛，海棠芍药次第开。

行将绝赏，惜不与汝偕也。

三月十八日

吾去年复游存之骈文尚有存稿否？可检寄来。

顷决后日(十九日)入京，再无改移矣(顷电话来，复有改移，或再延数日亦未定)。党中已派专员来迎，且预备一切也。

三党合并已定议，吾入京数日后即发表。此后当必日与手枪、炸弹为缘(黄兴、宋教仁①皆到京，正好决斗)，然亦痛快极矣。汝但安心读书，稍迟一二月归不妨，吾今不闷无待汝解也。报中有一谐文，寄资大噱。

议员薪水大佳，大约国家岁给三千余，党中岁给千余(真不知成何体制，然敌党如是，我亦不能不尔也。总便宜了这班国民代表)，藻孙居然有五千岁入也。

十八夕又示

---

① 宋教仁（1882~1913），字遁初，号渔父，民国初年主张内阁制的政治家，1913年3月在上海被暗杀。

1913年4月17日

[与娴儿书]

今日已返津矣，一人独据一车(荷丈及二叔皆先返，不能待我)，而护卫者廿余人，非专制国无此现象也。

第四十二三号禀并悉，任发数日内即东渡，屋尚未定(吾以为久定矣，今归乃知之)，汝叔总嫌僻远，但日界觅屋，决不可得，明日将仍往定之耳。

汝叔辈常作无谓之忧虑，若有危险，断不起于室内，能禁我不出门则险可免？此安能者？不忧其他而忧盗之入室，岂非杞人？即如吾此次入京东单二条之住宅，环以十数人，而吾终日出门赴会，又往往至《国民公报》坐至夜分，此何伤者？要之，吾既归国，即履险地，入京则更险，津险则不足道也。

所索二千，月杪电汇，汝母索耳珰吾固知为戏言，汝母欲得之物总不外恰克图火锅、腌菜坛子、黄铜烟袋之类。吾与汝母相处二十余年，宁不深知耶？一叹。

《白香山集》损害，赔偿不忧无着。吾此次入都得博进数百金，以购仇十洲①极精之画(值三百五十)，专以畀汝者(精美极也)，若犹未足，则所购旧本书尚值二百余金，任汝拣取可耳。

但汝亦勿太不廉，当为诸弟妹地，毋使彼辈绝望，谓老夫偏爱也(仇画则群季不能攘夺，因所绘为名媛，故吾专为汝购之)。

顷有一极可恼事，汝四叔翩然来矣(彼竟未往港谒祖父，祖父知彼来有书言不许容留也)。吾尚未见之，汝二叔不许其逗留，将令任发押解至沪，督上港船，然后任发由沪东渡云。

示娴儿。

饮冰　十七夕

---

① 仇十洲（约1501～约1551），名英，字实父（甫），号十洲，明代画家，尤擅仕女。

1913年4月18日

[与娴儿书]

昨书甫发，而《欧米政党政治》一书已寄到，吾每欲购一书，吾儿辄已先寄，真可谓先意承志，无怪吾之溺爱也。

德界之屋已定，实非僻远(可以谢杂客，不啻小隐也)，今日偕荷丈及汝叔往看，已签同矣。屋内之房开间极大(楼上楼下共仅有房六间耳)，汝母之房可以隔作三间，另有余地可以附属思成书房。汝之书房亦极大，吾将汝卧榻并置其中，将精心结撰为汝布置之(吾预备五百金交鲍炽先生①及希哲为汝布置，而吾指挥之)。(汝母之房吾却不管，待其归来自布置。)但桂姝最难安插，吾决不容在汝室中设两榻，如是则吾之意匠全破坏，不复成一精室矣。汝房中有附属小房，桂姝设书案尚可，但彼卧榻则真无着耳。学塾亦勉强可容(王姑娘居楼下，但与客厅及学塾能隔别内外)，简公兼为吾书记，亦当同居，惟汝叔住房无着，除非将客厅隔出一部(客厅庞大)，否则叔须住报馆矣。然叔不在家，殊不便也。

京师殆万不可居，吾此后尚不欲常往，但未知能否耳。

汝归后稍安顿一二日，即挈汝往造此，恐京师不复可入矣，一叹。

(日本下女能带一二人来否？可禀商汝母。)

示娴儿。

饮冰　十八夕

同日又一书云：

吾党败失。吾心力俱瘁(敌人以暴力及金钱胜我耳)，无如此社会何，吾甚悔吾归也(党人多丧气，吾虽为壮语解之，亦致不能自振)。吾复有他种刺心之事不能为汝告者，吾心绪恶极，仍不能不作报中文字(报却可作乐观，已销万五千份矣，个人生计良得也)，为苦乃不可状。执笔多小时乃不成一字(催稿

---

① 鲍炽先生，梁启超旧友，曾任日本横滨大同学校中文教习，1903年随梁启超访美，任翻译，一说为澳洲华侨。

急于星火），顷天将曙，兀兀枯坐而已(汝叔偕荷丈入京，吾独处斗室中)。

吾每不适，则呼汝名聊以自慰，吾本不欲告汝，但写信亦略解吾烦忧也。汝何故数日无书来，何不述家中可喜之事一告我耶？惟汝断不许缘忧我之故而荒学或致病，果尔是重吾忧也。吾今拟与政治绝缘，欲专从事于社会教育，除用心办报外，更在津设一私立大学，汝毕业归，两事皆可助我矣。若能如此，真如释重负，特恐党人终不许我耳(所记党人者，共和党也，民主鬼吾恨之刺骨)，当失意时更不能相弃也。作今日之中国人安得不受，若我之地位更无所逃避。诗云："夭之沃沃，乐子之无知。"最可羡者，思庄、思达辈耳。

示娴儿。

饮冰　十八夕

希哲大约明年入大学为教授。

1913年4月21日

[与娴儿书]

三党合并总算勉强成立了，然其中暧昧曲折千奇百怪，迥出意想之外。吾已宣言不肯为新党中职员，从此暂与政界谢绝，神志或得稍复清明耶？两日来各政客分帮来诉者纷纷踵集，吾只得严守中立耳。

吾遂拟在津杜门数月，俟汝曹归来，稍复享家庭之乐，深愿还须磨旧观也。任发决廿三日东渡，取道上海，因须押解汝四叔也。

任儒先生无端自至，亦只得花钱送之归，穷饿故人常满眼，真无如何也。

明日祖父寿辰，此间设薄宴遥祝，然仍恐政客云集，不能自适其适耳。定期下月十六归，极好。僦屋已定，即当预备一切也。

示娴儿。

饮冰　四月廿一日

1913年5月2日

[与娴儿书]

　　第四十九、五十号禀悉。归期可不必中变，就今全国鼎沸，天津租界必可安居，无所用其惊恐也。宋案确与政府无关，惟此次战祸必不能免，吾侪亦不愿其再以含糊敷衍酿毒耳。

　　吾所以不能脱卸党务之故，《时报》通信所记最得其真相，今剪寄，阅后并转寄游存(两处当皆有《时报》，或不留心阅及，故再剪寄)，汝等临行时必须往游存辞行，极致殷勤，此为至要。

　　汝之精室，吾布置得极为满意，可惜花时已过，欲布置稍好之盆栽，竟不可得矣。汝母之室，吾虽不为布置，然亦不止一床二帐竿也。一笑。

　　示娴儿。

饮冰　五月二日

　　众院正、副议长皆吾党当选，然此后敌党乃益怒耳。

　　顷书计达，吾后日复入京(至迟十七八日必返津待汝曹)，因进步党开成立大会，吾不能不到也。行期切勿更改，吾望汝等归来，亦甚切也。

　　汝之精室布置极惬意，然已费八百金矣。此外全家家具费乃不满二百金也。吾之书房即在汝室旁，试思吾之宝贝归来，吾岂肯令其离我寸步者。此房楼上仅有三室，吾与汝母及汝各据其一耳(汝母之室甚大气，外余两室亦不小，每室足当荣街之多室，汝母之室有附属小房，可为思成自修室，汝室亦然)。楼下三室，一为客厅，一为学塾，其一则王姑娘居也。

　　（行李不必须护照到此，自能通知税关免验。）

　　（行李共若干件，先以电闻，当预告税关，届时免阻滞。）

五月初二夕

　　归时行李太多，恐当日不能取出，其铺盖切勿落舱，俾得先取。

　　汝之铺盖缓取无妨，吾于汝帷帐被褥皆别置备。

一九一五年

[思顺二十二岁 思成十四岁 思永十一岁 思忠八岁 思庄七岁 思达三岁 思懿一岁]

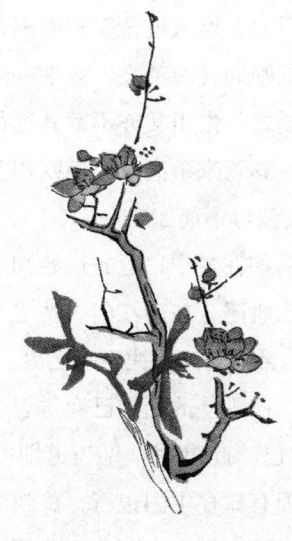

1915年5月11日

[与娴儿姊弟书]

得藻孙书，知汝已诞一女，母子平吉，深慰远怀。诵赵王佗于今抱孙之句①，殊令老夫色动也。此间于旧历十八为祖父祝寿，其庄严热闹，咸谓粤城空前之盛。二十日返乡(在江门一宿，廿一日到家)，廿二日谒祖，廿三日庆寿，廿四日省墓，廿六日复返江门，廿七日返省。此数日间全省河小兵轮十余艘，皆开往茶坑，军队环卫者四百余，其在附近一带巡缉者复数百，吾赏犒之费，亦大不赀矣。祖父精神矍铄，兴会淋漓，至可欣慰。乡间风俗亦至醇美，粤贼遍地，吾乡竟无一挂吏网。此次在乡演剧四日，并小孩吵闹之举而无之，来宾莫不啧啧叹羡也。

子弟亦多佳良，廷玮尤极可爱，在银行为学习员，行中人皆器重之，聪慧勤慎，亢宗之子也。吾极思挈之以北，惟入校苦于程度不合，且祖父极钟爱，不欲其远离，只得听之。惟令其晚间补习英文、算学，使将来稍有所资以自立耳。汝梅姑尤极婉娈，吾笃爱之。惟祖父亦不欲其远行，无如何也。彩莺、翠琼、翠莲皆来，闻皆得所，彩莺家事尚好，琼则稍差矣。吾欲廷玮与瑞时婚配，家中长辈皆同意，试商汝母谓何如？

吾此行返乡有极危险事，惟我乃如在梦中，返省后始知之。盖有乱党九人，各挟爆弹，拟到乡祝寿，为侦探所尾，在离江门一站之车破获。兵官死一人，伤八人，顷伤者在博济医院，吾日间尚拟往慰问之也。

昨电及藻孙函，言思成入校事，已悉。此间本已允送思永，今既如此，当要求送两人，若不能则先送思成也。此事明日见当道即办之。款三千此间可筹寄，亦须两三日内乃办到，因有款存中国银行，德叔尚在乡须待其来也。此次在粤所费，当在四千内外，而乡祠乡人所费，恐更六七千，实未免

---

① 赵佗（约前240～前137），是南越国的创建者，自称"南越武帝"。最初，赵佗臣服汉朝，接受了刘邦赐给他的"南越王"印绶。刘邦死后，吕后临朝，与赵佗交恶。汉文帝即位，与赵佗重新修好，派陆贾再次出使南越，说服赵佗归汉。赵佗在给文帝的复信中说道："老夫处越四十九年，于今抱孙焉。"梁启超借用此言来表达自己抱孙的心情。

太过，然借此承欢，殊值得也。

吾自到粤后，未尝食一顿正经饭，未尝睡一场正经觉，劳顿不可言，决初五日(旧历)由港起行，初三四间当往港也。

此示娴儿姊弟等同读。

饮冰　旧历三月廿八　新历五月十一

酸枝书案吾必赍汝，顷已定购矣。尚有他物，遍赏汝曹姊弟也。

1915年5月14日
[与娴儿书]

寄去清华咨文，可即持与该校校长交涉，并索取履历纸照填，更附以相片交去。若即此可了最善，否则须汝母挈成、永一归，应考当无不得也。吾拟旧历初五行或即返京亦未定。有书可由上海静生①转。

娴儿读。

饮冰　旧历四月一日

---

① 静生，即范源濂（1875～1927），字静生，长沙时务学堂学生，民国初任北京政府唐绍仪内阁教育次长。

1915年6月4日

[与思顺、思成书]

今晨安抵上海，拟往苏杭南京小作勾留，即乘津浦车北上，尚思一登泰岱谒孔林也。

极欲汝姊弟来一同游，能行否？能则俟吾发程时以电告，汝等得电即来，会于济南可耳。

津屋想已落成，已迁否？若已迁，则吾在津下车，否则直到京也。

成、永入学事何如？若不妥，须即日返粤应考，应考必可及格，但不免一度跋涉耳。

此行在粤忽忽遂四十日，幸未挈诸幼来，若尔，恐病者纷作矣(粤中各界欢迎，可谓致敬尽礼，港督亦至殷之)。粤之天气吾犹觉不能受，勿论汝辈也。

示顺、成等。

饮冰　六月四日

1915年6月5日

[与娴儿书]

到沪得五月十一、廿二日两禀,慰悉一切。吾明日往杭州,拟住三日,返沪后即往苏州,住两日,往镇江一游金、焦,遂往金陵,亦住二三日,即取道津浦归京,途中更一登岱,期以端节前后到家。

似此匆匆,殊负雅游,但颇有数事(粤中政事也)须到京有所告语,且久游于卖文事业,殊多妨也。

幼孙之婉娈,吾虽不见,可想像得之。彼生时汝夫妇孝服未满,可名之曰念慈(三月十九俗称为月神诞,其小名称为桂儿亦可),仍请希哲商之。祖父有洗儿钱一封,由吾带来,吾游江浙亦当求佳品以赉之也。吾为汝置书案书橱,皆自出样式,颇精美,但须两月后乃成耳。

在粤购得乡先正书画数事,颇可喜,途中不能作文,《大中华》相促迫,殊为狼狈,今晚拟拼命成数千言耳。

此示娴儿。

饮冰 六月五日

一九一六年

[思顺二十三岁 思成十五岁 思永十二岁 思忠九岁 思庄八岁 思达四岁 思懿二岁 思宁出生]

1916年1月2日

[与娴儿书]

王姨今晨已安抵沪，幸而今晨到，否则今日必至挨饿。因邻居送饭来者已谢绝也(明日当可举火，今日以面包充饥)。此间对我之消息甚恶，英警署连夜派人来保卫，现决无虞。吾断不至遇险。吾生平所确信，汝等不必为我忧虑。

现一步不出门(并不下楼)，每日读书甚多，顷方拟著一书，名曰《泰西近代思想论》，觉此于中国前途甚有关系。处忧患最是人生幸事，能使人精神振奋，志气强立。两年来所境较安适，而不知不识之间德业已日退，在我犹然，况于汝辈。

今复还我忧患生涯，而心境之愉快，视前此乃不啻天壤。此亦天之所以玉成汝辈也。使汝辈再处如前数年之境遇者，更阅数年，几何不变为纨绔子哉！此书可寄示汝两弟，且令宝存之。

一月二日

有人来时可将下列书检托带来，但检交季常丈①处，彼自能理会也。《哲学大辞书》七册；《文艺全书》一大厚册，似是早稻田大学编辑，隆文馆发行；《津村经济学》，新改版者。召希哲之故，孟希②想已言之，能来则来，否则暂止亦无妨。

---

① 季常丈，即蹇念益（1876～1930），字季常，在日本与梁启超结为莫逆之交，此时正与梁启超、蔡锷密谋反袁。
② 孟希，即黄大暹（1883～1918），字孟曦，又作孟希，讨袁护国中，随梁启超赴两广，说服龙济光加入讨袁行列。

1916年2月8日

[与娴儿书]

书及禧柬并收，屋有售(买)主速沽为宜，第求不亏已足，勿计赢也。此著既办，冰泮①后即可尽室南来，赁庑数椽，齑盐送日，却是居家真乐。

孟子言："生于忧患，死于安乐。"汝辈小小年纪，恰值此数年来无端度虚荣之岁月，真是此生一险运。吾今舍安乐而就忧患，非徒对于国家自践责任，抑亦导汝曹脱险也。吾家十数代清白寒素，此乃最足以自豪者，安可逐腥膻而丧吾所守耶？

此次义举虽成，吾亦决不再仕宦，使汝等常长育于寒士之家庭，即授汝等以自立之道也。吾近来心境之佳，乃无伦比，每日约以三四时见客治事，以三四时著述，余晷则以学书(近专临帖不复摹矣)，终日孜孜，而无劳倦，斯亦忧患之赐也。

此书钞示成、永两儿，原纸娴儿保之。

二月八日

---

① 冰泮，意为冰开始融解之时，见《史记·历书》："于时冰泮发蛰，百草奋兴。"亦比喻危险、险境。

1916年3月18日

[与娴儿书]

寄去《从军日记》①一篇，共九叶，读此当详知吾近状。书(此间无书不拆，故不敢付邮)展转托递，恐须一月后乃达，其时吾踪迹当暴露于报中矣。此记无副本，宜宝存之，将来以示诸弟，此汝曹最有力之精神教育也。文辞亦致斐亹可观矣。吾尚须留此六日，一人枯坐，穷山所接，惟有佣作，然吾滋适，计每日当述作数千言也。

王姨计已返津，汝等见报知我已入粤时(粤事定时)，即当遣王姨来港(到港住家中，问永乐街同德安便知港家所在)，候我招之。盖到粤后不便久与陆同居。一分居后，非王姨司我饮食不可，彼时之险，犹过于居沪时也。越南入境如此其难，汝母归宁只得从缓，一两月后，局面剧变，彼时或可自由行动也。

示娴儿。

三月十八日自越南帽溪发

日记呈仲父及季丈一阅。

---

① 《从军日记》，见《饮冰室合集·专集之三十三》，文中所记为梁启超假道越南赴广西，敦促陆荣廷起兵讨袁，在越南帽溪牧场等待时机的情形。

1916年3月20日

[与娴儿书]

吾居此山陬四日矣。今夕乃忽烦闷（主人殷勤，乃愈增吾闷），不自聊，盖桂使尚须八九日乃至也。最苦者烟亦吸尽（无可买）（夜间无茶饮，饭亦几不能入口，饥极，则时亦觉甘），书亦读尽，一灯如豆，虽有书亦不能读也。

前此三日中作文数篇（有日记寄去，已收否？不见日记则不知吾此书作何语也），文兴发则忘诸苦，今文既成，而心乃无所寄，怅怅不复能为怀。此间距云南仅三日程，吾悔不于初到时即一往彼，稍淹信宿（吾深负云南，彼中定怒我矣），更折而回，犹未晚也。

呜呼，吾此时深念吾爱女，安得汝飞侍我旁耶？吾欲更作文或著书以振我精神，今晚已瞢瞢不能属思，明日誓当抖擞一番也。吾欲写字，则又无纸，箧中有笺数十幅，珍如拱璧，不敢浪费也。离沪迄今虽仅半月，而所历乃至诡异，亦不能名其苦乐，但吾抱责任心以赴之，究竟乐胜于苦也。约廿七八乃能行，行半月乃能至梧州，此后所历更不知若何诡异，今亦不复预计。极闷中写此告家人。

三月二十日由帽溪山庄

孟曦昨日至海防，即夕入云南，觉顿早安抵梧州。

同日又一书云：

嗟夫思顺，汝知我今夕之苦闷耶？吾作前纸书时九点耳，今则四点犹不能成寐。吾被褥既委不带，今所御者，此间佣保之物也，秽乃不可向迩。地卑湿，蚤缘延榻间以百计，嘬吾至无完肤，又一日不御烟卷矣（能乘此戒却，亦大妙）。今方渴极，乃不得涓滴水，一灯如豆，油且尽矣。主人非不殷勤，然彼伧也，安能使吾适者。汝亦记台湾之游矣，今之不适且十倍彼时耳。因念频年佚乐太过，致此形骸习于便安，不堪外境之剧变，此吾学养不足之明证也。人生惟常常受苦乃不觉苦,不致为苦所窘耳。更念吾友受吾指挥效命于疆场者,其苦不知加我几十倍,我在此已太安适耳。吾今当力求睡得,睡后吾明日必以力自振,誓利用此数日间著一书矣。

二十夜向晨

此间寄书殊不易,吾且作此闻之,明日或更有所作,积数纸乃寄也。吾今日已甚好,已着手著书,可勿念。

廿一日

1916年6月22日

[与思成、思永书]

思成、思永同读:

来禀已悉。新遭祖父之丧,来禀无哀痛语,殊非知礼,以年幼姑勿责也。

汝等能升级固善,不能亦不必愤懑,但问果能用功与否。若既竭吾才,则于心无愧;若缘殆荒所致,则是自暴自弃,非吾家佳子弟矣。

闻汝姊言,汝等颇知习劳苦学俭朴,吾心甚慰。宜益图向上,吾再听汝姊考语以为忧喜也。

饮冰 六月廿二日

1916年8月27日

[与娴儿书]

廿四日禀悉。伯瑛夫妇厚意太可感，我家本万无受理，惟现在寄返既颇难，且亦未便屡却其意，只好暂领，待他日吴家子弟有婚假等事，可转赠之，汝可复书为我道谢。

示成、永书即示成，待永病全愈再示之，汝宜严加督责(成久不来禀，已极可责)，视其成绩表所最缺者何项责令注意。

廿七日

1916年10月11日

[与娴儿书]

月来季常丈在此同居，所益不少，前游杭游宁，皆备极欢迎，想在报中已见一二。顷决于十五日返港，省奠灵帏，且看察情形，能否卜葬，若未能，则住港两旬必仍返沪，便当北归小住也。

写至此，接来禀，悉一切。希哲就外交部职无妨，吾亦托人在国务院为谋一位置，未知如何。领事则须俟外交总长定人乃可商。但作官实易损人格，易习于懒惰与巧滑，终非安身立命之所，吾顷方谋一二教育事业，希哲终须向此方面助我耳。十二舅事，循若复电言运使已允设法，吾亦已电告汝母矣。别纸言《京报》事，可呈汝叔。

父示娴儿。

十月十一日

一九一八年

[思顺二十五岁 思成十七岁 思永十四岁 思忠十一岁 思庄十岁 思达六岁 思懿四岁 思宁二岁]

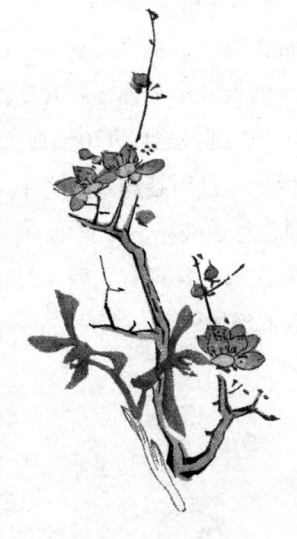

1918年12月10日

[与思顺书]

　　自香港至吉隆坡前后五禀(仰光电亦收)具悉,初次离家,长途多感,固所宜然。既抵所向地,心当宁静,但不审能堪彼湿热否耳。

　　吾度此闲适之岁月,恰仅一年,欧战既终,遂使我不复能自逸,今当西游,已决乘横滨丸于本月廿九日自上海首途取道印度洋、地中海,直趋法国。同行者张君劢、徐振飞①、蒋百里②、刘子楷、丁文江③,并携鼎甫作录事(不带仆人)兼服役(初拟带廷伟,卒改鼎甫)。此行全以私人资格(经费殊不充,公家所给仅六万,朋旧馈贶约四万耳),不负直接责任,然关系当不小。近数日来陆使在日本闹笑话,舆论哗然,复有将我资格化私为公之议,然吾殊不欲也。

　　初时拟电汝来槟榔屿相见,顷见汝书,路费如彼其巨,跋涉千里,乃得一日之盘桓,甚无谓矣。当于归途迂道仰光携汝归耳。

　　此次若非汝已南行,则吾必调希哲随往,希哲不获参与此活剧,实为妻孥累也。然万一到必须化私为公时,仍当借重希哲,届时则惟设法先送汝归耳。若必有此事,则此书未到前,电当先到,然什九不至成为事实也。

　　吾入京半月,一昨方归,检点行装,且须赶作多数文字,无寸晷暇,昨夜已通宵不寐,一年来养成之良习惯,忽遂破坏,可叹也。

　　家中甚安,汝母亦入京旬日,先我归,吾频有文登《时事新报》,曾饬寄汝处,已见否?两孙乐南居耶?希哲想佳。

　　父示思顺。

十二月十日

　　成、永、忠成绩皆甚优。

---

①徐振飞(1890~1938),即徐新六,字振飞,早年留学英、法,精于财政金融,梁启超赴欧考察,他随行。
②蒋百里(1882~1938),即蒋方震,曾留学日、德,学军事,民国初年任保定陆军军官学校校长,随梁启超赴欧洲考察。
③丁文江(1887~1936),字在君,曾留学日、英,回国后办教育,是中国地质学科的开创者,梁启超赴欧洲考察,他亦随行。

一九一九年

[思顺二十六岁 思成十八岁 思永十五岁 思忠十二岁 思庄十一岁 思达七岁 思懿五岁 思宁三岁]

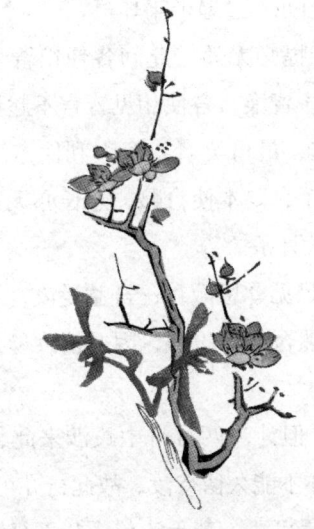

1919年11月5日

[与娴儿书]

返巴黎将一月，尚无一字与汝，想前次船到时，汝不知如何失望。其实吾一年来每定居后，即无暇作书，此后或竟三个月无书亦未可知。要之，吾在外甚安，不劳悬念也。（所寄意大利名画邮片，汝喜欢否？吾尚可再检寄汝。吾所收邮片盈万，将来可称万片斋主人，一笑。）两旬来陆续接汝七八禀，多有从几处使馆展转转来者，今先撮覆数语。

一、林振宗①未见，已告英、法两馆招待，但吾得信迟，不知彼已到英馆否，法馆则确未到也。

一、仰光之游，决意作罢。一因国内朋好皆力沮，二因同行诸君有数人必欲护送我返国，方觉尽责。我到仰光，渠等势不能陪留，颇觉为难。好在汝于后年春间决意回家，计距我之归亦不过迟半年耳。

一、买领事馆事，可不必提，提必无效。此间各使馆皆租借，各馆皆以今年或明年便须迫迁，各使馆买价皆廉，各使相见皆言不趁银贵金贱时买下，实为可惜。然各馆无一能办到，最可笑者，意大利使馆添置家具五千元，经总长面许乃办。办后部中驳了，要本使自赔，总长亦无如何，情形如此。可告希哲，无须替国家作百年大计了。

一、汝四月间未竟之书，阅后足见孝思诚笃；吾益爱汝，焉有怒理。吾自寄汝母书后，汝母亦未有书来，然吾亦不盼望，因吾信汝母必已消除芥蒂也。

（汝欲明春来欧国，吾所最望。但计汝两月舟中跋涉来此，纵住三两来复，殊不置，且吾旅费已罄，届时亦不能久留待汝，故此行亦可不必矣。）

一、思成辈数月无一书来，殊属可恶，若无汝信，几不复知家中消息。汝书言汝四叔事，想象可得，此真无法，只好置之不理。

一、振飞赔偿委员事，本无事可办，不过部既派彼，不能辞谢耳。现仍

---

①林振宗，缅甸侨商。最初，梁启超与蒋百里、丁文江等在欧洲商议回国办学，曾寄希望于他的帮助。

与我同居，同居者，百里、君劢并彼而三，皆循循执子弟礼甚谨。前鼎甫所任职役，彼二人分任之，毫无不便，且吾生活甚简单，亦不劳人料理也。可勿远念。

以上覆汝书竟。吾现仍居巴黎附近之白鲁威，拟住到明年二月初乃行，此地本避暑之所，御寒实不相宜，吾侪贪其僻静，且价廉，故决意不迁。用两下女，即兼司庖，每日两馔，每馔两簋，虽不能算苦学生生活，亦只好算阔学生生活罢了。在此百无所苦，惟苦缺煤，数人共围一炉，炙湿薪取暖，现重阳才过，已一寒至此，此一冬不知如何过法。然过此一冬，体必加健矣。（双十节之次日，吾从意大利返巴黎，新从热带入寒带，在车中已冻了一夜，归寓无煤无薪，大伤风，半月乃愈。）

吾自十月十一日迄今，未尝一度上巴黎，且决意三个月不往，将此地作一深山道院，吾现在惟有两种功课，日间学英文，夜间作游记，英文已大略能读书读报了。吾用功真极刻苦，因此同行诸君益感学问兴味。百里、君劢皆学法文，振飞学德文，迭为师弟，极可笑也。最可笑者，吾将来之英文，不能讲，不能听，不能写，惟能读耳。向来无此学法，然我用我法，已自成功矣。

吾日记材料，由百里、君劢、振飞三人分任搜集，吾乃取裁之，现方着手耳。此亦非同居不可，在此多住数月，亦为此也。丁在君早已先归，刘子楷日内随陆子欣归，鼎甫留英，吾四人明年二月游德、奥、波兰，四月归。

父示娴儿。

　　　　　　　　　　　十一月五日由白鲁威寄发

此信可抄寄家中，吾本欲别作书，今已倦极了，一阁又不知阁到何时也。

吾现在又晏睡晏起，二十年恶习全然规复了。百里大不以我过于勤苦为然，常谓令娴在此，必能干涉我先生，然耶？否耶？

1919年12月2日

[与娴儿书]

　　得十月廿一日禀，甚喜，总要在社会上常常尽力，才不愧为我之爱儿。人生在世，常要思报社会之恩，因自己地位做得一分是一分，便人人都有事可做了。吾在此作游记，已成六七万言，本拟再住三月，全书可以脱稿。乃振飞接家电，其夫人病重（本已久病，彼不忍舍我言归，故延至今），归思甚切。此间通法文最得力者，莫如振飞，彼若先行，我辈实大不便，只得一齐提前，现已定阳历正月廿二日船期，约阴历正月秒可到家矣。一来复后便往游德国，并及奥、匈、波兰，准阳历正月十五前返巴黎，即往马赛登舟。船在安南停泊，约一两日，但汝切勿来迎，费数日之程，挈带小孩，图十数点钟欢聚，甚无谓也。但望汝一年后必归耳。

　　父示娴儿。

十二月二日

一九二〇年

[思顺二十七岁 思成十九岁 思永十六岁 思忠十三岁 思庄十二岁 思达八岁 思懿六岁 思宁四岁]

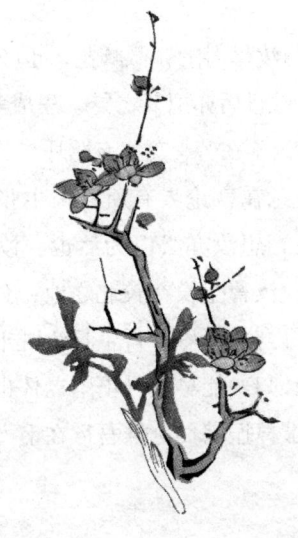

1920年3月25日

[与思顺书]

吾以十二日(旧历正月)抵香港，敬谒祖父殡宫。在港与诸亲故盘桓永日，旋即登舟，十五日抵沪，诸友来迎者颇众，馆于张菊生①家，叔通②、东荪③、溯初④屡作深谈。旋应张季直⑤之招往南通淹留三日，复返沪。沪上政客未接一人，最为快事。廿四日发沪(在南京未下车)，廿五日抵家，都中亲故来津相迓，旅舍为满，家中群童迎于新站，汝母迎于老站，是夕诸友在家为我洗尘，翌日为我介寿，将未成之新居权布筵席，主客熙熙，有如春酿。在家小憩后，以廿九日入都，向当道循例一周旋。

初三日便返津，除最稔诸友共作饮食宴乐外，一切酬应皆谢绝，东海约宴亦谢之。然旬日以来，亦颇劳顿矣。每晚客散后，与汝母杂谈，动至夜分。

返津两日，来客稍稀，夕间辄与汝母对酌，微醺甚乐也(久不御黄酒，归来开陈酿至乐，但饮后觉不甚受用，数日后亦拟节之矣)。思成辈皆渐知向学，幼者亦益可爱，家庭中春气盎然，惟汝不在旁，美犹有憾耳。

吾自欧游后，神气益发皇，决意在言论界有所积极主张，居北方不甚便，两月后决南下，在上海附近住。想汝亦必以为然也。汝在仰光病已数次，两孙亦常不适，当是水土所致。汝曹生长在较北之地，久居炎方，恐非所宜，早日宁家为妙。今年吾与汝母合成百岁，吾生日汝既未归，深望汝母生日作一大团聚。汝来禀屡言明春必归，能早数月更慰老怀也。前书言中比公司事，顷股本咄嗟已满，不必复求林振宗矣。惟吾欲在上海办一大学，彼

---

① 张菊生，即张元济（1867～1959），字筱斋，号菊生，商务印书馆经理。
② 叔通，即陈叔通（1876～1966），本名敬第，字叔通，曾应张元济之邀，入商务印书馆工作，配合梁启超、蔡锷，推动各省反袁。
③ 东荪，即张东荪（1886～1973），原名万田，字东荪，是梁启超在思想、政治上的支持者。
④ 溯初，即黄溯初（1883～1945），原名冲，字旭初，后改名群，字溯初，近代实业家、教育家，从年轻时起一直追随梁启超。
⑤ 张季直，即张謇（1853～1926），字季直，号啬庵，清末状元、实业家，主张"实业救国"。

若有志能相助最善(彼新房落成，礼物日内当即写送)，吾拟别作一英文书与言，汝谓何如？

父示思顺，并问希哲。

三月廿五日　旧历二月六日

1920年4月20日

[与娴儿书]

吾方与汝母言，以久不得汝书，颇悬悬。汝母谓我归来仅逾月，汝已有一书，不可谓稀，语未终而汝第二书至，吾喜可知也。吾归后极安适，惟客不断，著述又不容缓，顷已全规复两年前生活，动辄夜分不寐，此亦无可如何也。前吾极欲希哲调欧，惟汝母有决不欲就汝等迎养，吾一时又未必能再远游，则亦不欲汝更远离，我已不复作此运动，闻盎威斯领事已别定人矣。汝研究欧美妇人问题，欲译书甚好，可即从事，我当为汝改削出版，顷吾方约一团体，从事斯业也。今年能归来度岁否？甚望，甚望。

父示娴儿。

四月二十日

《欧游心影录》汝已见否？

1920年7月20日

[与娴儿书]

不寄书已两月余，想汝等极觖望矣。吾日常起居，计思成等当详相告。顷国内私斗方酣，津尚安堵，惟都中已等围城，粮食断绝，兵变屡发(五日来，火车、电报、电话皆不通，无从得都中消息)，汝二叔全眷未移，至可悬念。然不出三日，诸事亦当解决矣。吾一切不问，安心读书著书，殊畅适。惟日来避难来津者多，人事稍繁杂耳。

兹有寄林振宗信，并中国公学纪念印刷品两册(胡适之即在本公学出身者，同学录中有名)，可交去并极力鼓其热心，若彼能捐五十万，则我向别方面筹捐更易。吾将以此为终身事业，必能大有造于中国。彼若捐巨款，自必请彼加入董事，自无待言。此外当更用种种方法为之表彰名誉，且令将来学生永永念彼也。

汝前信言彼欲回国办矿，若果有此意，吾能与以种种利便。前随我游欧之丁文江，任地质调查所所长多年，中国何处有佳矿，应如何办法，情形极熟。但吾辈既无资本，只得秘之，以俟将来耳。又有挚友刘厚生①(张季直手下第一健将，曾任农商次长，近三四年与我关系极深，汝或未知其人)，注意矿事十年，规模宏远，渠办纺绩业获利数百万，尽投之以探矿，彼誓以将来之钢铁大王自命，所探得铁矿极多，惜多在安徽境内，倪嗣冲②尚在，不敢开办耳。现正拟筹极大资本办铁厂，林君欲独力办矿，或与国内有志者合办，吾皆能为介绍也，可将此意告之。日来直派③军人频来要约共事，吾已一概谢绝，惟吴佩孚④欲吾为草宪法，上意见书，吾为大局计，亦将有所发表耳！本定本月南下，往江西讲演，现因道梗，一切中止矣。汝姑丈新得一子，汝已知否？

父示娴儿，并问希哲近佳。

七月二十日

---

①刘厚生（1873～?），本名垣，字厚生，中国末代状元，长期协助张謇从事政治、实业活动。
②倪嗣冲（1868～1924），原名毓枫，字丹忱，北洋军将领，安徽都督兼属民政长，独霸安徽。
③直派，即直系军阀，北洋军阀派系之一，曾长期控制北京政权，代表人物有冯国璋、曹锟、吴佩孚、孙传芳等，因首领冯国璋是直隶（今河北省）人，故称"直系"。
④吴佩孚（1874～1939），字子玉，北洋军将领，直系领袖。

一九二一年

[思顺二十八岁 思成二十岁 思永十七岁 思忠十四岁 思庄十三岁 思达九岁 思懿七岁 思宁五岁]

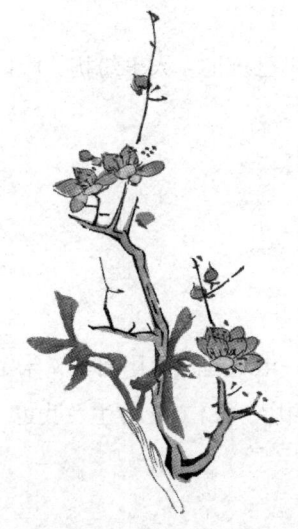

1921年5月30日

[与娴儿书]

我间数日辄得汝一书,欢慰无量。昨晚正得汝书,言大学校长边君当来。今晨方起,未食点心,此老已来了,弄得我狼狈万状,把我那"天吴紫凤"的英话都迫出来,对付了十多分钟,后来才偕往参观南开,请张伯苓①当了一次翻译。彼今日下午即入京,我明晨仍入京,拟由讲学社②请彼一次,但现在京中学潮未息,恐不能热闹耳。

某党捣乱,此意中事,希哲当不以介意。凡为社会任事之人,必受风波,吾数十年日在风波中生活,此汝所见惯者。俗语所谓见怪不怪,其怪自败,吾行吾素可耳。

廷伟为补一主事,甚好。当告彼"学问是生活,生活是学问",彼宜从实际上日用饮食求学问,非专恃书本也。

汝三姑嘉礼日内便举行,吾著书已极忙,人事纷扰,颇以为苦,但家有喜事,总高兴耳。

王姨有病入京就医,闻已大痊矣。

父示娴儿。

五月三十

胡德将军处本拟用各界名义发一电欢迎,但用何名义未定,日内或以三数私人名义作代表,其人则秉三、伯唐、仲仁③、静生及我也。

---

①张伯苓(1876~1951),原名寿春,字伯苓,教育家,南开大学创始人。
②讲学社,由梁启超发起的专门聘请外国学者来华演讲的民间组织,成立于1920年9月,曾先后邀请罗素、泰戈尔等来华演讲。
③仲仁,即张一麐(1867~1943),字仲仁,民国初曾任袁世凯总统府秘书长,后任教育总长,力促南北和平统一。

1921年7月22日

[与娴儿书]

喜事办完，吾返家已一来复，又从事著述生涯，自觉其乐无量。廷伟已斥令归乡，不复以此自恼，汝勿以为忧也。汝三姑姻事(大约汝三姑丈将在久大任一职，决不令彼作官矣)，吾及汝母皆觉甚满足，全家人皆然，此为吾自完义务之一快事。使领馆经费补发无期(吾近来始知底细，盖两年来外交部恃船钞三成充此费，今已无着)，日前晤长绶卿，彼言若呈部言家眷在津，则薪水(公费不在此限)可在津领，彼新放横滨总领事，亦只得托言眷一部分在津云云。可告希哲，即办一呈，言眷已返津，薪水托廷灿代领，望每月由津拨支云云，当可得也。

吾日来极感希哲有辞职之必要，盖此种鸡肋之官，食之无味，且北京政府倾覆在即，虽不辞亦不能久，况无款可领耶？希哲具有实业上之才能，若更做数年官，恐将经商机会耽阁，深为可惜。汝试以此意告希哲，若谓然，不妨步步为收束计(自然非立刻便辞)。汝母颇不以吾说为然，故吾久未语汝，但此亦不过吾一时感想，姑供汝夫妇参考耳。

希哲之才，在外交官方面、在实业方面皆可自立，但作外交官则常须与政局生连带关系，苦恼较多也。此所说者，并非目前立刻要实行，但将个中消息一透露，俾汝辈有审择之余裕耳。

父示娴儿。

廿二

一九二二年

[思顺二十九岁 思成二十一岁 思永十八岁 思忠十五岁 思庄十四岁 思达十岁 思懿八岁 思宁六岁]

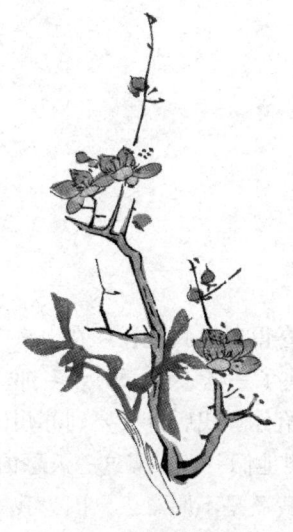

1922年12月2日

[与思顺书]

我的宝贝思顺：

前书想收。我狠后悔，不该和你说那一大套话，只怕把我的小宝贝急坏了，不知哭了几场。我委实一点病也没有，若有，我不能不知道。但君劢相爱太过，我也只好容纳他的好意。现在已减少许多功课，决意阳历年内讲完，新年往上海顽几天。

汝母生日以前，必回家休息，汝千万不许担忧着急。我明年上半年决意停讲，在家中安住数月后，阴历三四月间，拟往庐山，即在彼过夏。汝暂勿回来亦好，我虽想念汝，但汝来往一次亦大不易，不必汲汲也。汝能继续求学甚好，汝学本未成，汝为我爱儿，学问仅如此，未为尽责也。

父谕。

十二月二日

1922年12月25日

[与思顺书]

宝贝思顺：

十二月十二日的信收到了，欢喜得狠。我现在还在南京呢。今日是护国军[①]起义纪念日，我为学界全体讲演了一场，讲了两点多钟。我一面讲，一面忍不住滴泪。今把演稿十来张寄给你。我后日又要到苏州讲演，因为那里的学生盼望得太久了，不能不去安慰他们一番，但这一天恐怕要狠劳苦了。

我虽然想我的宝贝，但马尼拉我还是不愿意去，因为我不同你妈妈，到那里总有些无谓的应酬，无谓的是非，何苦呢？我于你妈妈生日以前，一定回到家，便着实休息半年了。

爹爹　廿五日

---

① 护国军，即护国运动中组织的讨袁军。1915年，袁世凯恢复帝制，自称洪宪皇帝，12月25日，蔡锷在云南发起护国讨袁运动，与唐继尧、李烈钧一起，组织护国军，宣布云南独立，率军北进。1916年6月，袁世凯病逝，护国军遂撤销。

一九二三年

[思顺三十岁 思成二十二岁 思永十九岁 思忠十六岁 思庄十五岁 思达十一岁 思懿九岁 思宁七岁]

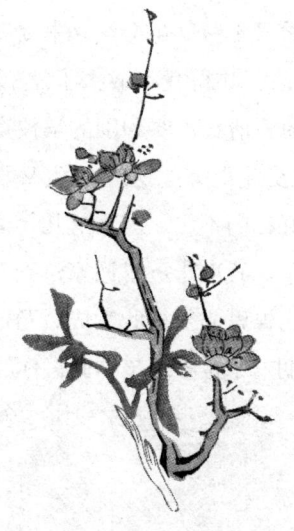

1923年1月7日

[与思顺书]

宝贝思顺：

　　我三十一夜里去上海，前晚夜里回来。在上海请医生(法国)诊验身体，说的确有心脏病，但初起甚微，只须静养几个月便好。我这时真有点害怕了，本来这一个星期内，打算拼命把欠下的演说债都还清，现在不敢放恣了，只有五次讲义讲完就走(每次一点钟)。酒是要绝对的戒绝了，烟却不能。医生不许我多说话，不许连续讲演到一点钟以外，不许多跑路(这一着正中下怀)，最要紧是多睡觉(也愿意)，说这一着比吃什么药都好。我回家后，当然一次讲演都没有，我便连日连夜睡他十来点钟，当然就会好了。你却不许挂心，挂心我就什么都不告诉你了。

　　我本来想到日本顽顽，可巧接着日本留学生会馆来书要我去讲演，而且听说日本有几个大学也打算联合来请，吓得我不敢去了(若没有病，我真高兴去)。今年上半年(阳历计)北京高师要请我，要和别的学校竞争，出到千元一月之报酬(可笑，我即往，亦不能受此重酬)。东南学生又联合全体向我请愿，我只得一概谢绝了。回津后只好杜门不出，因为这几年演讲成了例，无论到什么地方也免不掉，只得回避了。我准十五日回家，到家当在汝母生日前两日哩。思成和徽音①已有成言(我告思成须彼此学成后乃定婚约，婚约定后不久便结婚)，林家欲即行定婚，朋友中也多说该如此，你的意见怎样呢？

爹爹　一月七日

---

① 徽音，即林徽因（1904～1955），原名林徽音。她是梁启超的老朋友林长民的女儿，在她十四五岁时，父亲已将她"许配"梁启超的长子梁思成。二人于1927年12月18日在北京行文定礼，1928年3月在加拿大举行婚礼，由大姐梁思顺为他们操办。

1923年1月15日

[与思顺书]

宝贝思顺：

　　我现在就上车回家了。明天晚上就和你妈妈、弟弟、妹妹们在一块了，现在狠想起你。

　　这几天并未有依医生的话行事，大讲而特讲，前天讲了五点钟，昨天又讲四点钟，但精神却甚好。

　　几个月没有饮酒了，回家两天就是你妈妈生日，我想破戒饮一回，你答应不答应？回家后打算几个月戒讲演了(但北京高等师范学生正在和我打麻烦，因为我早答应过今年上半在那里讲)，打算专门写字和打牌，你听见想一定欢喜。

爹爹

　　难得这一点时候没有事，没客，所以写这几张纸。

1923年1月21日

[与思顺书]

宝贝思顺：

　　我现在回家看见许多小宝贝，忘记了你这大宝贝了，把三张好玩的小照寄给你的三个小宝贝罢。

爹爹　一月廿一日

1923年2月24日

[与思顺书]

宝贝思顺：

　　我告诉你一件事，令你吓杀。旧历初二日讲学社所聘杜里舒①博士来津讲演，我往车站欢迎他，借李宾四②马车坐去。才出到大马路交叉处，被街上电车横撞过来，车撞坏了，人马俱倒在地上。但我仅仅擦破头皮少许（事后回想真危险，真是间不容发，好在车已经过去大半，仅撞后轮，故不至伤），腿上微微酸痛而已。那日我仍在南开讲演，晚上又与张君劢、林宰平③、丁在君等谈过通宵。初五日你姑丈偕曼宣、孝高④来，一连打了三日三夜的牌。他们今晨回京去，我足足睡了一天。过年以来，一件正经事未做，就只谈天顽耍。你母亲把大大小小的孩子（从七叔⑤起到达达⑥）都带到北京去了，家中只有司马懿⑦和六六⑧。我从今日起又做我的正经功课了。

　　你们攒下那几个钱，最好是买七年长期公债，此项公债现时价格不过三折余，计可得一分八厘以上之利息，其还本付息由总税司安格联⑨经理极稳实。汝等若欲办此，我可托徐振飞一手替你们经营（将息作本再添买），我现在也托他，你们可以当附属品也。

　　手此，并问希哲春禧。

爹爹　廿四

---

①杜里舒（1867~1941），德国哲学家，1922年10月应讲学社之邀，来华讲学，先后在上海、南京、武汉、北京、天津演讲，并在南京大学（时称国立东南大学）授课一学期。
②李宾四，又名李彬士，曾任长芦盐运使，民国著名企业家。
③林宰平（1878~1961），本名林志钧，字宰平，号北云，与梁启超交厚。梁去世后，负责编辑《饮冰室合集》。
④孝高，即罗普（1876~1949），字熙明，号孝高，康有为弟子，著名的"康门十三太保"之一。
⑤七叔，即梁启超同父异母的弟弟梁启雄。
⑥达达，即梁思达，梁启超的第四子，乳名达达，后从事经济学研究。
⑦司马懿，即梁思懿，梁启超的三女儿，"司马懿"是梁启超在信中对女儿的戏称。
⑧六六，即梁思宁，梁启超最小的女儿，小名六六。
⑨安格联（1869~1932），英国人，清光绪十四年（1888）进入中国海关，执掌海关总税务司十余年，民国十七年，国民革命军北伐进入北京，将其免职。

1923年5月8日

[与思顺书]

宝贝思顺：

　　你看见今日《晨报》，定要吓坏了。我现在极高兴的告诉你，我们借祖功宗德庇荫，你所最爱的两位弟弟，昨日从阎王手里把性命争回。

　　我在西山住了差不多一个月，你是知道的。昨日是你二叔生日，又是五七国耻纪念①，学生示威游行，那三个淘气精都跟着我进城来了。约摸十一点(午前)时候，思成、思永同坐菲律宾带来的小汽车出门，正出南长街口，被一大汽车横撞过来，两个都碰倒在地。思永满面流血，飞跑回家，大家正在惊慌失色，他说快去救二哥罢，二哥碰坏了。等到曹五将思成背到家来，脸上一点血色也没有(两个孩子真勇敢得可爱，思成受如此重伤，忍耐得住，还安慰我们，思永伤亦不轻，还拼命看护他的哥哥)，眼睛也几乎定了。

　　思忠看见两个哥哥如此，呱的一声哭起来，几乎晕死。我们那时候不知伤在何处，眼看着更无指望，勉强把心镇定了，赶紧请医生。你三姑丈和七叔乘汽车去(幸我有借来汽车在门)，差不多一点钟才把医生捉来。出事后约摸二十多分钟，思成渐渐回转过来了，血色也有了，我去拉他的手，他使劲握着我不放，抱着亲我的脸，说道：爹爹啊，你的不孝顺儿子，爹爹妈妈还没有完全把这身体交给我，我便把他毁坏了，你别要想我罢。又说千万不可告诉妈妈。又说姐姐在那里，我怎样能见他？我那时候心真碎了，只得勉强说，不要紧，不许着意。但我看见他脸色回转过来，实在亦已经放心许多。我心里想，只要拾回性命，便残废也甘心。后来医生到了，全身检视一番，腹部以上丝毫无伤，只是左腿断了，随即将装载病人的汽车装来，送往医院。

　　初时大家忙着招呼思成，不甚留心思永何如。思永自己说没有伤，跟着看护他哥哥。后来思永也睡倒了，我们又担心他不知伤着那里，把他一齐送

---

①五七国耻纪念，指1915年5月7日，日本发出最后通牒，强迫中国接受《二十一条》。5月9日，袁世凯除对第五号条款声明"容日后协商"外，均予承认。日本举国若狂，而中国人民则奋起反抗，市民自发上街游行，并发起抵制日货运动。此后，5月7日，就被视为"国耻日"，每年都有各社会团体组织的示威游行。

到医院检查。啊啊!真谢天谢地,也是腹部以上一点没有,不过把嘴唇碰裂了一块(腿上亦微伤),不能吃东西。

现在两兄弟都在协和医院同居一房,思永一个礼拜可以出院,思成约要八个礼拜。但思成也不须用手术(不须割),因为骨并未碎,只要扎紧,自会复原。今朝我同你二叔、三姑、七叔去看他们,他们哥儿俩已经说说笑笑,又淘气到了不得了。昨天中饭是你姑丈和三姑合请你二叔寿酒,晚上是我请,中饭合家都没有吃,晚饭我们却放心畅饮压惊了。我怕你妈妈着急发病,昨日一日瞒着没有报告,今朝我从医院出来,写了一封快信,又叫那两个淘气精各写一封去,大约你妈妈明天早车也要来看他们了。

内中还把一个徽音也急死了,也饿着守了大半天(林家全家也跟着我们饿),如今大家都欢喜了。

你二叔说,若使上帝告诉我们,说你的孩子总要受伤,伤什么地方听你自择,我们只有说是请伤这里,因为除此以外,无论伤那里,都是不了。我们今天去踏查他们遇险的地方,只离一寸多,便是几块大石头,若碰着头部真是万无生理。我们今天在六部口①经过,见一个死尸横陈,就是昨天下午汽车碰坏的人,至今还没殡殓,想起来真惊心动魄。

今年正月初二,我一出门遇着那么一个大险,这回更险万倍,到底皆逢凶化吉,履险如夷,真是徼天之幸②。我本来不打算告诉你,因为《晨报》将情形登出,怕你一见吓倒,所以详细写这封信。我今日已经打了二十多圈牌了,我两三日后仍回西山,我在那里住的舒服极了(每日早起又不饮酒)。

爹爹　阳历五月八日,旧历三月廿三日

---

①六部口,北京地名,在中南海新华门西侧。
②徼天之幸,即徼幸,今作侥幸。

1923年5月10日

[与思顺书]

昨书计至。两孩子状况良好,不过思成淘气,罚他睡在床上三几个来复,思永嘴馋,罚气两三天不准吃东西而已(是嘴不能吃,非胃不能受)。现汝母已来,吾亦将返西山。

父示思顺。

十日

1923年5月11日

[与思顺书]

宝贝思顺：

你看见我第一封信，吓成怎么样？我叫思成亲自写几个字安慰你，你接到没有？思永现已出院了，思成大概还要住院两月。汝母前日入京抚视他们，好在他们都已复原，所以汝母并未着急。

汝母恨极金永炎①，亲自入总统府见黄陂②诘责之。其后金某来院慰问，适值汝母在，大大教训他一场。金某实在可恶，将两个孩子碰倒在地，连车也不下，竟自扬长而去，一直过了两日，连名片也没有一张来问候。初时我们因救命要紧，没有闲工夫和他理论，到那天晚上，惊魂已定，你二叔方大发雷霆，叫警察拘传司机人，并扣留其汽车。随后像有许多人面责金某，渠始来道歉。初次派人差片来院问候，被我教斥一番，第三日始亲来。汝二叔必欲诉诸法庭，汝母亦然，但此事责任仍在司机人，坐车人不过有道德责任而已。我见人已平安，已经心满意足，不欲再与闹。惟汝母必欲见黎元洪，我亦不阻止，见后黎极力替赔一番不是，汝母气亦平了，不致生病，亦大好事也。

思成今年能否出洋，尚是一问题，因不能赶大考也(现商通融办法)，但迟一年亦无甚要紧耳。我现课彼在院中读《论语》《孟子》《资治通鉴》，利用这时候多读点中国书也狠好。

前两天我去看他们，思永嘴不能吃东西，思成便大嚼大啖去气他；思成腿不能动，思永便大跳大舞去气他。真顽皮得岂有此理。这回小小飞灾，狠看出他们弟兄两个勇敢和肫挚的性质，我狠喜欢。

我已返(昨日)西山著我的书了。今晨天才亮便已起，现在是早上九点钟，我已成了二千多字，等一会蹇七叔们就要来(今日礼拜六)和我打牌了。

爹爹　五月十一日　翠微山秘魔岩

---

①金永炎，号晓峰，湖北黄陂人，黎元洪幕府内所谓"四大金刚"之一，时任北洋政府陆军部次长。
②黄陂，即黎元洪，时任民国总统。

1923年5月

[与思成书]

父示思成：

吾欲汝以在院两月中取《论语》《孟子》，温习谙诵，务能略举其辞，尤于其中有益修身之文句，细加玩味。次则将《左传》《战国策》全部浏览一遍，可益神智，且助文采也。更有余日读《荀子》则益善。各书可向二叔处求取。《荀子》颇有训诂难通者，宜读王先谦《荀子集解》，可令张明去藻玉堂老王处取一部来。

1923年5月17日

[与思顺书]

宝贝思顺：

你和希哲看报吓成怎么样？我前日入城看思成，已大好了。医生言敢保不致残废。现汝母尚在城，每日往看彼两次，徽音亦日日往，俨然姑媳相依矣。

可怜思庄不知底细，在校中看见报纸，哭得眼都肿了，王姨携他来京看视一遍，方才安心。

我仍居西山，每日早起，精神甚旺。这几日常常想我的思顺，但写信也无甚话可说耳。

十七日　爹爹

1923年5月18日

[与思顺书]

在山中得藻孙电话,知汝外祖母弃养。吾即日入城吊祭并慰汝母,当不至过于哀伤也。

希哲祭悼祭品当即代办,汝除作书唁母外,对于十四五舅及诸表兄弟皆宜函吊也。

父谕思顺。

五月十八日　翠微山中

1923年6月1日

[与思顺书]

诸书计达。汝母遇外祖母之丧,尚能勉抑哀思,不至生病,稍可慰。思成之伤用手术三次(打药针八次),现已完全接好,可以如常人一样,四星期后便可出院,今年出洋亦不至耽阁,总算万幸。汝母拟日内返津一休息也。吾仍居西山,但日来频频入城,以之养静,则殊不静也,但读书著述仍不废耳。吾挽汝外祖母联云:"寿跻期颐,抚有内外胤孙百人强,母宜笑瞑;生未一拜,设仅刍醴奠临万里外,我用惭伤"。

久未得汝书,甚念,辄写寄此两纸。

父示思顺。

六月一日

1923年6月13日

[与思顺书]

宝贝思顺：

　　连接汝多书，读之不厌，吾书乃皆徽音代笔书，晚到数日，累汝虚惊不少矣。思成再阅半月便可出院，闻彼已有详函告汝，今不复一一。今年汝可暂勿归宁，不独行路难足畏，稍省盘费亦得也。吾心境极佳（身体亦益健），读书至乐，渐暑，蚊虻多，西山将不可居，日内返津矣。

爹爹　六月十三日

1923年7月26日

[与思顺书]

宝贝思顺：

　　一个多月不得你的信，我和你母亲都有点着急了。你不是有病吧？

　　思成还要十日后方能出院，我决意叫他迟一年出洋。总之，须把身子完全复元才可旅行。谅来你也同意。我回津将近一月了，现在南开讲演，家中大小都好。

爹爹

1923年7月26日

[与思成书]

汝母归后说情形，吾意以迟一年出洋为要，志摩①亦如此说，昨得君劢书，亦力以为言。盖身体未完全复元，旋行恐出毛病，为一时欲速之念所中，而贻终身之戚，甚不可也。人生之旅历途甚长，所争决不在一年半月，万不可因此着急失望，招精神上之萎茸。汝生平处境太顺，小挫折正磨练德性之好机会，况在国内多预备一年，即以学业论，亦本未尝有损失耶。吾星期日或当入京一行，届时来视汝。

1923年8月1日

[与思顺书]

宝贝思顺：

得复电大慰，我因久不得汝信，神经作用无端疑汝有病耳。

昨日在南开讲毕，思永、思忠留校中听别人讲演，我独携思庄去吃大餐。随后你妈妈把思达、思懿带来，吃完后五个人坐汽车兜圈子到马厂一带，把几位小孩子欢喜到了不得。你妈妈说我居然肯抛弃书桌上一点钟工夫作此雅游，真是稀奇。我和思庄说，明年姐姐回来我带着你们姊妹去逛地方，不带男孩子了。庄、懿都拍掌说哥哥们太便宜了，让他们关在家里哭一回。

思达说，他要加入女孩子团体，思庄已经答应他了。

我今日起得甚早，随意写几句告诉你。

爹爹　八月一日

---

①志摩，即徐志摩，梁启超的学生，曾追求林徽因，后与陆小曼结婚，梁启超为证婚人。

1923年8月8日

[与思顺书]

顺儿：

前几天，天天记挂你打电，闻你回电来了后，便接连得你好几封信，快活极了(却道没有一封给我的，可恶，可恶)。

你妈妈半个月前有点呕思成的气。现在久已无事了。思成、徽音来信寄你一看，便可知道他们现时情状(也可以见那位不害羞的女孩儿如何可爱)。忠忠、庄庄两个天天撒泼，要我带他们逛北戴河(最好笑是徐志摩也加入他们队里，帮着运动)。我被他们磨不过，已经答应了。

只要借得房子，便带他们去。他们说姊姊不知占了多少便宜，其实你并没有跟着我逛过多少地方，不过他们眼红罢了。你们这些孩子们实在难缠，一个个长大了，越发成群结党来打老子主意了。你当老姊姊的，都不管管他们吗？

爹爹　八月八日

1923年8月22日

[与思顺书]

宝贝思顺：

　　近日从北戴河归，明日便入京。归时连得汝三信，欣慰之至。当发电之前数日，我天天记挂你，总疑心是有病，不意果病了。现在斐儿何如？希哲无传染耶？甚念。

　　此十二日间游极乐，弟弟妹妹们寄你的明信片想不少，我没有都看见，不知说些什么有趣话，只可惜思成向隅了。我们一个个都晒黑了，庄庄尤其厉害，像比忠忠还黑，但他的凫水成绩狠好，思永已许他小学毕业了。

　　我也天天入海，却只学得个三十岁的孔夫子，可笑之至。一群孩子都要求明年再游，他们私自商量说，若是爹妈打不起兴致，把姐姐请来领头运动一定成功，只怕不日就要联衔向你请愿了。

　　我明晨六点钟车入京，现在要睡觉了(近来总是搭这趟最早的车)。

爹爹　八月廿二

1923年9月6日

[与思顺书]

宝贝思顺：

　　得书知斐儿经此险病，幸亏到底平安，只是因为你的孩子，苦了我的孩子了。你现在好吗？没有熬出病来吗？日本这回火灾①，真是惊心动魄，熟人被难的还不多，最可惜长寿卿葬送了。我这几天为救济会事，颇耽阁些正经功课，一星期后就要到清华讲学去了。

爹爹　九月六日

---

① 日本这回火灾，指1923年9月1日发生在日本关东地区的7.9级强烈地震，以及伴随而来的大火。北洋政府曾号召百姓忘却战争前嫌，对日本进行救助。北京、天津、成都等城市都成立了救灾团体，发起募捐。

1923年9月10日

[与思顺书]

思顺：

　　永、忠他们上学去了。思成给他们的信放在我桌子上，寄给你一看，看你那顽皮的弟弟和将来的顽皮弟妇。

爹爹　九月十日

我这几日也上学去了。

1923年9月15日

[与思顺书]

Baby思顺：

　　得汝书乐极，你又气不分小弟弟妹妹了。明年回家准带你玩过饱。汝妈妈从马尼拉带来的车我们卖掉了，贴二千四百元换辆新的。明天八点钟我同妈妈坐着他从马路入京，午间便带思成、徽音去吃饭。我后日就到清华，大约三两个（星期）不回天津也，未定。

爹爹　九月十五夜

廷灿从广州搭来的船被贼劫，现在狠担心他。

1923年10月6日

[与思顺书]

宝贝思顺：

前几天看见你寄你妈妈的信，斐儿好顽极了，我许久没有得着和小孩子顽，明年他回来好极了。

日本华侨赈款，请汇神阪华侨救灾团收(现在赈侨民自然以神户为中心)，因该团办得极出力而极穷，我正发电国内各处，告诉他们汇钞去。

长寿卿之夫人免于难。数日前曾见你妈妈，连你妈妈讲起来还声泪俱下呢。

我又要带你小弟弟、小妹妹们去顽了，明晨就出发，现在思成、徽音、庄庄都在清华，看着我写这封信呢。

这里预祝国庆，我刚才大喊大叫的演说了一场。

爹爹　十月六日

1923年11月1日

[与思顺书]

十月廿三日书悉。子廙①病革。前数日吾曾亲往视之，且代汝夫妇致问，彼亦殷殷以汝夫妇为念也。开吊期尚未定，届时必代希哲致祭，汝言吾已计及矣。思成顷随我住清华西客厅，其足殆已全复，原不杖能行矣。余续闻。

菲岛独立情形何如？不至有大扰乱耶？

父示思顺。

十一月一日

---

① 子廙，即周自齐 (1871~1923)，字子廙，山东人，曾署理国务总理，摄行大总统职务，也是清华学校的创办人。

1923年11月5日

[与思顺书]

宝贝思顺：

　　昨天松坡图书馆①成立(馆在北海快雪堂②，地方好极了，你还不知道呢，我每来复四日住清华，三日住城里，入城即住馆中)，热闹了一天。

　　今天我一个人独住在馆里，天阴雨，我读了一天的书，晚间独酌醉了(好孩子别要着急，我并不怎么醉，酒亦不是常常多吃的)，书也不读了。找我最爱的孩子谈谈罢，谈什么呢，想不起来了。哦，想起来了。你报告希哲在那边商民爱戴的情形，令我喜欢得了不得。我常想，一个人要用其所长(人才经济主义)，希哲若在国内混沌社会里头混，便一点看不出本领，当领事真是模范领事了。我常说，天下事业无所谓大小(士大夫救济天下和农夫善治其十亩之田所成就一样)，只要在自己责任内，尽自己力量做去，便是第一等人物。希哲这样勤勤恳恳做他本分的事，便是天地间堂堂地一个人，我实在喜欢他。

　　好孩子，你气不分弟弟妹妹们，希哲又气不分你，有趣得狠。(你请你妈妈和我打弟弟们替你出气，你妈妈给思成们的信帮他们，他们都拍手欢呼胜利，我说我帮我的思顺，他们淘气实在该打。)平心而论，爱女儿那里会不爱女婿呢，但总是间接的爱，是不能为讳的。徽音我也狠爱他，我常和你妈妈说，又得一个可爱的女儿。但要我爱他和爱你一样，终久是不可能的。

　　我对于你们的婚姻，得意得了不得。我觉得我的方法好极了，由我留心观察看定一个人，给你们介绍，最后的决定在你们自己，我想这真是理想的婚姻制度。好孩子，你想希哲如何，老夫眼力不错罢。徽音又是我第二回的成功。我希望往后你弟弟妹妹们个个都如此(这是父母对于儿女最后的责任)。我希望

---

①松坡图书馆，蔡锷病逝后，梁启超发起创办松坡图书馆，但蹉跎数年，直到这一年的11月4日，松坡图书馆才正式成立，分为第一馆与第二馆。第一馆馆址设在北海公园快雪堂，第二馆设在西单牌楼石虎胡同七号。由于北海公园一时不能开放，故第二馆先于1924年6月开馆，第一馆则迟至1925年10月才开馆。诗人徐志摩曾任第二馆（外文部）英文秘书。
②快雪堂，为清帝乾隆所建，目的是为了收藏闽浙总督杨景素所献《快雪堂法书》的石刻，这是一部由明代冯铨收集编刻的名帖，深为乾隆皇帝喜爱。

普天下的婚姻都像我们家孩子一样，唉！但也太费心力了。像你这样有恁么多弟弟妹妹，老年心血都会被你们绞尽了。你们两个大的我所尽力总算成功，但也是各人缘法侥幸碰着，如何能确有把握呢？好孩子，你说我往后还是少管你们闲事好呀，还是多操心呢？

你妈妈在家寂寞得狠，常和我说放暑假时候狠高兴，孩子们都上学便闷得慌。这也是没有法的事。像我这样一个人，独处一年我也不闷，因为我做我的学问便已忙不过来，但天下人能有几个像我这种脾气呢？

王姑娘近来体气大坏(因为你那两个殇弟产后缺保养)，我狠担心，他也是我们家庭极重要的人物。他狠能伺候我，分你们许多责任，你不妨常常写些信给他，令他欢喜。

我本来答应过庄庄，明年暑假绝对不讲演，带着你们顽一个夏天。但前几天我已经答应中国公学①暑期学校讲一月了(他们苦苦要我，我耳朵软答应了)。我明春要到陕西讲演一个月，你回来的时候还不知我在家不呢，酒醒了不谈了。

耶告(这两个字是王右军②给他儿女信札的署名法)。

十一月五日

---

① 中国公学，创办于1906年，起因是大批留日学生为抗议日本颁布《清国留学生取缔规则》返抵上海，为了安置这批学生，遂筹办中国公学，民国后，梁启超一度曾任该校董事长。
② 王右军，即王羲之，字逸少，晋代著名书法家，右军将军是他担任过的职务之一，故人称"王右军"。

1923年11月16日

[与思顺书]

今日有人说，希哲已调新加坡了，我尚未见政府公报，但恐是真的。这个调动斐侨不用说是大不愿意了。在希哲方面，正如古人所谓还住本州(衣锦还乡)，似亦未尝不好。但我的孩子怕受不了那种炎热，我有点不愿意(斐事亦不好办，革命风潮日剧，簿记案问题难解决，或调去亦未始不好)，打算一两日内找顾少川①一谈，看他能收回成命否？你们意思怎么样呢？我不管如何，姑且和他一说，若不能挽回，则亦听他，你说好吗？

我半个月前痔疮复发，初时不以为意，耽阁了好几日，后来渐觉得有点痛楚，才叫王姑娘入京服侍，又被你弟弟们逼着我去汤山住了几天，现在差不多好清楚了。但日来京中各学校知道我在京，纷纷请讲演，又闹得像去年在南京一样的忙了，怎么好？

爹爹给思顺。

十一月十六日

---

① 顾少川，即顾维钧（1888～1985），字少川，此时担任北洋政府外交总长，周希哲作为驻菲律宾领事，自然归他领导。

1923年11月20日

[与思顺书]

宝贝思顺：

　　昨日一书想已到。今日我亲晤顾少川(明日当发一电问汝，计先此两书到)，他说，因希哲办事得力，所以升调(又言已得希哲电，称领到川资后即赴新任，又斐侨有两电来挽留)。我说此自是部中美意，希哲还治本州亦非常荣幸。但我不愿意我的爱女在太热地方，希望他勿调或暂留。他说，部令已发，但我既有此要求，他当与部员一商设法云云。我再三声明是我个人意思，不是你们意思，请他勿误会，我想还是不调的好，是不是呢？据现在情形，稍迟几个（月）乃调，大概是办得到的，在这期间内尽可以从容设法，你们意思怎样？

　　赶紧写信来，我替你做主，我的病已好清楚了。勿念。

爹爹　十一月二十日

1923年11月27日

[与思顺书]

　　十四日书已悉(复电先到)。此事乃发生尔许日耶？我弇陋①极矣。在都中乃逾旬始闻也。汝等既对于新旧任无成见，我亦不复向人哓哓矣。

　　况汝可早归，滋惬吾愿耶。吾近为痔疮所苦已二十日(此外一无所苦，食息如常，精神健旺，著述讲演未尝一日辍)，王姨入京为我洗涤，诸人皆劝就医，我恐医迫我用手术，遂迁延至今，但亦渐好矣。

　　父示思顺。

十一月廿七日

---

① 弇（yǎn）陋，见识浅陋。

1923年12月18日

[与思顺书]

宝贝思顺：

像二十多天没有给你信了，你的信也像半个月没有来了。你夫妇和孩子们都好吗？部里留任的电报想早到了，你们什么时候回来呢？我阴历二月半非去陕西不可，最少要在那边一个月，万一你回来时我又不在家，可急杀我了。思成这个淘气精，已经天天滑冰，今日正在北海滑了半天，我初时禁止他，现已许他了。把这话告诉你，令你知道他的腿怎样，好以放心了。我被各学校学生包围，几乎日日免不了讲演，怎么好呢？偷空写这两张纸给我的宝贝。

一九二四年

[思顺三十一岁 思成二十三岁 思永二十岁 思忠十七岁 思庄十六岁 思达十二岁 思懿十岁 思宁八岁 思礼出生]

1924年2月2日

[与顺儿书]

顺儿：

二十、廿二两信都收到了。这几天大家都回来过年，家里热闹到了不得，细婆病也好了，格外高兴。我的陕西怕上半年去不成，因为印度大文学家太戈尔①四月间来，不能不等他。你最好是四月初一前赶到家(赶回来过你的生日)，因为你弟弟们放春假只有一礼拜，他们正在商量许多新花样欢迎你哩。我给的压岁钱也有你一份，但是已经交给你弟弟妹妹们。他们说组织一个会，共同替你保管，不知他们怎样替你保管法。你回来再和他们算账罢。另外有一种压岁钱，个个想要，但只有一份，谁也不给，只好留给最小的孙子。我自己替他保管着，千妥万当的，告诉他回来再拿罢。

爹爹　除夕前两日

我过了年还要入京讲学去。

①太戈尔，即泰戈尔，印度著名诗人。

1924年4月2日

[与顺儿书]

顺儿：

　　两信皆收。你妈妈日见起色①，我们可以大放心了。若四十日后可以回家来一块住，更快乐了。礼拜六我不能来，一则因为我正在赶功课，离不开我的书房和廷灿；二则因为我的手膀子这两日用按摩(日本)渐见功效，非连用十日不可。从前我不以为意，近来总觉得不对，汤山洗澡后，发现多点毛病，又多好一点，按摩又发现多点毛病又好一点，所以不可间断，索性继续治好他。

　　买九六公债事，当照办，这种公债看定是好的，两年后定涨到五折以上，只是此两年间绝无利息收入。我久已想买，只可惜没有闲钞，忘却思庄折上有存款了。我也曾想借钞买他，朋友们又说不上算，你有余力，我也替你买便是。

爹爹　二日

1924年4月4日

[与顺儿书]

　　汝母服中药日起有功，旬日前举家愁惨，今则熙熙如春酿矣。吾亦返津静养，以待汝归。汝母亦将来津迎汝矣。诸弟虑汝焦灼太甚，思永自告奋勇，赴沪远迎，吾与汝母皆许之。汝面询一切，当大慰(汝若在船劳顿，则在沪休息一两日乃来亦可)，吾于初九日倚闾望汝矣。

　　父示顺儿。

四日

---

① 梁启超夫人李端蕙自1915年冬查出患乳腺癌，几年来，多方求治，做过两次手术，都没有根除。1924年灯节后再次复发，于当年9月13日去世。

1924年4月9日

[与顺儿书]

顺儿：

　　今晨一信并汇款二千五百，想已收。那信你看得明白不？为还中银旧债买九六，早已预备，想已告小六照办。我星期五早车来京(星期六是汤叔叔忌辰，我要到京祭祀；星期六晚车还回津)，下车到中央公园吃饭，午后四五点钟想在小六那里打牌，告诉他约人，并告汝二叔(并托他电告骞七叔)。

爹爹　九日

　　七叔来信看见未？我看了又喜欢又可怜他，我这十来天著书著得兴会淋漓，夜夜通宵，成了好几万字，也该休息天把了。

1924年4月16日

[与顺儿书]

　　数日不得消息，不审你妈妈的病近日变化何如？腰背还痛否？眠食怎样？可来一简单报告。我每日埋头埋脑著书(差不多夜夜都做到天亮，但昨夜从三点钟睡起，足足睡到今午两点钟，一个礼拜的透支都补足了)，平均每日五六千字，甚得意，手膀子大概再一礼拜可全愈。顾少川处前日已有书往问，待得复当寄汝。廿二日我早车来，在二叔家吃中面，晚上请二叔到太平湖，廿三日打算还回津赶功课。

　　父告顺儿。

十六

　　王姨前两日又下血又吐血(吐血已止)，我叫他入京看，他说不要紧，说怀思永时也如此，又说坐火车劳顿，到底不肯去，只好听他。

1924年4月19日

[与顺儿书]

得复书，知汝母病日有起色，喜慰之至。玉桂关系既如此重大，可即托李三叔设法再买，虽重价亦不惜，能愈速寄愈妙。桂儿小小孩子何以有此怪病，我看他瘦得狠，本觉奇怪，现服何药？似以用西医为妙。王姨血据云已止，想无妨。

父示顺儿。

十九

礼拜五早车来，可饬车来接，届时或带庄庄、司马懿、六六同来。

庄庄回家来(今日礼拜六)，他说下礼拜五他考试，要求二叔慢两天才出世，把生日改到礼拜日。你去同二叔商量罢。

礼拜五早车我带司马懿和六六来，廷灿和王姨也有一人来(一人留看家)。我想那天晚上总要两桌，从十四五舅两位姑丈小六等起，以至亲戚女眷家中孩子，只怕两桌还不够哩。我们两老和你合做主人，各出一半钱罢，你若要占便宜便做三份分：我、你妈妈、你，各一份也使得。那天中饭你妈妈去南长街不？我下车便先往那里。

顺儿宝贝。

爹爹　十九晚

一九二五年

[思顺三十二岁 思成二十四岁 思永二十一岁 思忠十八岁 思庄十七岁 思达十三岁 思懿十一岁 思宁九岁 思礼一岁]

1925年4月17日

[与思顺、庄庄书]

宝贝思顺、小宝贝庄庄：

你们走后，我狠寂寞。当晚带着忠忠听一次歌剧，第二日整整睡了十三个钟头，起来还是无聊无赖，几次往床上睡，被阿时、阿忠拉起来，打了几圈牌，不到十点又睡了，又睡十个多钟头。

思顺离开我多次了，所以倒不觉怎样；庄庄这几个月来天天挨着我，一旦远行，我心里着实有点难过。但为你成就学业起见，不能不忍耐这几年。庄庄跟着你姊姊，我是十二分放心了。但我十五日早晨吩咐你那几段话，你要常常记在心里，等到再见我时，把实行这话的成绩交还我，我便欢喜无量了。

我昨天闷了一天，今日已经精神焕发，和你七叔讲了一会书，便着手著述，已成二千多字。现在十一点钟，要睡觉了，趁砚台上余墨写这两纸寄你们。

你们在日本看过什么地方？寻着你们旧游痕迹没有？在船上有什么好玩(小斐儿曾唱歌否)？我盼望你们用日记体写出，详细寄我(能出一份《特国周报》临时增刊尤妙)。

我打算礼拜一入京，那时候你们还在上海呢。在京至多十日便回家，决意在北戴河过夏，可惜庄庄不能跟着，不然当得许多益处。

祝你们一路安适，两个礼拜后我就盼你们电报，四个礼拜后就会得你们温哥华来信，内中也许夹着有思成、思永信了。

十七晚　爹爹

1925年5月1日

[与顺儿书]

顺儿：

神户信收到，一两天内又当得横滨信了。你们在日本那几天，我恰在北京，在京忙得要死，号称看花，却没有看成，只有一天六点钟起身，到广惠寺去，顺便也对畿辅先哲祠的海棠、法源寺的丁香，飞一个片子，算是请安拜会。

灵柩瓷灰已上过了，现在就上光漆，大约一月内完功了。

小六北京银行支店事已定，大约先拨资本十万至十五万，交他全权办理。

你七叔昨日已回家去了，因为我想他快点回来，跟我到北戴河，所以叫他早点去。家里越发清静了，早饭就只三个人一桌。

思永有两封信来，一封是因为你不肯饶徽音，求我劝你，说得狠恳切，现在已不成问题，不给你看了；一封是不主张吴文藻①，说他身体弱，也不便给你看，你们见面总会谈到了。

林宗孟②说思成病过一场(说像是喉症)，谅来他是瞒着家里，怕我忧心，但我总要你见着他面，把他身体实在情形报告我，我才真放下心哩。

瞻儿的字叫他好生写(桂儿能在暑假内叫他读《论语》最好)，别要辜负美材。

斐儿有什么特别顽意，报告我博千里一笑。

贵亲家越发淘气了，穿着夹衣，跳趣得多，成天价笑、满嘴乱说，再过一个月等我把他剥得精光照幅相寄你们。

五月一日

我现在起得极早，保险公司款已还一万。

①吴文藻（1901~1985），中国著名社会学家、人类学家、民族学家。
②林宗孟，即林长民（1876~1925），字宗孟，林徽因之父。1925年5月，应复出的段祺瑞临时执政的邀请，出任宪法起草委员会委员长。

1925年5月9日

[与思顺、思成、思永、思庄书]

五月七日正午接到温哥华安电，十分安慰。六日早晨，你妈妈说，是日晚上六点钟才能到温，到底是不是？没出息的小庄庄，到底还晕船没有？你们到温那天，正是十五，一路上看着新月初生直到圆时，谅来在船上不知唱了多少次"江上何人初见月，江月何年初照人"了，我晚上在院子里徘徊，对着月想你们，也在这里唱起来，你们听见没有？

我多少年不做诗了，君劢的老太爷做寿，我忽然高兴做了一首五十韵的五言长古，极其得意，过两天抄给你们看。

我近来大发情感，大做其政论文章，打算出一份周报，附在《时》《晨》两报送人看，大约从六月初旬起便发印，到我要讲的话都讲完，那周报也便停止，你们等着看罢。

我前几天碰着一件狠窘的事——当你们动身后，我入京时，所谓善后会议者正在闭会。会议的结果，发生所谓宪法起草会者，他们要我做会长，由林叔叔来游说我。我已经谢绝，以为无事了。不料过了几天，合肥①派姚震②带了一封亲笔信来，情词恳切万分。那姚震哀求了三个钟头，还说执政③说："一次求不着，就跑两次、三次、五次天津，口口要答应才罢。"吾实在被他磨不过，为情感所动，几乎松口答应了。结果只得说容我考虑考虑，一礼拜回话。我立刻写信京、沪两处几位挚友商量，觉得不答应便和绝交一样，意欲稍为迁就。到第二天平旦之气一想，觉得自己糊涂了，决定无论如何非拒绝不可。果然隔一天京中的季常、宰平、崧生、印昆④、博生，天津的丁在君一齐反对，责备我主意游移，跟着上海的百里、君劢、东荪来电来函，也是一样看

---

①合肥，指段祺瑞，安徽合肥人，故称段合肥。
②姚震（1885~1935），安徽贵池人，被段祺瑞视为"股肱"，1924年段祺瑞复出后，他出任法制院院长。
③执政，指段祺瑞，此时他为临时执政。
④印昆，即周大烈（1862~1934），字印昆，号夕红楼，湖南湘潭人，曾为陈衡恪、陈寅恪家私塾教师。

法，大家还大怪宗孟，说他不应该因为自己没有办法，出这些鬼主意来拖我下水。现在我已经有极委婉而极坚决的信向段谢绝了。以后或者可以不再来麻烦。至于交情呢，总不能不伤点，但也顾不得了。

政局现有狠摇动的样子。奉天①新派五师入关，津浦路从今日起又不通了。但依我看，一二个月内还不会发生什么事，早则八月，迟则十月，就难保了。

忠忠也碰着和我所遭相类的事。你二叔今日来的快信，寄给你们看。信中所讲那陈某我是知道的，纯然是一个流氓。他那个女孩也真算无耻极了。我得着你二叔信，立刻写了一千多字的信严重告诫忠忠。谅来这孩子不至被人拐去，但你们还要随时警告他。因为他在你们弟兄姐妹中性情是最流动的，你妈妈最不放心也是他。

思永要的书，廷灿今日寄上些，当与这信前后到。

思成身子究竟怎么样，思顺细细看察，和我说真实话。

成、永二人赶紧各照一相寄我看看。我本来打算二十后就到北戴河去，但全国图书馆协会月底在京开成立会，我不能不列席，大约六月初四、初五始能成行。

---

① 奉天,指奉系的张作霖。

1925年5月11日

[与思顺书]

我昨晚又作一首诗给姚胖子①五十寿，做得好顽极了，过两天我一齐写好给小宝贝庄庄。我近日精神焕发，什么事都做得有趣。

以下录寿姚诗：

茫父堕地来，未始作老计。
斗大王城中，带发领一寺。
廿年掩关忙，百虑随缘肆。
疏疏竹几茎，密密花几队。
半秃笔几管，破碎墨几块。
挥汗水竹石，呵冻篆分隶。
弄舌昆弋簧，鼓腹椒葱豉。
食擎唐画砖，睡抱马和志。
校碑约髯周，攘臂哄真伪。
脯饮来跛寒，诙谑遂鼎沸。
烂漫孺子心，倪荡狂奴态。
晓来揽镜诧，五十忽已至。
发如此种种，老矣今伏未。
镜中人鞭然，那得管许事。
老屋蹋穿空，总有天遮蔽。
去年穷不死，定活一百岁。

（坡诗：嗟我与君皆丙子，四十九年穷不死。茫父亦以丙子生。）

芍药正盛开，胡蝶成团戏。
豆苗已可摘，玄鲫恰宜脍。
昨日卖画钱，况够供一醉。
相携香满园，大嚼不为泰。

---

① 姚胖子，即姚华（1876~1930），字重光，号茫父，在人品、学问以及诗、书、画、印方面，与陈衡恪（字师曾）并称"姚陈"，是民国初年北京公认的"画坛领袖"。

1925年7月10日

[与孩子们书]

孩子们：

　　我像许久没有写信给你们了。但是前几天寄去的相片，每张上都有一首词，也抵得过信了。

　　今天接着大宝贝五月九日、小宝贝五月三日来信，狠高兴。那两位"不甚宝贝"的信，也许明后天就到罢？

　　我本来前十天就去北戴河，因天气狠凉，索性等达达放假才去。他明天放假了，却是还在狠凉，一面张、冯开战①消息甚紧，你们二叔和好些朋友都劝勿去，现在去不去还未定呢。

　　我还是照样的忙。近来和阿时、忠忠三个人合作做点小顽意，把他们做得兴高采烈。我们的工作多则一个月，少则三个礼拜，便做完。做完了，你们也可以享受快乐。你们猜猜干些什么？

　　庄庄，你的信写许多有趣话告诉我，我喜欢极了。你往后只要每水船都有信，零零碎碎把你的日常生活和感想报告我，我总是喜欢的。我说你"别耍孩子气"，这是叫你对于正事——如做功课，与及料理自己本身各事等——自己要拿主意，不要依赖人。至于做人带几分孩子气，原是好的。你看爹爹有时还"有童心"呢。

　　你入学校，还是在加拿大好。你三个哥哥都受美国教育，我们家庭要变"美国化"了！我狠想你将来不经过美国这一级(也并非一定如此，还要看环境的利便)，便到欧洲去，所以在加拿大预备像更好。稍旧一点的严正教育，受了狠有益，你还是安心入加校罢。至于未能立进大学，这有什么要紧，"求学问不是求文凭"，总要把墙基越筑得厚越好。你若看见别的同学都入大学，便自己着急，那便是"孩子气"了。

---

① 张、冯开战，这里的张即张作霖，冯即冯玉祥，张、冯开战是指直奉战争之后，冯玉祥受到直奉军阀的排挤，心生不满，加入吴佩孚发动的反奉战争，并支持奉系将领郭松龄倒戈。"张、冯开战消息"即指战前流行的各种传闻。

思顺对于徽音感情完全恢复，我听见真高兴极了。这是思成一生幸福关键所在，我几个月前狠怕思成因此生出精神异动，毁掉了这孩子，现在我完全放心了。

思成前次给思顺的信说："感觉着做错多少事，便受多少惩罚，非受完了不会转过来。"这是宇宙间唯一真理，佛教说的"业"和"报"就是这个真理(我笃信佛教，就在此点，七千卷《大藏经》也只说明这点道理)。凡自己造过的"业"，无论为善为恶，自己总要受"报"，一斤报一斤，一两报一两，丝毫不能躲闪，而且，善和恶是不准抵消的。佛对一般人说轮回，说他(佛)自己也曾犯过什么罪，因此曾入过某层地狱，做过某种畜生。他自己又也曾做过许多好事，所以亦也曾享过什么福。……如此，恶业受完了报，才算善业的帐。若使正在享善业的报的时候，又做些恶业，善报受完了，又算恶业的帐。并非有个什么上帝做主宰，全是"自业自得"；又并不是像耶教说的"到世界末日算总帐"，全是"随作随受"；又不是像耶教说的"多大罪恶一忏悔便完事"，忏悔后固然得好处，但曾经造过的恶业，并不因忏悔而灭，是要等"报"受完了才灭。佛教所说的精理，大略如此。他说的六道轮回等等，不过为一般浅人说法，说些有形的天堂地狱，其实我们刻刻在轮回中，一生不知经过多少天堂地狱。即如思成和徽音，去年便有几个月在刀山剑树上过活！这种地狱比城隍庙十王殿里画出来还可怕，因为一时造错了一点业，便受如此惨报，非受完了不会转头。倘若这业是故意造的，而且不知忏悔，则受报连绵下去，无有尽时。因为不是故意的，而且忏悔后又造善业，所以地狱的报受够之后，天堂又到了。若能绝对不造恶业(而且常造善业——最大善业是"利他")，则常住天堂(这是借用俗教名词)。佛说是"涅槃"(涅槃的本意是"清凉世界")。我虽不敢说常住涅槃，但我总算心地清凉的时候多。换句话说，我住天堂时候比住地狱的时候多，也是因为我比较的少造恶业的缘故。我的宗教观、人生观的根本在此，这些话都是我切实受用的所在。因思成那封信像是看见一点这种真理，所以顺便给你们谈谈。

思成看着许多本国古代美术，真是眼福，令我羡慕不已。甲胄的扣带，我看来总算你新发明了(可得奖赏)。或者书中有讲及，但久已没有实物来证明。

昭陵石马①怎么会已经流到美国去，真令我大惊！那几只马是有名的美术品，唐诗里"可要昭陵石马来"，"昭陵风雨埋冠剑，石马无声蔓草寒"，向来诗人讴歌不知多少。那些马都有名字——是唐太宗赐的名，画家雕刻家都有名字可考据的。我所知道的，现在还存四只(我们家里藏有拓片，但太大，无从裱，无从挂，所以你们没有看见)，怎么美国人会把他搬走了！若在别国，新闻纸不知若何鼓噪，在我们国里，连我怎么一个人，若非接你信，还连影子都不晓得呢。可叹，可叹！

希哲既有余暇做学问，我狠希望他将国际法重新研究一番，因为欧战以后，国际法的内容和从前差得太远了。十余年前所学，现在只好算古董，既已当外交官，便要跟着潮流求自己职务上的新智识。还有中国和各国的条约全文，也须切实研究。希哲能趁这个空闲做这类学问最好。若要汉文的条约汇纂，我可以买得寄来。

和思顺、思永两人特别要说的话，没有什么，下次再说罢。

思顺信说"不能不管政治"，近来我们也狠有这种感觉。你们动身前一个月，多人拟议也就是这种心理的表现。现在除我们最亲密的朋友外，多数稳健分子也都拿这些话责备我，看来早晚是不能袖手的。现在打起精神做些预备工夫(这几年来抛空了许久，有点吃亏)，等着时局变迁再说罢。

(此处删去若干字。)

老Baby②好顽极了，从没有听见哭过一声，但整天的喊和笑，也狠够他的肺开张了。自从给亲家收拾之后，每天总睡十三四个钟头，一到八点钟，什么人抱他，他都不要，一抱他，他便横过来表示他要睡，放在床上爬几爬，滚几滚，就睡着了。这几天有点可怕——好咬人，借来磨他的新牙，老郭每天总要着他几口。他虽然还不会叫亲家，却是会填词送给亲家，我问他："是不是要亲家和你一首？"他说："得、得、得，对、对、对。"

夜深了，不和你们顽了，睡觉去。

七月十日　爹爹

---

①这里是指昭陵六骏中的"飒露紫"和"拳毛䯄"。1918年，被古董商卢芹斋以12.5万美元的价格卖到国外，后被美国费城宾夕法尼亚大学博物馆收藏。梁思成所见就是这二骏。

②老Baby，即梁启超最小的儿子梁思礼，又作老白鼻。

前几天填得一首词,词中的寄托,你们看得出来不?

[浣溪沙·端午后一日夜坐]

乍有官蛙闹曲池,
更堪鸣砌露蛩悲!
隔林辜负月如眉。

坐久漏签催倦夜,
归来长箪梦佳期,
不因无益废相思。

(李义山诗:"直道相思了无益。")

1925年8月3日

[与孩子们书]

对岸一大群可爱的孩子们：

　　我们来北戴河已两星期了，这里的纬度和阿图和①差不多。来后刚碰着雨季，天气狠凉，穿夹的时候狠多，舒服得狠，但下起雨来，觉得有些潮闷罢了。

　　我每天总是七点钟以前便起床，晚上睡觉没有过十一点以后，中午稍为憩睡半点钟。酒没有带来，故一滴不饮。天晴便下海去，每日多则两次，少则一次。散步时候也狠多，脸上手上都晒成黑漆了。

　　本来是来休息，不打算做什么功课，但每天读的书还是不少，著述也没有间断。每天四点钟以后便打打牌，和"老白鼻"顽顽，绝不用心。所以一上床便睡着，从没有熬夜的事。

　　我向来写信给你们都是在晚上，现在因为晚上不执笔，所以半个月竟未曾写一封信，谅来忠忠们去的信也不少了。

　　庄庄跟着驼姑娘补习功课，好极了，我想不惟学问有长进，还可以练习许多实务，我们听见都喜欢得了不得。

　　庄庄学费每年七百美金便够了吗？今年那份，我回去替他另折存储起来。今年家计总算狠宽裕，除中原公司外，各种股份利息都还照常。执政府每月八百元夫马费，已送过半年，现在还不断。商务印书馆售书费两节共收到将五千元。从本月起清华每月有四百元。预计除去各种临时支出——如办葬事、修屋顶，及寄美洲千元等——之外，或者尚有敷余，我便将庄庄这笔提出(今年不用，留到他留学最末的那年给他)。便是达达、司马懿、六六的游学费，我也想采纳你的条陈，预早(从明年)替他们贮蓄些，但须看力量如何才来定多少。至于老白鼻那份，我打算不管了。到他出洋留学的时候，他有恁么多姊姊哥哥，还怕供给他不起吗？

---

①阿图和，即渥太华，加拿大首都。

坟园工程已择定八月十六日动工了，一切托你二叔照管。昨天正把图样工料价格各清单寄来商量。若坟内用石门四扇(双圹，连我的生圹合计)，则共需千二百余元(连围墙工料在内)；若不用石门，只用砖墙堵住洞口，则六百余元便够。我想四周用"塞门德"灰泥，底下用石床，洞口用砖也够坚固了。四扇石门价增一倍，实属靡费，已经回信你二叔不用石门了(如此则连买地葬仪种种合计二千元尽够了)。你们意思如何？若不以为然，可立即回信，好在葬期总在两个月后，便加增也来得及。

我打算做一篇小小的墓志铭，自作自写，埋在圹中，另外请陈伯严[①]先生做一篇墓碑文，请姚茫父写，写好藏起，等你们回来后才刻石树立。因为坟园外部的工程，打算等思成回来布置才好。

现在有一件事和希哲、思顺商量：我们现在北戴河借住的是章仲和[②]的房子，他要出卖，索价万一千，大约一万便可得。他的房子在东山，据说十亩有零的面积。但据我们看来像不止此数。房子门前直临海滨，地点极好，为海浴计，比西山好多了。西山那边因为中国人争买，地价狠高(东山这边都是外国人房子，中国人只有三家)，靠海滨的地，须千元以上一亩，还没人肯让。仲和这个房子，工料还坚固，可住的房子有八间，开间皆甚大。若在现时新建，只怕六千元还盖不起。家具也齐备坚实，新置恐亦须千五百元以上。现在各项虽旧，最少亦还有十多年好用。若将房子家具作五千元计，那么地价只合五千元，合不到五百元一亩，总算便宜极了。我想我们生活根据地既在京津一带，北戴河有所房子，每年来住几个月(仲和初买来时费八千元，现在他忙着钱用，所以要卖，将来地价必涨，我们若转卖也决不至亏本)，于身体上精神上都有益。所以我狠想买他。但现在家计情形勉强对付，五千元认点利息也还可以，一万元便太吃力了。所以想和你们打伙平分，你们若愿意，我便把他留下。

房子在高坡上，须下三十五级阶石才到平地。那平地原有一个打球场，面积约比我们天津两院合计一样大。我们买过来之后，将来若有余钱，可以

[①] 陈伯严，即陈三立，字伯严，号散原，戊戌政变前在湖南长沙办时务学堂，特邀梁启超为总教习。
[②] 章仲和，即章宗祥 (1879~1962)，字仲和。

在那里再盖一所房子。思成回来便可以拿做试验品。我想思成、徽音听见一定高兴。

瞻儿有人请写对子，斐儿又会讲书，真是了不得，照这样下去，不久就要比公公学问还高了。你们要什么奖品呢？快写信来，公公就寄去。

达达快会凫水了，做三姊的若还不会，仔细他笑你哩！

老白鼻来北戴河，前几天就把"鸦片烟"戒了，一声也没有哭过，真是乖。但他至今还不敢下海，大约是怕冷罢。

三姊白了许多，小白鼻红了许多，老白鼻却黑了许多了。昨天把秃瓜瓜越发剃得秃。三姊听见又要怄气了。今天把亲家送的丝袜穿上，有人问他"亲家送的袜子"，他便卷起脚来，他这几天学得专要在地下跑(扶着我的手杖充老头)，恐怕不到两天便变成泥袜了。

现在已到打牌时候，不写了。

八月三日　爹爹

思成、思永到底来了没有？若他们不能越境，连我也替你们双方着急。

1925年8月12日

[与思顺书]

思顺：

　　到北戴河后已接你三封信了，我的去信实在较少，但也有好几封，想今日都陆续接到了。达达他们实在懒，但我知道他们常常把信写起，过一会忘却寄也就算了。初次接到你信说没有蔬菜吃，他们曾每人画一幅——萝卜白菜之类，说送给你们，到底寄去没有。

　　思成、思永学校里都把分数单寄到，成绩好极了。今转寄给你看，我自然要给奖品，你这老姊姊也该给点才好。

　　坟园已动工，二叔来两信寄阅，增百元将该地全买，妙计。石门所费既加增有限，已复书仍用之，亦令你们心里较安也。

　　北戴河房子我实在爱他不过，已决定买了。你若有力搭伙，则我将此间留支薪俸扣用，若你们也等钱用，则再将保险单押款买下亦得。现已调查清楚，此房若在今日建筑，非万金不办（大开间住房八间，小屋四间，下房、厨房、浴室等七间，全部石墙脚），家具新置亦须三千，外地则有十八亩，若以西山滨海地价计，须万八千也。现在有人要抢，我已电上海告仲和为我留下矣。此地四时皆可居，我退老后极欲常住此也。

　　别的话在成、永、庄信上说了，不多说罢。

八月十二日　爹爹

　　阿时们要出一张《特国周报》的老白鼻特号，说了许久，竟没有出来。我已经限期即出了。

1925年8月16日

[与顺儿书]

顺儿：

昨日又接七月二十日信，我六、七两月寄信狠多(相片等项)，想已陆续收到了。北大有些人对我捣乱，其实不过少数。彼文发表后，大多数人都不以为然，我答复出后，他们即噤若寒蝉，全国舆论皆对我表同情。你所忧虑的绝对无其事，请放心罢。只是这回交涉太可惜了。病根全在政府"打民话"，误了交涉步骤，现在已完全失败了。我一个月前曾有一小词，写给你们看。

[浣溪沙]

乍有荒蛙闹曲池，
更堪鸣蚍露蛩悲！
隔林辜负月如眉。

坐久漏签催倦夜，
归来长簟梦佳期，
不因无益废相思。

(李义山诗："直道相思了无益。")

看看这首词，可以略知我心事了。
我近来政治兴味并不减少，只是并没有妨害著述事业。
到北戴河以来，顽的时候多，著述成绩狠少，却已把一部《桃花扇》注完，狠有趣。
在此虽然甚闲，却也似甚忙。每天七点多钟起来，在院子稍为散步，吃点心下来，便快九点了。只做两点多钟正经功课，十一点便下海去。回来吃中饭,睡一睡午觉,起来写写信,做些杂课。四点后便打牌。六点多钟吃晚饭,饭后散步回来,有时打牌,有时闲谈,便过一天了。因为四点钟后便无所用心,所以每天倒床便睡着(十点前后睡),大约我生平讲究卫生,以这一个月为最了。

我讲段笑话给你们听:有一天,我听见人说离此约十里地方钓鱼最好。我回来说给孩子们听,他们第二天一定就要去。我看见天色不好,有点沉吟,他们却已预备齐全了,牵率老夫只好同去。还没有到目的地,便下起小雨来,只好硬着头皮说"斜风细雨不须归"。那里知道跟着便是倾盆大雨。七个人在七个驴子上,连着七个驴夫,三七二十一件动物,都变成落汤鸡,回来全身衣服绞出一大桶水。你说好笑不好笑?幸亏桂儿们没有在此,不然一定也着了。我们到底买得两尾鱼、六个大螃蟹,就算凯旋。这段故事我劝他们登在《特国周报》里,主笔先生说面子上不好看,不肯登,我只好把他揭出来。

我们做了两天园工,把园中的恶木斫了一百多棵(其实不甚恶——都是洋槐,若在天津一棵总值几元),把荒草拔去几丘,露出树荫下绝好一个小园。我前天就在树荫下睡午觉,昨天在那里打了十圈牌。司马懿、六六拾得许多螺蛤,够把我们新辟的曲径都滚上边了。我们全家做工的时候,便公举老白鼻监工。但这位监司是"卧治"的,不到一会工夫便在树底藤床上酣睡,我们这些工人趁着空儿都一哄而散,下海去了。

房子用一万元买得,昨天已交割了。我狠爱这地方,若是每年能在此住几个月,身子一定加倍强壮。我想你们听见一定喜欢,不过现在经济上吃点力罢了。

小六从南方来,昨天早上到此。他不久还要到湖南去。

今日坟园动工了,我打算就用周忌日下葬。不知工程能赶及否,但稍迟也无妨。

你七叔及廷灿还未回来。港、粤交通断绝,不知他们几时能来哩。

桂儿奖品,我正在这里想着预备哩,大约总不外秀才人情罢。

八月十六日　爹爹

1925年9月3日

[与顺儿书]

顺儿：

　　我们从北戴河返津，已一礼拜了。返时便得你们游尼加拉瀑及千岛许多信及明信片，高兴之至。因连日极忙，故匆匆回思庄一信外，别的信都没有写，现在就要入北京了。在京怕更忙，今晚草草写这一信。

　　葬期已择定旧历八月十六，即周忌之次日。你二叔这个月以来天天在山上监工(因为石工非监不可)，独自一人住在香云旅馆，勤劳极了。你们应该上二叔一书致谢。

　　墓志铭因赶不及，打算不用了。请曾刚甫年伯撰一墓碑，慢慢的选石精刻。

　　据二叔来信，全部葬事连买地工程葬仪在内，约费二千五百元，在不丰不俭之间，你们亦可以算尽心了。

　　你前信请把灵柩留一照片，我大不以为然。留有相片便是了，何必灵柩？等到时再酌斟罢。

　　家中灵位朝夕上食，向例有至大祥止者(二十五个月)，有至小祥止者(十三个月)，现在既全家在京住，上食到底办不到，故决意于周忌日(恰十三个月)即请上神道，不复朝夕供了。去北戴河时我原想写一灵位，请去朝夕上食，扶乩说不必，那四十天也没有上食了。惟在戴常常扶乩，每烧香后一两分钟便到(不烧香不到)。你妈妈既然说不吃东西(昨日中元别供水果而已)，也不必用此具文了，你们意为何如？

　　寄去一千元美金，想已收。你们那边谅来钱狠紧，非在国内接济不可者。函言北戴河房子认半份事，请你和希哲斟酌力量如何？若实不能，不认亦可，或认而分长期扣出亦可。现在除用去年保险公司借款留下之六千元外，连葬事及北戴房一共算来今年尚不必透支，因为卖书卖字收入颇多(执政府亦一弥补，但近两月来未送)，但替思庄们提贮学费事，只好暂缓了。

　　国内危机四伏，大战恐又在目前，我只祝等我们葬事完了才发动，不知能待到那时否。

(此处删去若干字。)

此外官吏绑票层见叠出。半月前范旭东[①]在德租界本宅出门,即被军警绑去押了三日,硬要五十万元。后来还是黎黄陂亲往探监,说我此来专在证明你们强盗行为,预备在法庭上作证人,才算了事。到底还敲了七万元现金、五万元股票,似此上下夹攻,良善人民真是无葬身之地了。

百里现在在长江一带。军界势力日益膨胀,日内若有战事,他便是最重要的一个脚色,因此牵率老夫之处亦不少。他若败,当然无话可说(但于我绝无危险,因我不参与军事行也,请放心);若胜,恐怕我的政治生涯不能不复活(胜的把握我觉得狠少),我实在不愿意,但全国水深火热(黄萃田[②]在广东方面活动,政府已全权委他,但我亦不敢乐观,他昨日南下,在我们家里上车,忠忠听我嘱付他的话,说"易水送荆卿"哩),又不能坐视,奈何?

我现在觉得有点苦,因为一面政治问题、军事问题前来报告商榷者,络绎不绝,一面又要预备讲义,两者太不相容了。但我努力兼顾,看看如何,若能两不相妨,以后倒可以开出一种新生活。

我自北戴河归来后,仍每日早起(总不过八点钟),酒也绝对不饮了,可惜你们远隔,若看见我结实的脸色,你们定高兴极了。

你二叔那边新添两位孪生的妹妹。前天王姨入京正值分娩,母子平安。

本来还要另写信给思成、思永们,但已夜深,要睡了,入京后有空再写罢。(你妈妈总说思永不曾到阿固利,到底是不是?)

[①] 范旭东(1883~1945),湖南湘阴人,原名源让,字明俊,后改锐,字旭东,实业家,被誉为中国化工之父。
[②] 黄萃田,集砚名家,著有《十砚轩诗钞》。

1925年9月13日

[与思顺书]

孩子们：

前日得思成(八月)十三日，思永十二日信，今日得思顺八月四日及十二日两信，庄庄给忠忠的信也同时到，成、永此时想已回美了，我狠着急，不知永去得成去不成，等下次信就揭晓了。

我搬到清华已经五日了(住北院教员住宅第二号)。因此次乃自己租房住，不受校中供应，王姑娘又未来(因待送司马懿入学)，廷灿又围困在广东至今未到，我独自一人住着不便极了。昨天大伤风(连夜不甚睡得着)，有点发烧，想洗热水澡也没有，找如意油、甘露茶也没有，颇觉狼狈，今日已渐好了。王姨大约一二日也来了，以后便长住校中，你们来信可直寄此间，不必由天津转了。

校课甚忙——大半也是我自己找着忙——我狠觉忙得有兴会。新编的讲义极繁难，费的脑力真不少。盼望老白鼻快来，每天给我舒散舒散。

葬期距今仅有二十天了。你二叔在山上住了将近一月，以后还须住一月有奇，住在一个小馆子内，菜也吃不得，每天跑三十里路，大烈日里在坟上监工。从明天起搬往香山见心斋住(稍为舒服点)，但离坟更远，跑路更多了。这等事本来是成、永们该做的，现在都在远，忠忠又为校课所迫，不能效一点劳，倘若没有这位慈爱的叔叔，真不知如何办得下去。我打算到下葬后，叫忠忠们向二叔磕几头叩谢。你们虽在远，也要各各写一封信，恳切陈谢(庄庄也该写)，谅来成、永写信给二叔更少。这种子弟之礼是要常常在意的，才算我们家的乖孩子。

厨子事等王姨来了再商量。现在清华电灯快灭了，我试上床去，看今晚睡得着不。晚饭后用脑，便睡不着，奈何，奈何！

九月十三日　爹爹

1925年9月20日～21日

[与思顺、思成、思永、思庄书]

思顺、思成、思永、思庄同读：

距葬期仅十三日矣。吾今日始能赴墓次巡视。开圹深至二丈，而土质干燥细软，觉虽生人居此亦甚适，真佳城也。初时本拟旧历九月乃葬，经"日者"(《日者列传》见《史记》，即择日也。此日者乃同乡一老进士)选定，谓八月十六日辰时为千年难得之良辰，故提前半月赶工，中间曾有四日夜，每日做工二十四小时，分四班轮做。二叔之辛勤，不可名状矣。坟园一切布置，皆出二叔意匠(此外麻烦事甚多，如收买园旁余地、筑桥、浚井等等，冢内各种布置及工程，二叔最用心)，二叔极得意，吾亦深叹其周备。现在规模已具，所余冢顶上工作，如用西式墓表等事，及墓旁别墅之建筑等，则待汝兄弟归来时矣。

八月十五日晨八时举行周年祭。十时由广惠寺发引，初本拟用汽车装运，后因种种不便，仍改用抬(最大原因是灵柩不许入城，自前清以来，非奉特旨不可，而西便门外无马路，汽车振动，恐于遗骸有损，用相当的仪仗，出西便门后改小杠)。届时我及亲友只送到西便门便返，而乘车赴墓先候。惟思忠(小六愿陪之)一人扶柩步行送山上(中间若惫则间坐洋车)，约费七点钟，决可到。是晚亦仅由思忠及小六守灵(警察八人彻夜轮班守卫)，我率王姨等在香山住。葬后便无事，惟二叔监圹外工，约尚须一月耳。

神道碑文请曾年伯作，但刻石建立等事皆在后。

此次葬事所费统计恐须超过三千元，虽稍费足使汝辈心安，不致后悔。好在此款全由执政府夫马费项下支给已有余。二叔今日笑谓无异国葬也。

吾日来之忙，乃出情理外。二叔、王姨向我唧哝多次，但此乃研究院初办，百事须计画，又加以他事，故致如此耳。十日半月后当然逐渐清简，汝等不必以我过劳为虑也。

日来许多"校长问题"，纠缠到我身上，亦致忙之一。师大不必论，教职员、学生、教育部三方面合起来打我的主意。北大与教部宣战，教部又欲以我易蔡①，东南大学则教部、苏省长、校中教员、学生此数日内又迭相强迫。北大问题最易摆脱，不过一提便了。现在师大、东大尚未肯放手。我惟以极诚恳之辞坚谢之，然即此亦费我时间不少也。

廷灿尚困在广东，不能来，种种感不便，急极，现只得叫阿时来，但亦仅能于抄写方面稍助耳。又六六一人在津，太可怜，日内拟唤来，令阿时授课。灯要灭了，再说罢。

九月二十日，即旧八月初三日　爹爹

林紫垣账单已付讫。

做帘子的信当时被老白鼻撕吃了，尺寸各项俱不知，若仍要做，可再写一信，专给王姨详说(给我信怕我一时忙乱失掉)。

今日寄去《后汉书》、《战国策》、《左传》及各种小说、识字方格种种，分十余包(共十一包)，谅不久便到。

九月廿一日

此次家内石材好极了，据包工人说，当初定合同时，正愁附近无地觅整块佳石，姑且承应，徐图设法。不料合同签定后，即晚大雷，将前山一大石岩震下，材料恰敷我家工程之用。该石工欲拾其能应他工，待用下来，则除我家所需者，更无余云云。工人谓我家有天助，彼辈做工更不敢不勤慎，有一二处工程原定合同未列举者，该工头愿意报效(因采石省力，彼意外的能赚钱)，汝二叔待诸工有恩，故诸工皆感激，此次工作凡内行者看见，皆惊甚便宜，将来完工后拟大大犒赏他们。

种树计画二叔亦已略定，墓顶环一圆圈，满植松柏，墓道两行松柏与马缨花相间，围墙四周满植枫树，院内分植诸果及杂花，外院种瓜蔬，此皆明年事也。汝等归来时当葱郁可观矣。

吾初到清华时，连夜不能睡，颇觉困顿，前昨两晚已好了，倒床便睡，八点前便起，精神狠好，此两晚皆饭后不用心不执笔，故如此。以后能保持此状与否，不敢告，总望努力办到耳。

爹爹　廿一日

---

①蔡，指蔡元培，时任北京大学校长。

1925年9月24日

[与思顺书]

极盼汝姊妹兄弟团聚的来信，今得八月二十日信，知思庄已返，成、永正游大瀑，想下次信当令我满足矣。

思庄英文不及格，绝不要紧，万不可以自馁。学问求其在我而已。汝等都会自己用功，我所深信。将来计算总成绩不在区区一时一事也。

我依然极忙，触想便写几句寄去。二叔在山上，来信附寄，亦令汝等知工作之一斑也。现距葬期仅八日矣。

爹爹　廿四日

1925年9月29日

[与思顺、思成、思永、思庄书]

顺、成、永、庄：

我昨日用一日之力，做成一篇告墓祭文，把我一年多蕴积的哀痛，尽情发露。顺儿呵，我总觉得你妈妈这个怪病，是我们打那一回架打出来的。我实在哀痛之极、悔恨之极，我怕伤你们的心，始终不忍说，现在忍不住了，说出来也像把自己罪过减轻一点。我经过这几天剧烈的悲悼，以后便刻意将前事排去，决不更伤心，你们放心罢。

祭文本来该焚烧的，我想读一遍，你妈妈已经听见，不如将原稿交你保存(将来可装成手卷)。你和庄庄读完后，立刻抄一份寄成、永传观(《晨报》已将稿抄去，如已登出，成、永便得见，不必再抄。十月三日补写)，过些日子我有空还打算另写一份寄思成。

葬礼一切都预备完成了。王姨今日晚车返天津，把达达们带来。十五清晨行周忌祭礼，十点钟发引，忠忠一人扶柩，我们都在山上迎接。在山上住一夜，十六日八点钟安葬。

爹爹　九月廿九日

1925年10月3日

[与思顺、思成、思永、思庄书]

爱儿思顺、思成、思永、思庄：

葬礼已于今日(十月三日，即旧历八月十六日)上午七点半钟起至十二点钟止，在哀痛庄严中完成了。

葬前在广惠寺作佛事三日。昨晨八点钟行周年祭礼，九点钟行移灵告祭礼，九点二十分发引，从两位舅父及姑丈起，亲友五六十人陪我同送到西便门(步行)，时已十一点十分(沿途有警察照料)，我们先返，忠忠、达达扶柩赴墓次。二叔先在山上预备迎迓(二叔已半月未下山了)。我回清华稍憩，三点半钟带同王姨、懿、宁、礼赴墓次。直至日落时，忠等方奉柩抵山。我们在甘露旅馆一宿，思忠守灵，小六、煜生陪他一夜。有警察四人值夜逻巡，还有工人十人告奋勇随同陪守。

今晨七点三十五分移灵入圹。从此之后，你妈妈真音容永绝了。全家哀号，悲恋不能自胜，尤其是王姨，去年产后，共劝他节哀，今天尽情一哭，也稍抒积痛。三姑也得尽情了。最可怜思成、思永，到底不能够凭棺一恸。人事所限，无可如何，你们只好守着遗像，永远哀思罢了。我的深痛极恸，今在祭文上发泄，你们读了便知我这几日间如何情绪。下午三点钟我回到清华，现在虽余哀未忘，思宁、思礼们已嬉笑杂作了。唐人诗云："纸灰飞作白蝴蝶，血泪染成红杜鹃。日落狐狸眠冢上，夜归儿女笑灯前。"真能写出我此时实感。

昨日天气阴霾，正狠担心今日下雨，凌晨起来，红日杲杲，始升葬时，天无片云，真算大幸。

此次葬礼并未多通告亲友，然而会葬者竟多至百五六十人。各人皆黎明从城里乘汽车远来，汽年把卧佛寺前大路都挤满了。祭席共收四十余桌，送到山上的且有六桌之多，盛情真可感。

你们二叔的勤劳，真是再没有别人能学到了。他在山上住了将近两个月，中间仅入城二次，都是或一宿而返，或当日即返，内中还开过六日夜工，他便半夜才回寓。他连椅子也不带一张去，终日就在墓次东走走西走走。因为有多方面工程他一处都不能放松。他最注意的是圹内工程，真是一砖一石，都经过目，用过心了。我窥他的意思，不但为妈妈，因为这也是我的千年安宅，他怕你们少不更事，弄得不好，所以他趁他精力尚壮，对于他的哥哥尽这一番心。但是你们对于这样的叔叔，不知如何孝敬，才算报答哩。今天葬礼完后，我叫忠忠、达达向二叔深深行一个礼，谢谢二叔替你们姐弟担任这一件大事。你们还要每人各写一封信叩谢才好。

我昨日到清华憩息时，刚接到你们八月三十日来信。信上说起工程的那几句话，那里用着你们耽心，二叔早已研究清楚了。他说先用塞门特不好，要用塞门特和中国石灰和和做成一种新灰，再用石卵或石末或细砂来调(某处宜用石卵，某处宜用细砂，我也说不清楚，但你二叔讲起来如数家珍)，砖缝上一点泥没有用过，都是用他这种新灰，冢内圹虽用砖，但砖墙内尚夹有石片砌成的圹，石坛都用新灰灌满，圹内共用新灰原料，专指塞门特及石灰，所调之砂石等在外，一万二千余斤。二叔说算是全圹熔炼成一整块新石了。开穴入地一丈三尺，圹高仅七尺，圹之上培以新灰炼石三尺，再培以三尺普通泥土，方与地平齐。二叔说圹外工程随你们弟兄自出心裁，但他敢保任你们要起一座大塔，也承得住了。据我看果然是如此。

圹内双冢，你妈妈居右，我居左。双冢中间隔以一墙，墙厚二尺余，即由所谓新灰炼石者制成。墙上通一窗，丁方尺许。今日下葬后，便用浮砖将窗堵塞。二叔说到将来我也到了，便将那窗的砖打开，只用红绸蒙在窗上。合葬办法原有几种： (一)是同一冢，内置两石床。这是同时并葬乃合用。既分先后，则第二次葬时恐伤旧冢，此法当然不适用。 (二)是同一坟园分造两冢。但此已乖同穴主义，我不愿意。 (三)便是现今所用两冢同一圹，中隔以一墙。第二次葬时旧冢一切不劳惊动，这是再好不过了。还有一件是你二叔自出意匠：他在双冢前另辟一小院子，上盖以石板，两旁用新灰炼石。墙前面则此次用砖堵塞，如此则今次封圹之后，泥土不能侵入左冢，将来第二次葬时将砖打开，葬后再用新灰炼石造一墙，便千年不启。你二叔今日已将各种办法，都详细训示思忠。因为他说第二次葬时，不知他是否还在，即在也怕老迈不能经营了。所以要你们知道，而且遵守他的计画。他过天还要画一圹内的图，将尺寸说明，预备你们将来开圹行第二次葬礼时用。你们须留心记著，不可辜负二叔两个月来心血。

　　工程坚美而价廉，亲友参观者无不赞叹。盖因二叔事事考究、样样在行，工人不能欺他，他又待工人有恩礼，个个都感激他，乐意出力。他说从前听见罗素说：中国穿短衣服的农人、工人，个个都有极美的人生观。他前次不懂这句话怎么解，现在懂得了。他说，住在都市的人都是天性已漓。他这两个月和工人打伙，打得滚热，才懂得中国的真国民性。我想二叔这话狠含至理，但非其人，也遇着看不出罢了。

　　二叔说他这两个月用他的科学智识和工人的经验合并起来，新发明的东西不少，建筑专门家或者还有些地方要请教他哩。思成你写信给二叔，不妨提提这些话，令他高兴。二叔当你妈妈病时，对于你狠有点呕气，现在不知气消完了没有。你要趁这机会，大大的亲热一下，令他知道你天性未漓，心里也痛快。你无论功课如何忙，总要写封较长而极恳切的信给二叔才好。

　　我的祭文也算我一生好文章之一了。情感之文极难工，非到情感剧烈到沸点时，不能表现他(文章)的生命，但到沸点时又往往不能作文。即如去年初遭丧时，我便一个字也写不出来。这篇祭文，我做了一天，慢慢吟哦改削，又经两天才完成。虽然还有改削的余地，但大体已狠好了。其中有几段，音节也极美，你们姊弟和徽音都不妨熟诵，可以增长性情。

　　昨天得到你们五个人的杂碎信，令我于悲哀之中得无限欢慰。但这封信完全讲的葬事，别的话下次再说罢。我也劳碌了三天，该早点休息了。

十月三日　旧历八月十六　爹爹

1925年10月4日

[与思顺、思成、思永、思庄书]

此次未立墓志铭，因由时间匆促，实则可以暂不立，将来行第二次葬礼时，可立一小碑于墓门前之小院子，题新会某某暨夫人某氏之墓，碑阴记我籍贯及汝母生卒年月日，各享寿若干岁，子女及婿、妇名氏，孙及外孙名，其余赞善浮辞悉不用，碑顶能刻一佛像尤妙。

十月四日　爹爹

1925年11月9日

[与孩子们书]

国内近来乱事想早知道了，这回怕狠不容易结束，现在不过才发端哩。因为百里在南边(他实是最有力主动者)，所以我受的嫌疑狠重，城里头对于我的谣言狠多，一会又说我到上海(报纸上已不少，私人揣测更多)，一会又说我到汉口。尤为奇怪者，林叔叔狠说我闲话，说我不该听百里们胡闹，真是可笑。儿子长大了，老子也没有法干涉他们的行动，何况门生和后辈？即如宗孟去年的行动，我并不赞成，然而外人看着也许要说我暗中主使，我从那里分辩呢？外人无足怪，宗孟狠可以拿己身作比例，何至怪到我头上呢？总之，宗孟自己走的路太窄，成了老鼠入牛角，转不过身来，一年来已狠痛苦，现在更甚。因为二十年来的朋友，这一年内都分疏了，他心里想来非常难过，所以神经过敏，易发牢骚，本也难怪，但觉得可怜罢了。

国事前途仍无一线光明希望。百里这回卖怎么大气力(许多朋友亦被他牵在里头)，真不值得(北洋军阀如何能合作)。依我看来，也是不会成功的。现在他与人共事正在患难之中，也万无劝他抽身之理，只望他到一个段落时，急流勇退，留着身子，为将来之用。他的计划像也是如此。

我对于政治上责任固不敢放弃(近来愈感觉不容不引为己任)，故虽以近来讲学，百忙中关于政治上的论文和演说也不少(你们在《晨报》和《清华周刊》上可以看见一部分)，但时机总未到，现在只好切实下预备工夫便了。

葬事共用去三千余金。葬毕后忽然看见有两个旧碑狠便宜，已经把他买下来了。那碑是一种名叫汉白玉的，石高一丈三，阔六尺四，厚一尺六，驼碑的两只石龟长九尺，高六尺。新买总要六千元以上，我们花六百四十元，便买来了。初买得来狠高兴，及至商量搬运，乃知丫头价钱比小姐阔的多。碑共四件，每件要九十匹骡，才拖得动，拖三日才能拖到，又卸下来及竖起来，都要费莫大工程，把我们吓杀了。你二叔大大的埋怨自己，说是老不更事，后来结果花了七百多块钱把他拖来，但没有竖起，将来竖起还要花千把几百块。现在连买碑共用去四千五百余，存钱完全用光，你二叔还垫出八百余元。他从前借我的钱，修南长街房子，尚余一千多未还，他看见我紧，便还出这部分。我说你二叔这回为葬事，已经尽心竭力，他光景亦不佳，何必汲汲，日内如有钱收入，我打算仍还他再说。

今年狠不该买北戴河房子，现在弄到非常之窘，但仍没有在兴业透支。现在在清华住着狠省俭，四百元薪水还用不完，年底卖书有收入，便可以还二叔了。日内也许要兼一项职务，月可有五六百元收入，家计更不至缺乏。

现在情形，在京有固定职务，一年中不走一趟天津，房子封锁在那边，殊不妥(前月着贼，王姨得信回去一趟，但失的不值钱的旧衣服)。我打算在京租一屋，把书籍东西全份搬来，便连旧房子也出租，或者并将新房子卖去，在京另买一间，你们意思如何？

思成体子复元，听见异常高兴，但食用如此俭薄，全无滋养料，如何要得？我决定每年寄他五百美金左右，分数次寄去。日内先寄中国银二百元，收到后留下二十元美金给庄庄零用，余下的便寄思成去。

思顺所收薪水公费，能敷开消，也算好了，我以为还要赔呢。你们夫妇此行，总算替我了两桩心事：第一件把思庄带去留学，第二件给思成精神上的一大安慰。这两件事有补于家里真不少。何况桂儿姊弟亦得留学机会，顺自己还能求学呢。一二年后调补较好的缺，亦意中事，现在总要知足才好。留支薪俸若要用时，我立刻可以寄去，不必忧虑。

待文杏如此，甚好甚好。这才是我们忠厚家风哩。

廷灿今春已来。他现在有五十元收入，勉强敷用，还能积存些。你七叔明年或可以做我一门功课的助教，月得百元内外。

现在四间半屋子挤得满满的。我卧房一间、书房一间，王姨占一间，七叔便住在饭厅，阿时和六六住半间，倒狠热闹。老白鼻病了四五天，全家都感寂寞，现在全好了，每天拿着亲家相片叫家家，将来见面一定只知道这位是亲家了。

爹爹　十一月九日

1925年12月27日

[与思成书]

今天报纸上传出可怕的消息①,我不忍告诉你,又不能不告诉你,你要十二分镇定着,看这封信和报纸。

我们总还希望这消息是不确的,我见报后,立刻叫王姨入京,到林家探听,且切实安慰徽音的娘,过一两点他回来,或者有别的较好消息也不定。

林叔叔这一年来的行动,实亦有些反常,向来狠信我的话,不知何故,一年来我屡次忠告,他都不采纳。我真是一年到头替他捏着一把汗,最后这一着真是更出我意外。他事前若和我商量,我定要尽我的力量扣马而谏,无论如何决不让他往这条路上走。他一声不响,直到走了过后第二日,我才在报纸上知道,第三日才有人传一句口信给我,说他此行是以进为退,请我放心。其实我听见这消息,真是十倍百倍的替他提心吊胆,如何放心得下。当时我写信给你和徽音,报告他平安出京,一面我盼望在报纸上得着他脱离虎口的消息,但此虎口之不易脱离,是看得见的。

前事不必提了,我现在总还存万一的希冀,他能在乱军中逃命出来。万一这种希望得不着,我有些话切实嘱咐你。

第一,你要自己十分镇静,不可因刺激太剧,致伤自己的身体。因为一年以来,我对于你的身体,始终没有放心,直到你到阿图和后,姊姊来信,我才算没有什么挂虑。现在又要挂虑起来了,你不要令万里外的老父为着你寝食不宁,这是第一层。徽音遭此惨痛,唯一的伴侣,唯一的安慰,就只靠你。你要自己镇静着,才能安慰他,这是第二层。

第二,这种消息,谅来瞒不过徽音。万一不幸,消息若确,我也无法用

---

①1925年11月,奉系将领郭松龄向全国发表《反奉通电》,将原奉军第三方面军改称东北国民军,宣告起兵,并将林长民请到军中,辅佐自己。但郭松龄很快战败,逃亡途中,受到奉军王永清部袭击。与郭松龄一起逃亡的林长民被流弹击中受伤,被王永清部士兵误认作日本人,活活烧死。林长民死后,梁启超写了一副挽联:天所废,孰能兴,十年补葺艰难,直愚公移山而已;均是死,容何择,一朝感激义气,竟舍身饲虎为之。

别的话解劝他,但你可以传我的话告诉他:我和林叔的关系,他是知道的,林叔的女儿,就是我的女儿,何况更加以你们两个的关系。我从今以后,把他和思庄一样的看待他,在无可慰藉之中,我愿意他领受我这种十二分的同情,渡过他目前的苦境。他要鼓起勇气,发挥他的天才,完成他的学问,将来和你共同努力,替中国艺术界有点贡献,才不愧为林叔叔的好孩子。这些话你要用尽你的力量来开解他。

人之生也,与忧患俱来,知其无可奈何,而安之若命。你们都知道我是感情最强烈的人,但经过若干时候之后,总能拿出理性来镇住他,所以我不致受感情牵动,糟蹋我的身子,妨害我的事业。这一点你们虽然不容易学到,但不可不努力学学。

徽音留学总要以和你同时归国为度。学费不成问题,只算我多一个女儿在外留学便了,你们更不必因此着急。

爹爹　十二月廿七

一九二六年

[思顺三十三岁 思成二十五岁 思永二十二岁 思忠十九岁 思庄十八岁 思达十四岁 思懿十二岁 思宁十岁 思礼二岁]

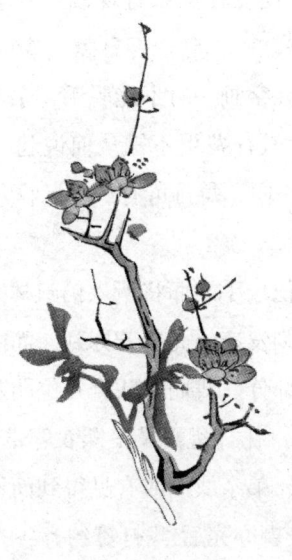

1926年1月5日～7日

[与思成书]

思成:

我初二进城,因林家事奔走三天,至今尚未返清华。前星期因有营口安电,我们安慰一会。初二晨,得续电又复绝望(立刻电告你并发一信,想俱收。徽音有电来,问现在何处。电到时此间已接第二次凶电,故不复)。昨晚彼中脱难之人到京面述情形,希望全绝,今日已发丧了。遭难情状,我也不忍详报,只报告两句话:(一)系中流弹而死,死时当无大痛苦;(二)遗骸已被焚烧,无从运回了。我们这几天奔走后事,昨日上午我在王熙农①家连四位姑太太都见着了。

今日到雪池见着两位姨太太,现在林家只有现钱三百余元,营口公司被张作霖监视中(现正托日本人保护,声称已抵押日款,或可保全),实则此公司即能保全,前途办法亦甚困难。字画一时不能脱手,亲友赙奠数恐亦甚微。目前家境已难支持,此后儿女教育费更不知从何说起,现在唯一的办法,仅有一条路,即国际联盟会长一职,每月可有二千元收入(钱是有法拿到的)。

我昨日下午和汪年伯商量,请他接手,而将所入仍归林家。汪年伯慷慨答应了。现在与政府交涉,请其立刻发表。此事若办到,而能继续一两年,则稍为积储,可以充将来家计之一部分。我们拟联合几位朋友,连同他家兄弟亲戚,组织一个抚养遗族评议会,托林醒楼及王熙农、卓君庸②三人专司执行。因为他们家里问题狠复杂,兄弟亲戚们或有见得到而不便主张者,则朋友们代为主张,这些事过几天(丧事办完后)我打算约齐各人,当着两位姨太太面前宣布办法,分担责成(家事如何收束等等经我们议定后谁也不许反

---

①王熙农,福建人,清末曾在农工商部任职,中国第一家商办银行上海信成银行股东。
②卓君庸(1886~?),原名定谋,君庸是字,福建人,近代书法家,林长民的三妹夫。

抗)。但现在唯一希望,在联盟会事成功,若不成,我们也束手无策了。徽音的娘,除自己悲痛外,最挂念的是徽音要急杀,我告诉他,我已经有狠长的信给你们了。

徽音好孩子,谅来还能信我的话。我问他还有什么(特别)话要我转告徽音没有。他说:"没有,只有盼望徽音安命,自己保养身体,此时不必回国。"我的话前两封信都已说过了,现在也没有别的话说,只要你认真解慰便好了。徽音学费现在还有多少,还能支持几个月,可立刻告我,我日内当极力设法,筹多少寄来。我现在虽然也狠困难,只好对付一天是一天,倘若家里那几种股票还有利息可分(恐怕最靠得住的几个公司都会发生问题,因为在丧乱如麻的世界中,什么事业都无可做),今年总可勉强支持,明年再说明年的话。

天下大乱之时,今天谁也料不到明天的事,只好随遇而安罢了。你们现在着急也无益。只有努力把自己学问学够了回来,创造世界才是。

十五年一月五日晚　爹爹　北海图书馆写

今日为林叔作一行述,随讣闻印发,因措辞甚难,牵涉政治问题太多,改用其弟天民名义。汪年伯事,至今尚未发表,焦急之至。

七日晚　爹爹　清华

今日林宅成服,我未到,因校中已缺课数日,昨夕回校上堂。

1926年2月9日

[与孩子们书]

孩子们：

你们寒假时的信，先后收到了。海马帽昨日亦到，漂亮极了，我立刻就戴着出门(不戴恐怕过两日就天暖了，要到今冬才得戴)。

今日是旧历十二月廿七了。过两天我们就回南长街过新年，达达、司马懿都早已放假来京了。过年虽没有前几年热闹，但有老白鼻凑趣，也还将就得过去。

我的病还是那样，前两礼拜已见好了。王姨去天津，我便没有去看。又狠费心造了一张《先秦学术年表》，于是小便又再红起来，被克礼狠抱怨一会，一定要我去住医院，没奈何只得过年后去关几天。朋友们都劝我在学校里放一两个月假，我看住院后如何再说。其实我这病一点苦痛也没有，精神体气一切如常，只要小便时闭着眼睛不看，便什么事都没有，我觉得殊无理会之必要。

庄庄暑假后进皇后大学最好。全家都变成美国风，实在有点讨厌，所以庄庄能在美国以外的大学一两年，是最好不过的。

今年家计还不至困难，除中原公司外(此处删去若干个字)，别的股份都还好，你们不必担心。

小白鼻真乖，居然认的许多字，老白鼻一天到黑"手不释卷"，你们爷儿俩都变成小兽子了。

二月九日　爹爹

菲律宾来单一张寄去。

1926年2月18日

[与孩子们书]

孩子们：

我从昨天起被关在医院里了。看这神气，三两天内还不能出院，因为医生还没有找出病源来。我精神奕奕，毫无所苦。医生劝令多仰卧，不许用心，真闷杀人。（以上正月初四写。）

入医院今已第四日了，医生说是膀胱中长一疙瘩，用折光镜从溺道中插入检查，颇痛苦(但我对此说颇怀疑，因此病已阅半年，小便从无苦痛，不似膀胱中有病也)，已照过两次，尚未检出，检出后或须用手术。现已电唐天如①速来。但道路梗塞，非半月后不能到。我意非万不得已不用手术，因用麻药后，体子总不免吃亏也。

阳历新年前后顺、庄各信次第收到。庄庄成绩如此，我狠满足了。因为你原是提高一年，和那按级递升的洋孩子们竞争，能在三十七人考到第十六，真亏你了。好乖乖，不必着急，只须用相当的努力便好了。

寄过两回钱，共一千五百元，想已收。日内打算再汇二千元。大约思成和庄庄本年费用总够了。思永转学后谅来总须补助些，需用多少，即告我。徽音本年需若干，亦告我，当一齐筹来。

庄庄该用的钱就用，不必太过节省。爹爹是知道你不会乱花钱的，再不会因为你用钱多生气的。思成饮食上尤不可太刻苦。前几天见着君劢的弟弟，他说思成像是滋养品不够，脸色狠憔悴。你知道爹爹常常记挂你，这一点你要令爹爹安慰才好。

徽音怎么样？我前月有狠长的信去开解他，我盼望他能领会我的意思。"人之生也，与忧患俱来，知其无可奈何，而安之若命"，是立身第一要诀。思成、徽音性情皆近狷急，我深怕他们受此刺激后，于身体上精神上皆

---

① 唐天如，名医，广东新会人，梁启超老乡，曾任吴佩孚秘书长。

生不良的影响。他们总要努力镇慑自己，免令老人耽心才好。

　　我这回的病总是太大意了，若是早点医治，总不至如此麻烦。但病总是不要紧的，这信到时，大概当已全愈了。但在学堂里总须放三两个月假，觉得有点对不住学生们罢了。

　　前几天在城里过年，狠热闹，我把南长街满屋子都贴起春联来了。

　　军阀们的仗还是打得一塌糊涂。王姨今早上送达达回天津，下半天听说京津路又不通了(不知确否)，若把他关在天津，真要急杀他了。

二月十八日　爹爹　德国医院三十四号

1926年2月27日

[与孩子们书]

孩子们：

我住医院忽忽两星期了，你们看见七叔信上所录二叔笔记，一定又着急又心疼，尤其是庄庄只怕急得要哭了。(忠忠真没出息，他在旁边看着出了一身大汗，随后着点凉，回学校后竟病了几天，这样胆子小，还说当大将呢。那天王姨送达达回天津没有在旁，不然也许要急出病来。)其实用那点手术，并没什么痛苦，受麻药过后也没有吐，也没有发热，第二天就和常人一样了。检查结果，既是膀胱里无病，于是医生当作血管破裂(极微细的)医治，每日劝多卧少动作，说"安静是第一良药"。两三天以来，颇见起色，惟血尚未能尽止(比以前好多了)，而每日来看病的人络绎不绝(因各报皆登载我在德医院，除《晨报》外)，实际上反增劳碌。我狠想立刻出院，克礼说再住一礼拜才放我，只好忍耐着。许多中国医生说这病狠寻常，只须几服药便好。我打算出院后试一试，或奏奇效，亦未可知。(天如回电不能来，劝我到上海，我想他在吴佩孚处太久，此时来北京，诚有不便，打算吃谭涤安的药罢了。)

忠忠、达达都已上学去，惟思懿原定三月一号上学，现在京津路又不通了，只好留在清华。他们常常入城看我，但城里流行病极多(廷灿染春瘟病极重)，恐受传染，今天已驱逐他们都回清华了，惟王姨还常常来看(二叔、七叔在此天天来看)，其实什么病都没有，并不须人招呼，家里人来看亦不过说说笑笑罢了。

前两天徽音有电来，请求彼家眷属留京(或彼立归国云云)，得电后王姨亲往见其母，其母说回闽属既定之事实，日内便行(大约三五日便动身)，彼回来亦不能料理家事，切嘱安心求学云云。他的叔叔说十二月十五(旧历)有长信报告情形，他得信后当可安心云云。我看他的叔叔狠好，一定能令他母亲和他的弟妹都得所。他还是令他自己学问告一段落为是。

却是思成学课怕要稍为变更。他本来想思忠学工程，将来和他合作。现在忠忠既走别的路,他所学单纯是美术建筑,回来是否适于谋生,怕是一问题。我的计画,本来你们姐妹弟兄个个结婚后都跟着我在家里三几年,等到生计完全自立后,再实行创造新家庭。但现在情形,思成结婚后不能不迎养徽音之母,立刻便须自立门户,这便困难多了。所以生计问题,刻不容缓。我从前希望他学都市设计,只怕缓不济急。他毕业后转学建筑工程何如?我对专门学科情形不熟,思成可细细审度,回我一信。

我所望于思永、思庄者,在将来做我助手。第一件,我做的中国史非一人之力所能成,望他们在我指导之下,帮我工作。第二件,把我工作的结果译成外国文。永、庄两人当专作这种预备。

正在偷偷写信,被克礼闯进来看见,又唠叨了好些话,不写了。

二月廿七日　爹爹

今日是元宵,外边花爆声狠热闹。

1926年3月10日

[与孩子们书]

大孩子、小孩子们：

贺寿的电报接到了，你们猜我在那里接到？乃在协和医院三〇四号房！你们猜我现在干什么？刚被医生灌了一杯蓖麻油，禁止吃晚饭。活到五十四岁，儿孙满前，过生日要挨饿！你们说可笑不可笑。

(Baby：你看！公公不信话，不乖乖过生日还要吃泻药，不许吃东西哩！)

我想做一首诗，唱唱这段故事，但做来做去做不好，算了罢。过用心思，又要受王姨娘们唠叨了。

我这封信写得最有趣，是坐在病床上用医院吃饭用的盘当桌子写的。我发明这项工具，过几天可以在病床上临帖了。

现在还是检查(诊断)时期。昨天查过一次，明天再查一次，就可以决定治疗方法了。协和真好！可惜在德国医院耽搁许多日子，不然只怕现在已经全好了。

诊断情形，你二叔们当陆续有详细报告，不消我说了。我写这封信，是要你们知道我的快活顽皮样子。

正月二十六日(不知是阳历何日) 爹爹

昨晚院中各科专门医生分头来检查我的身体，各部分都查到了，都说，五十岁以上的人体子如此结实，在中国是几乎看不见第二位哩。

1926年4月19日

[与顺儿书]

出院后一长函,想收。日来甚安好,小便尚偶尔带红,细验似由走动所致(两次皆因散步稍久),大抵仍是微丝血管破裂,只须不磨擦,便可平复也。我近来真是无所用心,每日卧床时间总在十二个钟头以上,欲照此办法一两月,看如何。

前书言派代表往领耶鲁学位事,顷查耶鲁向无派代表例,或明年来美一顽耍,亦大佳耳。都中情状剧变,四日前四城紧闭,现每日仍仅开一两次,每次半个钟头耳。幸我早数日出院,否则王姨不免两头担心矣。

1926年6月5日

[与顺儿书]

顺儿：

　　四月廿三、五月三日寄南长街两信，连寄叔叔们的信，都先后收到，但四月十五以前像还有一封长信，想已失掉了。那封信上谅来谈到你们不愿意调任的话吧。

　　我现在还想你们把你们的意思详说，等我斟酌着随时替你们打算哩。

　　你屡次来信，都问我手术后情形如何如何，像十二分不放心的样子。这也难怪，因为你们在远方不知情形，但我看见信只是好笑，倘使你在我身边看着，谅来也哑然失笑了。你们的话完全不对题，什么疲倦不疲倦、食欲好不好……我简直不知道有这一回事。我手术十天之后，早已一切如常，始终没有坐过一回摇推的椅子。记得第十一天晚上，我偷偷的下床上毛房(因不愿在床上出恭，毛房与卧房相隔数间)，被看护妇看见，埋怨了半天。我在医院里写了几十把扇子，从医生看护妇到厨子打杂每人都求了一把。手术后第四天便胃口如常，中间因医生未得病源，种种试验，曾经有一个礼拜不给肉品我吃，饿得我像五台山上的鲁智深，天天向医生哀求开荤，出院后更不用说了。总而言之，手术后十天，早已和无病人一样，现在做什么事情，都有兴致，绝不疲倦，一点钟以上的演讲已经演过几次了。七叔、王姨们初时屡屡警告，叫我"自己常常记得还是个病人"。近来他们看惯了，也疲了，连他们也不认我还是病人了。

　　看见你的信，四月廿前后还像没有复元的样子。五月三日信还说"稍为累点，就不舒服"，真令我诧异。或者你的手术比我重吗？其实我的也狠不轻，受麻药的次数，比你多得多了。这样看来，你的体子比我真有天渊之别，我真是得天独厚(医院里医生看护妇都说像我复元得这样快是从没有看见过的)，不是经比较，还不自觉哩。

　　我一月以前，绝不担心你的病，因为我拿自己做例，觉得受手术不算一回事，但是接连看你的信，倒有点不放心了。我希望不久接着你完全复元的信说:"虽累了,也照常受得起。"那才好哩。

近来因我的病惹起许多议论。北京报纸有好几家都攻击协和(《现代评论》《社会日报》攻得最厉害),我有一篇短文在《晨报》副刊发表,带半辩护的性质,谅来已看见了。总之,这回手术的确可以不必用,好在用了之后身子没有丝毫吃亏(唐天如细细诊视,说和从前一样),只算费几百块钱,挨十来天痛苦,换得个安心也还值得。

现在病虽还没有清楚,但确已好多了。而且一天比一天好,或者是协和的药有效(现在还继续吃),或者是休息的效验,现在还不能十分休息(正在将近毕业,要细阅学生们成绩),半月后到北戴河去,一定更好了。

我想来美一游,各人也不十分反对,但都怕我到美决不能休息,或者病又复发,所以阻止者多,现在决定不来了。

蹇季常、张君劢们极力劝我在清华告假一年,这几天不停地唠叨我。他们怕一开课后我便不肯休息,且加倍工作。我说我令自己节制。他们都不相信。但是我实在舍不得暂离清华,况且我实际上已经无病了。我到底不能采用他们的建议。总之,极力节制,不令过劳便是。你们放心吧。

由天津电汇四千元,想已收。一半是你们存款,一半给思庄们学费,你斟酌着分给他们。思成在费城,今年须特别耗费,务令他够用,不至吃苦。思永也须贴补点,为暑假旅行及买书等费。

思庄考得怎样,能进大学固甚好,即不能也不必着急,日子多着哩。

我写的一幅小楷,装上镜架给他做奖品,美极了,但狠难带去,大概只好留着等他回来再拿了。

许久没有写信给成、永们,好在给你的信,他们都会看见的。

六月五日　爹爹

老白鼻会唱葡萄美酒了,真乖得好顽。

1926年6月11日

[与思顺书]

顺儿：

前次以为失掉了你一封信，现在也收到了，系封在阿时信内，迟了一水船才到。

弟弟们把我的信扣留，我替你出个法子，你只写信给他们说，若不肯将信寄回来，以后爹爹有信到，你便藏着不给他们看，他们可就拗你不过了。

你们不愿意调任及调部也是好的，知足不辱，知止不殆，只要不至冻馁，在这种半清净半热闹的地方，带着孩子们读书最好，几个孙子叫他们尝尝寒素风味，实属有益。试拿他们在菲律宾过的生活和你们在日本时比较，实在太过分了。若再调到热带殖民地去，虽多几个钞，有什么用处呢？你们也不必变更计画，打算早回来。我这病绝不要紧，已经证明了。你们还是四五年后回来的主意最好。总之，到我六十岁生日时，算来全部都回来了，岂不大高兴？

这一两年内，我终须要到美国玩一趟，你们等着罢。再过一星期就去北戴河了。

六月十一日　爹爹

1926年8月22日

[与大小孩子们书]

一大群大大小小孩子们：

好教你们欢喜，我的病真真正正完完全全好得清清楚楚了！服药前和服药后，便色之变迁，忠忠已大略看见。

忠忠在津时，色不过转淡而已，尚未纯复原，再到北戴河那两天，像有点要翻的样子，后来加减一两味药，回津再服，果然服三剂病根全除，前后共服过十剂，现已停药一礼拜了。总之，药一下去，便见功效，由紫红变粉红，变哑色，变黄，十剂以后，完全变白，血腥气味净尽，回复到平常尿味。这几天内经过种种试验，也曾有朋友来接连剧谭五个钟头，又曾往俄国公园散步一点多钟，又曾吃过一瓶大麦酒，又曾睡眠极少，诸如此类，前此偶犯其一，病辄大发，现在完全没有，真算好清楚了。痛快之极！据天如说，病源在胆，因惊惶而起，胆生变动，而郁积结于膀胱，其言虽涉虚杳，但亦有几分近似。盖吾病之起，实在你们妈妈病重时，不过从前不注意，没有告你们耳。天如说的病理对不对，他的药真是其应如响，一年半之积痼，十日而肃清之，西医群束手谓不可治，而一举收此奇效，可谓能矣。吾现仍小心静养，不太劳，你们十二分放心罢。

这封信专报告病之肃清，不说别的。

八月廿二日　爹爹　天津发

十日后入京。

1926年9月4日

[与孩子们书]

孩子们：

今天接顺儿八月四日信，内附庄庄由费城去信，高兴得狠。尤可喜者，是徽音待庄庄那种亲热，真是天真烂熳好孩子。庄庄多走些地方(独立的)，多认识些朋友，性质格外活泼些，甚好甚好。但择交是最要紧的事，宜慎重留意，不可和轻浮的人多亲近。庄庄以后离开家庭渐渐的远，要常常注意这一点。大学考上没有？我天天盼这个信。谅来不久也到了。

忠忠到美，想你们姊弟兄妹会在一块，一定高兴得狠，有什么有趣的新闻，讲给我听。

我的病从前天起又好了，因为碰着四姑的事，病翻了五天(五天内服药无效)，这两天哀痛过了，药又得力了。昨日已不红，今日狠清了，只要没有别事刺激，再养几时，完全断根就好了。

四姑的事，我不但伤悼四姑，因为细婆太难受了，令我伤心。现在祖父祖母都久已弃养，我对于先人的一点孝心，只好寄在细婆身上，千辛万苦，请了出来，就令他老人家遇着绝对不能宽解的事(怕的是生病)，怎么好呢？这几天全家人合力劝慰他，哀痛也减了好些，过几日就全家入京去了。清华八日开学，我六日便入京，在京(城里)还有许多事要料理，王姨及细婆等迟一礼拜乃去。

张孝若①丁忧，已辞职，我三日前写一封信给蔡廷干②，说升任事，能成与否，入京便见分晓。

思永两个月没有信来，他娘狠记挂，屡屡说"想是冲气吧"，我想断未必，但不知何故没有信。你从前来信说，不是悲观，也不是精神异状，我狠信得过是如此，但到底是年轻学养未到，我因久不得信，也不能不有点担心了。

国事局面大变，将来未知所届，我病全好之后，对于政治不能不痛发言论了。

九月四日　爹爹

---

①张孝若，即张怡祖（1898～1935），字孝若，又字潜庐，张謇之子。时逢张謇逝世，张孝若辞职回家为父守孝，旧时称丁忧。
②蔡廷干（1861～1935），字耀堂，早年为清政府选送的第二批留美幼童。归国后，曾在福建水师、北洋水师任职，后入袁世凯幕。1926年杜锡珪内阁成立，他署理外交总长。

1926年9月14日

[与孩子们书]

孩子们：

我本月六日入京，七日到清华，八日应开学礼讲演，当日入城，在城中住五日，十三日返清华。王姨奉细婆亦以是日从天津来，我即偕同王姨、阿时、老白鼻同到清华。此后每星期大抵须在城中两日，余日皆在清华。北院二号之屋(日内将迁居一号)只四人住着，狠清静。

此后严定节制，每星期上堂讲授仅二小时，接见学生仅八小时，平均每日费在学校的时刻，不过一小时多点。又拟不编讲义，且暂时不执笔属文，决意过半年后再作道理。

我的病又完全好清楚，已经十日没有复发了。在南长街住那几天，你二叔天天将小便留下来看，他说颜色比他的还好，他的还像普洱茶，我的简直像雨前龙井了。自服天如先生药后之十天，本来已经是这样，中间遇你四姑之丧，陡然复发，发得狠厉害。那时刚刚碰着伍连德到津，拿小便给他看，他说"这病绝对不能不理会"，他入京当向协和及克礼等详细探索实情云云。五日前在京会着他，他已探听明白了。他再见时，尿色已清，他看着狠赞叹中药之神妙(他本来不鄙薄中药)，他把药方抄去。天如之方以黄连、玉桂、阿胶三药为主(近闻有别位名医说，敢将黄连和玉桂合在一方，其人必是名医云云)。他说狠对狠对，劝再服下去。他说本病就一意靠中药疗治便是了。却是因手术所发生的影响，最当注意。他已证明手术是协和孟浪错误了，割掉的右肾，他已看过，并没有丝毫病态，他狠责备协和粗忽，以人命为儿戏，协和已自承认了。这病根本是内科，不是外科。在手术前克礼、力舒东[①]、山本乃至协和都从外科方面研究，实是误入歧途。但据连德的诊断，也不是所谓"无理由出血"，乃是一种轻微肾炎。西药并不是不能医，但狠难求速效，所以他对于中医之用黄连和玉桂，觉得狠有道理。但他对于

---

① 力舒东，福建永泰人，近代名医，中华医学会1916年首届大会副会长，会长为伍连德。

手术善后问题，向我下狠严重的警告。他说割掉一个肾，情节狠是重大，必须俟左肾慢慢生长，长大到能完全兼代右肾的权能，才算复原。他说："当这内部生理大变化的时期中(一种革命的变化)，左肾极吃力，极辛苦，极娇嫩，易出毛病，非十分小心保护不可。唯一的戒令，是节劳一切工作，最多只能做从前一半，吃东西要清淡些……"等等。我问他什么时候才能生长完成。他说"没有定，要看本来体气强弱及保养得宜与否，但在普通体气的人，总要一年"云云。他叫我每星期验一回小便(不管色红与否)，验一回血压，随时报告他，再经半年才可放心云云。连德这番话，我听着狠高兴。我从前狠想知道右肾实在有病没有，若右肾实有病，那么不是便血的原因，便是便血的结果。既割掉而血不止，当然不是原因了。若是结果，便更可怕，万一再流血一两年，左肾也得同样结果，岂不糟吗？我屡次探协和确实消息，他们为护短起见，总说右肾是有病(部分腐坏)，现在连德才证明他们的谎话了。我却真放心了，所以连德忠告我的话，我总努力自己节制自己，一切依他而行(一切劳作比从前折半)。

但最近于清华以外，忽然又发生一件职务，令我欲谢而不能，又已经答应了。这件事因为这回法权会议的结果，意外良好，各国代表的共同报告书，已承诺撤回领事裁判权，只等我们分区实行。但我们却有点着急了，不能不加工努力。现在为切实预备计，立刻要办两件事：一是继续修订法律，赶紧颁布；二是培养司法人才，预备"审洋鬼子"。头一件要王亮俦[①]担任。第二件要我担任(名曰司法储才馆)。我入京前一礼拜，亮俦和罗钧任[②]几次来信来电话，催我入京。我到京一下车，他们两个便跑来南长街，不由分说，责以大义，要我立刻允诺。这件事关系如此重大，全国人渴望已非一日，我还有甚么话可以推辞，当下便答应了。现在只等法权会议签字后(本礼拜签字)，便发表开办了。经费呢每月有万余元，确实收入可以不必操心(在关税项下每年拨十万元，学费收入约四万元)。但创办一学校事情何等烦重，

[①] 王亮俦，即王宠惠 (1881~1958)，字亮畴，留美出身，与孙中山相识，近代中国法学奠基人之一。民国期间曾任司法总长、代理行政院长，时任北京政府教育总长。
[②] 罗钧任，即罗文干 (1888~1941)，字钧任，民国政治家，被称为学贯东西的法学泰斗。

在静养中当然是狠不相宜，但机会迫在目前，责任压在肩上，有何法逃避呢？好在我向来办事专在"求好副手"上用工夫。

我现在已得着一个人替我全权办理，这个人我提出来，亮俦、钧任们都拍手，谅来你们听见也大拍手。其人为谁？林宰平便是。他是司法部的老司长，法学湛深，才具开展，心思致密，这是人人共知的。他和我的关系，与蒋百里、蹇季常相仿佛，他对于我委托的事，其万分忠实，自无待言。储才馆这件事，他也认为必要的急务，我的身体要静养，又是他所强硬主张的(他屡主张我在清华停职一年)，所以我找他出来，他简直无片词可以推托。政府原定章程是，"馆长总揽全馆事务"。我要求增设一副馆长，但宰平不肯居此名，结果改为学长兼教务长。你二叔当总务长兼会计。我用了这两个人，便可以"卧而治之"了。初办时教员职员之聘任，当然要我筹画，现在亦已大略就绪。教员方面因为经费充足，兼之我平日交情关系，能网罗第一等人才，如王亮俦、刘崧生①等皆来担任功课，将来一定声光狠好。职员方面，初办时大大小小共用二十人内外，一面为事择人，一面为人择事，你十五舅和曼宣都用为秘书(月俸百十六元，一文不欠)，乃至你姑丈(六十元津贴)及黑二爷(廿五元)都点缀到了。藻孙若愿意回北京，我也可以给他二百元的事去办(我比较撙节的制成个预算，每月尚敷余三千至四千)。大概这件事我当初办时，虽不免一两个月劳苦，以后便可以清闲了。你们听见了不必忧虑(这一两个月却工作不轻，研究院新生有三十余人，加以筹画此事，恐对于伍连德的话，须缓期实行)。

做首长的人，"劳于用人而逸于治事"，这句格言真有价值。我去年任图书馆长以来，得了李仲揆②及袁守和③任副馆长及图书部长，外面有范静生④替我帮忙，我真是行所无事。我自从入医院后(从入德医院起)从没有到馆

---

①刘崧生，即刘崇佑（1877～1942），字厚诚，号崧生，福建侯官人，曾与林长民创办私立福建法政专门学校，民国期间著名律师。
②李仲揆，即李四光（1889～1971），原名仲揆。1922年，经丁文江推荐，兼任国立京师图书馆（北京图书馆前身）副馆长。1925年，梁启超担任京师图书馆馆长，请他兼管北海图书馆工作。
③袁守和，即袁同礼（1895～1965），字守和，图书馆学、目录学专家。
④范静生，即范源廉（1875～1927），字静生，早年就学于湖南长沙时务学堂，是梁启超的得意门生，著名化工专家范旭东的长兄。

一天,忠忠是知道的。这回我入京到馆两个半钟头,他们把大半年办事的纪录和表册等给我看。我于半年多大大小小的事都了然了。真办得好,真对得我住!杨鼎甫、蒋慰堂①二人从七月一日起到馆,他们在馆办了两个月事,兴高采烈,觉得全馆朝气盎然,为各机关所未有,虽然薪水微薄(每人每月百元),他们都高兴得狠。我信得过宰平替我主持储才馆(亮俦在外面替我帮忙,也和范静生之在图书馆差不多),将来也是这样。

希哲升任智利的事,已和蔡耀堂面言,大约八九可成,或者这信到时已发表,亦未可知(若未发表,那恐是无望了)。

思顺八月十三日信,昨日在清华收到。忠忠抵美的安电,王姨也从津带来,欣慰之至。正在我想这信的时候,想来你们姊弟五人正围着高谈阔论,不知多少快活哩。庄庄入美或留坎问题,谅来已经决定,下次信可得报告了。

思永给思顺的信说"怕我因病而起的变态心理",有这件事吗?何至如是,你们从我信上看到这种痕迹吗?我决不如是,忠忠在旁边看着这是可以证明的。就令是有,经这回唐天如、伍连德诊视之后,心理也豁然一变了。你们大大放心罢。

写的太多了,犯了连德的禁令了,再说罢。

九月十四日　爹爹

老白鼻天天说要到美国去,你们谁领他,我便贴四分邮票寄去。

---

①蒋慰堂,即蒋复璁(1898～1990),字慰堂,蒋百里的侄子,曾任松坡图书馆秘书、编辑。1926年,国立北京图书馆成立,任编纂,负责中文图书编目工作。

1926年9月26日

[与孩子们书]

孩子们：

今日二叔寄来廿四日来电，属电汇学费六百元。今日星期明晨即办(汇美金六百)，大约须廿七八乃能收到也。

计日期忠忠早已到，你们姊弟兄妹想都欢会过，现在分途上学去了。这电大约是庄庄决定留美之结果，我看着狠喜欢，但也有点惦念，喜欢是我的庄庄居然入大学了，惦念是他完全离开家庭，一个小女孩子孤孤另另怪可怜的。

庄庄，你以后每月务须有一封回家来报告你日常生活情形，免得家人悬望，饮食最要当心，若有点不舒服，便立刻请医生，万不可惹出病来。交朋友最当谨慎，一切事都常常请姊姊哥哥们当顾问，我就放心了。

我这几天小便异常之清，大约病完全好了。伍连德叫我每星期验血压，前日已开始往验，验得百十四度，极中和，一切可放心。

今日已由北院二号迁到一号，许多话下次再说。

九月廿六晚　爹爹

1926年9月27日

[与孩子们书]

　　昨夜十二时半，你们又添一个小弟弟，母子平安。原拟到协和分娩，不意突如其来，昨晚十时，我写完前信便去睡，刚要睡着，王姨忽觉震动，欲命车进城，恐来不及，乃找本校医生，幸亏医生在家(是日星期)，一切招呼完善，仅一个多钟头便完事了。(昨日搬家，一切东西略已搬毕，惟睡床未搬，临时把王姨的床搬过来，刚刚赶得上。)你们姊妹弟兄真已不少(我倒狠盼他是女孩子，那便姊妹弟兄各五人，现在男党太盛了)，这是第十个，十为盈数，足够了。

九月廿七日　爹爹

1926年9月29日

[与孩子们书]

孩子们：

今天从讲堂下来，接着一大堆信——坎拿大三封内夹成、永、庄寄坎的好几封，庄庄由纽约来的一封，又前日接到思永来一封——令我喜欢得手舞足蹈。我骤然看见域多利的信封，狠诧异！那一个跑到域多利去呢？拆开一看，才知忠忠改道去先会姊姊。前接阿图和电说，忠忠十一日到，我以为是到美境哩，谁知便是那天到阿图和！忠忠真占便宜，这回放洋，在家里欢天喜地的送他，比着两位哥哥，已经天渊之别了；到了那边，又分两回受欢迎，不知多少高兴。

我最喜欢的是庄庄居然进了大学了。尤其喜欢是看你们姊弟兄妹来往信，看出那活泼样子。我原来有点怕庄庄性情太枯寂些，因为你妈妈素来管得太严，他又不大不小夹在中间，挨着我的时候不多——不能如老白鼻的两亲家那样——所以觉得欠活泼。这一来狠显出青年的本色，我安慰极了。

回坎进大学，当然好极了。我前次信说赞成留美，不过怕顺儿们有迁调时，他太寂寞。其实这也不相干。满地可我也到过，离坎京极近，暂时我大大放心了。过得一两年，年纪更长大，当然不劳我挂念了。我狠不愿意全家变成美国风，在坎毕业后往欧洲入研究院，是最好不过的。

我的"赤祸"，大概可以扫除净尽了。最近已二十多天没有再发。实际上讲，自忠忠动身时，渐渐肃清，中间惟四姑死后发了一礼拜，初到清华发了三天(中秋日小发，但不甚，过一天便好)，此外都是极好。

今年我不编讲义(叫周传儒①笔记，记得极好，你们在周刊上可以看见)，工夫极轻松。每星期只上讲堂两点钟，在研究室接见学生五点钟(私宅不许人到)。我从来没有过这样清闲。我恪守伍连德的忠告，决意等半年后完全恢复，再行自由工作。

---

① 周传儒（1900～1988），1925年考取清华研究院，1928年毕业，入北京师范大学任教。时在清华大学听梁启超的课。

时局变化极剧,百里所处地位极困难,又极重要。他最得力的几个学生都在南边,蒋介石三番四复拉拢他,而孙传芳又卑礼厚币,要仗他做握鹅毛扇的人,孙、蒋间所以久不决裂,都是由他斡旋。但蒋军侵入江西,逼人太甚(俄国人迫他如此),孙为自卫,不得不决裂。我们的熟人如丁在君、张君劢、刘厚生①等,都在孙幕参与密勿,他们都主战,百里亦不能独立异,现在他已经和孙同往前敌去了。老师打学生,岂非笑话(非寻常之师弟)。好在唐生智②所当的是吴佩孚方面(京汉路上吴已经是问题外的人物),孙军当面接触的是蒋介石。这几天,江西的战争关系真重大。若孙败,以后(百里当然跟着毁了)黄河以南便全是赤俄势力。若孙胜蒋败,以后便看百里手腕如何。百里的计画,是要把蒋、唐分开,蒋败后谋孙、唐联和。果能办到此着,便将开一崭新局面,国事大有可为。能成与否不能不付诸气数了。

顺儿们窘到这样,可笑可怜(看这情形,你们是博览会都看不成了),你们到底已经负债多少?这回八月节使馆经费一文也发不出,将来恐亦无望,我实在有点替你们心焦?调任事一时更谈不到了(现在纯陷于无政府状态)。我想,还是勉强支持一两年(到必要时我可以随时接济些),招呼招呼弟妹们,令我放心;一面令诸孙安定一点,好好的上学,往后看情形再说罢。

前所言司法储才馆事,现因政府搁浅,也暂时停顿。但此事为收回法权的主要预备,早晚终须办,现时只好小待。

小老白鼻今天该洗三③了。别人还不怎么,独有细婆,欢喜得连嘴都合不拢来。自从四姑的事情以后,细婆没有过笑容,这两天异常高兴,令我们也都安慰。

王姨产后经过极良好,不消远念。

老白鼻爱小弟弟爱到无以复加,隔几分钟就去摸一回,整天价说"背背

---

① 刘厚生,又名刘垣,实业家,张謇在上海郊区创办大生纱厂二厂曾请他当经理。
② 唐生智(1889~1970),字孟潇,早年毕业于保定陆军军官学校第一期步兵科,所以说是蒋百里的学生,蒋百里曾任该校校长。唐生智时为国民革命军第八军军长。
③ 洗三,中国古代诞生礼中非常重要的一个仪式。婴儿出生后第三日,要举行沐浴仪式,会集亲友为婴儿祝吉,这就是"洗三",也叫作"三朝洗儿"。"洗三"的用意,一是洗涤污秽,消灾免难;二是祈祥求福,图个吉利。中国民间视"洗三"为大吉之礼。

驮驮他"。老白鼻新近又长进一种学问，昨日起阿时教他认五个字，今日居然完全记得。

  你们大的都不在跟前，狠有点感寂寞。现在就是阿时挨着我。我回到天津时，南开中学本来要请他当教习，月脩七十元，他倒狠想去(他狠想找点钱帮补姑丈)。我一来怕他学问太浅，交代不过；二来也要他跟着我，所以暂留他一年，明年也不能不让他去了。

爹爹　九月廿九日

1926年10月4日

[与孩子们书]

孩子们：

我昨天做了一件极不愿意做之事——去替徐志摩①证婚。他的新妇是王受庆②夫人，与志摩恋爱上，才和受庆离婚，实在是不道德之极。我屡次告诫志摩而无效。胡适之③、张彭春④苦苦为他说情，到底以姑息志摩之故，卒徇其请。我在礼堂演说一篇训词，大大教训一番，新人及满堂宾客无一不失色，此恐是中外古今所未闻之婚礼矣。今把训词稿子寄给你们一看。青年为感情冲动，不能节制，任意决破礼防的罗网，其实乃是自投苦恼的罗网，真是可痛，真是可怜！

徐志摩这个人其实聪明，我爱他不过，此次看着他陷于灭顶，还想救他出来，我也有一番苦心。老朋友们对于他这番举动无不深恶痛绝，我想他若从此见摈于社会，固然自作自受，无可怨恨，但觉得这个人太可惜了，或者竟弄到自杀。我又看着他找得这样一个人做伴侣，怕他将来苦痛更无限，所以想对于那个人当头一棒，盼望他能有觉悟(但恐甚难)，免致将来把志摩弄死。但恐不过是我极痴的婆心便了。闻张歆海⑤近来也狠堕落，日日只想做官(志摩却是狠高洁，只是发了恋爱狂——变态心理——变态心理的犯罪)，此外还有许多招物议之处。我也不愿多讲了。品性上不曾经过严格的训练，真是可怕。

我因昨日的感触，专写这一封信给思成、徽音、思忠们看看。

十月四日　爹爹

---

①徐志摩（1896～1931），现代诗人、散文家，梁启超的弟子，此时与陆小曼结婚，梁启超为证婚人。
②王受庆，原名王赓（1895～1942），陆小曼的前夫。
③胡适之，即胡适（1891～1962），字适之，新文化运动领袖之一，著名学者。
④张彭春（1892～1957），字仲述，教育家、早期戏剧活动家、导演。
⑤张歆海（1898～1972），字叔明，毕业于清华学堂，后留美，入哈佛大学，毕业后从事外交工作。

1926年10月7日①

[与思顺书]

顺儿：

九月七日、十日信收到，计发信第二日，忠忠便到阿图和，你们姊弟相见，得到忠忠报告好消息，一切可以释然了。

我的信有令你们难过的话吗？谅来那几天忠忠正要动身，有点舍不得，又值那几天病最厉害(服天如药以前，小便觉有点窒塞)，所以不知不觉有些感慨的话，其实我这个人你们还不知道吗？我有什么看不开，小小的病何足以灰我的心，我现在早已兴会淋漓的做我应做的工作了。你们不信，只要问阿时便知道了。

我现在绝对的不要你回来，即便这点小病未愈，也不相干，何况已经完好了呢！你回来除非全眷回来，不然隔么远，你一心挂两路，总是不安。你不安，我当然也不安，何必呢！现在几个孙子已入学校，若没有别的事，总令他们能多继续些时候才好。

我却不想你调别处，若调动就是回部补一个实缺参事，但不容易办到(部中情形我不熟)，又不知你们愿意不，来信顺便告诉我一声。现在少川又回外部，本来智利事可以说话，但我也打算慢点再说(因为我根本不甚愿意你们远调)，好在外交总长总离不了这几个，随时可以说的。

我倒要问你一件事。一月前我在报纸上看见一段新闻，像是说明年要在加拿大开万国教育大会，不知确否，你可就近一查。若确，那时我决定要借这名目来一趟，看看我一大群心爱的孩子。你赶紧去查明，把时日告诉我，等我好预备罢。

我现在新添了好些事情：司法储才馆和京师图书馆(去年将教育部之旧图书馆暂行退还不管，现在我又接过来)。好在我有好副手替我办，储才馆托给林宰平，你二叔帮他；旧图书馆托给罗孝高，何澄一②帮他。我总其大成，

---

①此信在《梁启超年谱长编》中误为1926年9月17日。
②何澄一，即何擎一，又名何澄一、何澄意、何天柱，广东香山人，长期追随康、梁，主持广智书局工作。

并不劳苦。我一天还是在清华过我的舒服日子。

曾刚父年伯病剧，他的病和你妈妈一样，数月前已发，若早割尚可救，现在已溃破，痛苦万状，看情形还不能快去。我数日前去看他，联想起你妈妈病状，伤感得狠。他穷得可怜，我稍为送他的钱，一面劝他无须找医生白花钱了。

陈伯严老伯也患便血病，但他狠痛苦，比我差多了，年纪太大(七十二了)，怕不容易好。十年以来，亲友们死亡疾病的消息，常常络绎不绝(伯严的病由酒得来，我病后把酒根本戒绝，总是最好的事)，这也是无可如何的事。

二叔和老白鼻说，把两个小妹妹换他的小弟弟，他答应了。回头忽然问："那个小弟弟？"二叔说："你们这个。"他说："不，不，把七叔的小弟弟给你。"你们看他会打算盘吗？

十月七日　爹爹

1926年10月14日

[与孩子们书]

孩子们:

忠忠到阿图和的信收到了。你们何以担心我的病担心到如此厉害,或者因我在北戴河那一个多月去信太少吗?或者我的信偶然多说几句话,你们神经过敏疑神疑鬼吗?但忠忠在家天天跟着我,难道还看不出我的样子来,我心里何尝有不高兴呢?大抵我这个人太闲也是不行,现在每日有相当的工作,我越发精神焕发了。

美洲我是时时刻刻都想去的,但这一年内能否成行,仍是问题。因为新近兼兜揽着两件事——京师图书馆(重新接收过来)、司法储才馆都是创办,虽然有好帮手,不致甚劳,但初期规画仍是我的责任,我若远行,恐怕精神涣散,难有成绩,且等几个月后情形如何再说。又欲筹游费,总须借个名目,若自己养病玩耍,却不好向任何方面要钱,所以我狠想打听明年的万国教育会是否开在阿图和,若是在暑假期间开,我无论如何总要想法来一趟的。

明日是重阳,我打算带着老白鼻去上坟,我今年还没有到过坟上哩!小老白鼻也狠结实,他娘娘体子也狠好,再过两礼拜,打算带着他回津一行。

十月十四日 爹爹

1926年10月19日

[与孩子们书]

我这几天忙得要命，两个机关正在开办，还有两位外宾——一位日本清浦子爵(前首相旧熟人)，一位瑞典皇太子(考古学者)。天天演说宴会，再加上学校功课，真是不了。每天跑进城，又跑回校，替汽车油房做生意，但我精神极盛，一点也不觉疲劳。晚上还替松坡图书馆卖字，自己又临帖临出瘾，天天被王姨唠叨逼着去睡，现在他又快来捣乱了，只得不写了。

前几天上坟去(重阳那天)，回来"赤祸"又发作了三天，现在又全好了，大抵走路最不相宜。

小老白鼻狠乖，一天到黑总没有听见他哭一声。

十九日　爹爹

1926年10月22日

[与孩子们书]

孩子们：

前天接着你们由费城来的杂碎信和庄庄进大学后来的信，真真高兴。

你们那种活泼亲热样子，活现在纸上，我好容易细细研究，算是把各人的笔迹勉强分别出来了，但是许多名词还不狠清楚，只得当作先秦古书读，"心知其意"，"于其所不知，盖阙如也"。

你们一群小伙子，怎么把一位老姊姊当作顽意去欺负他呢？做姊姊的也是不济事，为什么不板起面孔来每人给他几个嘴巴呢？你们别要得意，还有报应哩，再过十几二十年，老白鼻、小老白鼻也会照样的收拾你们！但是，到那时候，五十多岁老姊姊只怕更惹不起这群更小的小伙子了。

以上十月廿二日写

1926年12月10日

[与思永书]

思永：

得十一月七日信，喜欢之极。李济之①现在山西(非陕西)乡下，正采掘得兴高采烈，我已立刻写信给他，告诉以你的志愿及条件，大约十日内外可有回信。我想他们没有不愿意的，只要能派你实在职务，得有实习机会，盘费、食住费等等都算不了什么大问题，家里景况，对于这点钱还担任得起也。你所问统计一类的资料，我有一部分可以回答你，一部分尚须问人。我现在忙极，要过十天半月后再回你，怕你悬望，先草草回此数行。我近来真忙，本礼拜天天有讲演(城里的学生因学校开不了课，组织学术讲演会，免不了常去讲演)，又著述之兴不可遏，已经动手执笔了(半月来已破戒亲自动笔)。还有司法储才馆和国立图书馆都正在开办，越发忙得要命。最可喜者，旧病并未再发，有时睡眠不足，小便偶然带一点黄或粉红，只须酣睡一次，就立刻恢复了。因为忙，有好多天没有给你们信(只怕十天八天内还不得空)，你这信看完后立刻转给姊姊他们，免得姊姊又因为不得信挂心。

十二月十日　爹爹

你娘娘身体狠好。"小无名氏"非常之乖，食睡哭都有一定时候。细婆天天催要他的名字，我还不得空。

---

① 李济之，即李济（1896~1979），字受之，后改济之。清华大学国学研究院人类学讲师，中国田野调查的开创者。

1926年12月20日

[与孩子们书]

孩子们：

寄去美金九十元作压岁钱，大孩子们每人十元，小孩子们共二十元，可分领买糖吃去。

我近来因为病已全愈，一切照常工作，渐渐忙起来了。新近著成一书，名曰《王阳明知行合一之教》，约四万余言，印出后寄给你们读。

前两礼拜几乎天天都有讲演，每次短者一点半钟，多者继续至三点钟，内中有北京学术讲演会所讲三次，地点在前众议院(法大第一院)，听众充满全院(约四千人)，在大冷天并无火炉(学校穷，生不起火)，讲时要狠大声，但我讲了几次，病并未发，可见是全愈了。

前几天耶路（鲁）大学又有电报来，再送博士，请六月廿二到该校，电辞极恳切，已经复电答应去了。你二叔不甚赞成，说还要写信问顺儿以那边详细情形，我想没有什么要紧的，只须不到唐人街(不到西部)，不上杂碎馆，上落船时稍为注意，便够了。我实在想你们，想得狠，借这机会来看你们一趟，最好不过，我如何肯把他轻轻放过。

时局变迁非常剧烈，百里联络孙、唐、蒋的计画全归失败，北洋军阀确已到末日了。将此麻木不仁的状态打破，总是好的，但将来起的变症如何，现在真不敢说了。

希哲的生活方向现真成了问题，北京政府看着是要塌了，使馆经费绝对的不会有办法(顾少川虽然在那里打主意，我想都不会成功)。从前欠薪，恐怕也没甚希望，似此赔累下去，如何能久？若不能调到有收入的地方，便须别走一条路。国内混乱状态未知所极，生意是无从做起的，除非在海外想方法。此虽非一时立决之事，但不能不早为之备，请注意为幸。

去年，徽音有明年二月归国之说，不知现在已改变否。我想大可以不必。现在回来北京是无用的，徒增伤心，福州现亦在混乱时代，回来恐省亲之愿亦不易达到，何苦跋涉呢？只要学费勉强可以支持，等到和思成一齐归来最好。这句话我屡次写信都忘了,今补说。

　　思庄近来还常常想家吗?我看你的来信及你给姊姊的信最高兴。我最希望你特别注重法文,将来毕业后最少也留法一年,你愿意吗?

　　思忠来信叙述入学后情形,我和你娘娘都极高兴。你既学政治,那么进什么团体是免不了的,我一切不干涉你,但愿意你十分谨慎,须几经考量后方可加入。在加入前先把情形告诉我,我也可以做你的顾问。

　　思永回来的事,李济之尚未回信,听说他这回采掘狠有所得,不久也要回京一次。

　　小老白鼻有了名字了,我看他的面孔狠像大同的"同"字,就叫他做思同(胖得那脸成个正方形,眼孔小小的,连眉毛像一画,张开口像个口字),我不大理会他,比老白鼻那时候差多了。

十二月二十日　爹爹

一九二七年

[思顺三十四岁 思成二十六岁 思永二十三岁 思忠二十岁 思庄十九岁 思达十五岁 思懿十三岁 思宁十一岁 思礼三岁]

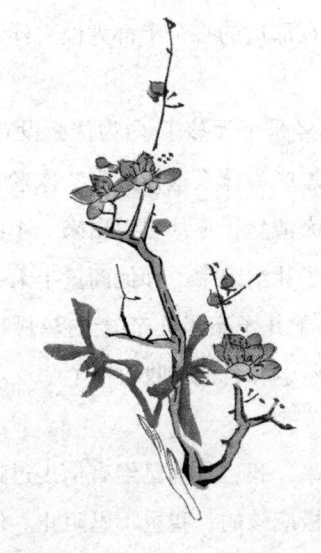

1927年1月2日

[与孩子们书]

孩子们：

今天总算我最近两个月来最清闲的日子，正在一个人坐在书房里拿着一部杜诗来吟哦。思顺十一月廿九、十二月四日，思成十二月一日的信，同时到了，真高兴。

今天是阳历年初二，又是星期，所有人大概都进城去了。我昨天才从城里回来，达达、司马懿、六六三天前已经来了，今天午饭后他们娘娘带他们去逛颐和园。老郭、曹五都跟去，现在只剩我和小白鼻看家。

写到这里，他们都回来了，满屋子立刻喧闹起来，和一秒钟以前成了两个世界。

你们十个人刚刚一半在这边，在那边的一个个都大模大样，在这边的都是"小不点点"，真是有趣。

相片看见了，狠高兴。庄庄已经是个大孩子了（为什么没有戴眼镜），比从前漂亮得多。思永还是那样子。思成为什么这样疲呢？像老了好些。思顺却像更年轻了。桂儿、瞻儿那幅不大清楚，不甚看得出来。小白鼻牵着冰车好顽极了。老白鼻绝对不肯把小儿子让给弟弟，和他商量半天，到底不肯，只肯把烂名士让出一半，他把这小干儿子亲了几亲（老白鼻最怕的爹爹去美国，比吃泻油还怕），连冰车一齐交给老郭替他"收收"了。

以下说些正经事。

思成信上说徽音二月间回国的事，我一月前已经有信提过这事，想已收到。徽音回家看他娘娘一趟，原是极应该的，我也不忍阻止。但以现在情形而论，福州附近狠混乱，交通极不便，有好几位福建朋友们想回去，也回不成，最近三几个月中，总怕恢复原状的希望狠少，若回来还是蹲在北京或上海，岂不更伤心吗？况且他的娘，屡次劝他不必回来，我想还是暂不回来的好。至于清华官费，若回来考，我想没有考不上的，过两天我也把招考章程叫他们寄去。但若打定主意不回来，则亦用不着了。

思永回国的事，现尚未得李济之回话。济之(三日前)已经由山西回到北京了，但我刚刚进城去，还没有见着他。他这回采掘大有所获，捆载了七十五箱东西回来，不久便在清华考古室(今年新成立)陈列起来了，这也是我们极高兴的一件事。思永的事我本礼拜内准见着他，下次的信有确答。

忠忠去法国的计画，关于经费这一点毫无问题，你只管预备着便是。

思顺们的生计前途，却真可忧虑，过几天我试和顾少川切实谈一回，但恐没有什么办法，因为使领经费据我看是绝望的，除非是调一个有收入的缺。

司法储才馆下礼拜便开馆，以后我真忙死了，每礼拜大概要有三天住城里。清华功课有增无减，因为清华寒假后兼行导师制(这是由各教授自愿的，我完全不理也可以，但我不肯如此)，每教授担任指导学生十人，大学部学生要求受我指导者已十六人，我不好拒绝。又在燕京担任有钟点(燕京学生比清华多，他们那边师生极诚恳求我，也不好拒绝)，真没有一刻空闲了。但我体子已完全复原，两个月来旧病完全不发，所以狠放心工作去。

上月为北京学术讲演会作四次公开的讲演，讲坛在旧众议院，每次都是满座，连讲两三点钟，全场肃静无哗，每次都是距开讲前一两点钟已经人满。在大冷天气，火炉也开不起，而听众如此热诚，不能不令我感动。我常感觉我的工作，还不能报答社会上待我的恩惠。

我游美的意思还没有变更，现在正商量筹款，大约非有万金以上不够(美金五千)，若想得出法子，定要来的，你们没有什么意见吧？

时局变迁极可忧，北军阀末日已到，不成问题了。北京政府命运谁也不敢作半年的保险，但一党专制的局面谁也不能往光明上看。尤其可怕者是利用工人鼓动工潮，现在汉口、九江大大小小铺子什有九不能开张，车夫要和主人同桌吃饭，结果闹到中产阶级不能自存(我想他们到了北京时，我除了为党派观念所逼不能不亡命外，大约还可以勉强住下去，因为我们家里的工人老郭、老吴、曹五三位，大约还不至和我们捣乱，你二叔那边只怕非二叔亲自买菜，二婶亲自煮饭不可了)，而正当的工人也全部失业。放火容易救火难，党人们正不知何以善其后也。现在军阀游魂尚在，我们殊不愿对党人宣战，待彼辈统一后，终不能不为多数人自由与彼辈一拼耳。

思顺们的留支似已寄到十一月，日内当再汇七百五十元，由我先垫出两个月，暂救你们之急。

寄上些中国画给思永、忠忠、庄庄三人挂挂书房。思成处来往的人，谅来多是美术家，不好的倒不好挂，只寄些影片，大率皆故宫所藏名迹也。

现在北京灾官们可怜极了。因为我近来担任几件事，穷亲戚穷朋友们稍为得点缀。十五舅处东拼西凑三件事，合得二百五十元(可以实得到手)，勉强过得去。你妈妈最关心的是这件事，我不能不尽力设法。其余如杨鼎甫也在图书馆任职得百元，黑二爷(在储才馆)也得三十元(玉衡表叔也得六十元)，许多人都望之若登仙了。七叔得百六十元，廷灿得百元，其实都算过份了(和别人比较)。

细婆近来心境渐好，精神亦健，是我们最高兴的事。现在细婆、七婶都住南长街，相处甚好，大约春暖后，七叔或另租屋住。

老白鼻一天一天越得人爱，非常聪明，又非常听话，每天总逗我笑几场。他读了十几首唐诗，天天教他的老郭念。刚才他来告诉我说："老郭真笨，我教他念'少小离家'，他不会念，念成'乡音无改把猫摔'。"(他一面说一面抱着小猫就把那猫摔下地，惹得哄堂大笑。)他念："两人对酌山花开，一杯一杯又一杯，我醉欲眠君且去，明朝有意抱琴来。"总要我一个人和他对酌，念到第三句便躺下，念到第四句便去抱一部书当琴弹。

我打算寒假时到汤山住几天，好生休息，现在正打听那边安静不安静。我近来极少打牌，一个月打不到一次。这几天司马懿来了，倒过了几回桥。酒是久已一滴不入口，虽宴会席上有极好的酒，看着也不动心。写字倒是短不了，近一个月来少些，因为忙得没有工夫。

十六年一月二日　爹爹

1927年1月10日

[与思永书]

思永读：

今天李济之回到清华，我给他商量你归国事宜，那封信也是昨天从山西打回头他才接着，怪不得许久没有回信。

他把那七十六箱成绩平平安安运到本校，陆续打开陈列在我们新设的考古室了。今天晚上他和袁复礼①(是他同伴，学地质学的)在研究院茶话会里头作长篇的报告演说，虽以我们门外汉听了也深感兴味，他们演说里头还带着讲"他们两个人都是半路出家的考古学者(济之是学人类学的)，真正专门研究考古学的人还在美国——梁先生之公子"，我听了替你高兴，又替你惶恐，你将来如何才能当得起"中国第一位考古专门学者"这个名誉，总要非常努力才好。

他们这回意外的成绩真令我高兴，他们所发掘者是新石器时代的石层，地点是夏朝都城——安邑的附近一个村庄，发掘得的东西略分三大部分：(一)陶器，(二)石器，(三)骨器。此外，他们最得意的是得着半个蚕茧，证明在石器时代已经会制丝。其中陶器花纹问题最复杂，近几年来(民国九年以后)，瑞典人安迪生②在甘肃、奉天发掘的这类花纹的陶器，力倡中国文化西来之说③。自经这回的发掘，他们想翻这个案。

最高兴的是，这回所得的东西完全归我们所有，美国人不能搬出去(中华

---

① 袁复礼（1893~1987），字希渊，袁同礼之兄。地质学家、中国地貌学及第四纪地质学的先驱。
② 安迪生，又称安特生（1874~1960），瑞典人，地质学家、考古学家、探险家，被誉为"仰韶文化之父"，还是首次发掘周口店北京猿人遗址的人。
③ 中国文化西来之说，指历史学和考古学中的一派观点，认为中国古代文明并非起源于本地，而是从西方传入的。最早是西学东渐时期天主教传教士提出的，后经法国学者拉克伯里研究论证，日本学者白河次郎及中国学者如章太炎、刘师培也赞同拉克伯里的说法。随着中国早期考古学的起步，许多古人类化石相继被发现，成了柳诒徵、梁启超等人反驳拉克伯里论点的有力证据。后安特生根据仰韶文化的彩陶中有中亚文化的特征，再提中国文化西来说，但在1931年中国学者梁思永发现了河南安阳的后岗三叠层，证明了仰韶文化、龙山文化与商文化一脉相承，未受外界根本性影响。此后，安特生也不再坚持自己的观点。

民国的东西暂陈设在清华），将来即以清华为研究的机关，只要把研究结果报告美国那学术团体便是。这是济之的外交手段的高强，也是因为美国代表人卑士波到中国三年无从进行(他初到时，我还请他吃过一顿饭)，最后非在这种怪条件之下和我们合作不可，所以只得依我们了。这回我们也狠费点事，头一次去算是失败了(我曾有两封信给阎锡山，此外还有好几位的信)，第二次居然得意外的成功。听说美国国务总理还有电报来贺卑士波成功哩。

他们所看定采掘的地方，开方八百亩，已经采掘的只有三分——一亩十分之三——竟自得了七十六箱，倘若全部掘完，只怕故宫各殿的全部都不够陈列了，以考古学家眼光看，中国遍地皆黄金，可惜没有人会检，真是不错。

关于你回国一年的事情，今天已经和济之仔细商量，他说，可采掘的地方是多极了，但是时局不靖，几乎寸步难行，不敢保证今年秋间能否一定有机会出去。即如山西这个地方，本来可继续采掘，但几个月后，变迁如何，谁也不敢说。还有一层，采掘如开矿一样(假使另觅一个新地方的话)，也许失败，白费几个月工夫，毫无所得，你老远跑回来，或者会令你失望。但是有一样，现在所掘得七十六箱东西整理研究便须莫大的工作，你回来后，看时局如何(还有安迪生所掘的一部分放在地质调查所中也要整理)，若可以出去，他便约你结伴。若不能出去，便在清华帮他整理研究，两者任居其一也，断不至白费这一年光阴，你的意思如何？据我看是狠好的，回来后若不能出去，除在清华做这种工作外，我还可以介绍你去请教几位金石家，把中国考古学的常识弄丰富一点，再往美两年，往欧一两年，一定益处更多。(城里头几个博物院你除看过武英殿外，故宫博物院、历史博物馆都是新近成立或发展的，回来实地研究，所益必多。)

关于美国团体出川资或薪水这一点，我和济之商量，不提为是。因为这回和他们订的条件是他们出钱我们出力，东西却是全归我们所有。所以这两次出去一切费用由他们担任，惟济之及袁复礼却是领学校薪俸，不是他们的雇佣。将来我们利用他这个机关的日子正长，犯不着贬低身份受他薪水。别人且然，何况你是我的孩子呢？只要你决定回来，这点来往盘费家里还拿得出，你回信便立刻汇去。

至于回来后若出去，便用他的费用，若在清华便在家里吃饭，更不成问题了。

我们散会已经十一点钟，这封信第二页以下都是点洋蜡写的，我因为极高兴，写完了才睡觉，别的事都改日再说罢。

济之说要直接和你通信，已经把你的信封要去，想不日也到。

十六年一月十日　爹爹

老白鼻这几天闹牙痛，娘娘昨天带他到北京拔了一个牙，只怕还要拔第二个，好不令人心疼。

使领经费或者有点办法，替思顺稍为放心一点。

1927年1月13日

[与孩子们书]

你们又没有中国月份牌，都不知道自己是那一天生日了。现在将你们的生日照阳历都算出来，从今年起都改定罢。我自己也算定是二月二十三日，以后便永远拿此日作生日，今年和旧历只差四天(提前)，去年明年却都差十几天了。

一月十三日　爹爹

1927年1月18日～25日

[与孩子们书]

孩子们：

思顺十二月十八、思永十二月十二的信(内夹思成十二月十日给思顺的信)，昨天同时到，思成、思庄的信也是前几天到的(思忠信亦到了不久)，像已经复过了。

二五附加税①实行后，每年定拨使馆经费二百万元，若军阀们果真不提用(据说如此，只怕靠不住)，那么思顺稍得救济(大概将使馆大加裁减后，二百万勉强敷衍)，但事实如何变迁，谁也不敢说，只好再看罢。

前几天替思顺垫出三个月留支七百五十元寄去，想已收。今日叫银行再汇美金五百元(已去买汇票，两三天内寄)，给思庄本学期学费，成、永们要零用，就随时分些去。过三几个月再寄些来便是。

我游美之举，朋友们反对的太多，而且游费也不容易筹，只怕未必能成行。

思永回国一年，我极赞成，前信已详细说过。现在思成离开彭大，又发生回国与否的问题。这问题要分两点讨论：第一是回来后于学业进益有无帮助，若为看中国旧建筑起见，恐怕除了北京外，狠少地方可以通行；若为看些中国美术品倒还可以(故宫博物馆可看的较多)；若欲做什么工程，怕不是时候，我也不愿你如此速成，谅来你更是不愿的。第二是徽音回来与否的问题，这话我连两信都曾提起，就怕是回不了福州，他心里更难过，这件事请你们细细斟酌罢。若不回来，为什么不径转学校，要做一年工干什么呢？若

---

①二五附加税，1925年6月24日，北京政府向各国政府发出要求修改不平等条约的照会，并要求召开华盛顿会议时早已确定的关税会议和法权会议。同年10月26日，关税特别会议在北京召开，北京政府代表向大会提出中国关税自主的提案，并要求在未实行中国国定关税之前，开征临时附加税。而日本代表提出，中国国定关税条例必须裁撤厘金后方能实施。而当时中国处于军阀割据状态，各地军阀的重要财源就是厘金，要裁撤厘金必须首先消灭割据状态，如此将变得遥遥无期。1926年夏，会议宣告暂停，此后再也没有恢复。1927年1月，北京政府决定不等会议复开，立即开征二五附加税，即对进口货物除征收"值百抽五"的正税外，另征2.5%的附加税。

有别种理由便再商量，若专为学费问题——为徽音学费问题，那么我本来预备三千元在这里，因为你们勉强支持得住，故留起作留欧之用，若要用时，只要来信我便寄去。

（此处删去若干字。）

（以上是一月十八日晚写的。这一段还未写完，电灯灭了，便睡去。十九日一起来就进城，因为清华已经放寒假，可以不上堂，而司法储才馆正在开学，事情狠忙，所以我在城里一住数日，直到廿五日才回校。王姨也是十九日带着老白鼻等返天津，今天早车带着达达回京，下午同返学校。司马懿、六六再过三天才放假。廿五日晚写。）

我一个礼拜没有回学校，昨天回来，学生围绕着，忙个不了，还有好几篇文章等着要做，这封信不赶紧写完，恐怕又要耽阁多少天才能发了，所以抽空再写几句寄去。

思永问，我的朋友何故多站在孙传芳①那边，这话狠难说。内中关系最重要者，是丁在君、蒋百里二人，他们与孙的关系都在一年以前，当时并没有孙、蒋对抗的局面。孙在北洋军阀中总算比较的好，江浙地方政象亦总算比较的清明，他们与孙合作并不算无理由，既已与人发生关系，到吃紧时候舍之而去，是不作兴的。

直到最近两个月，孙倒行逆施，到天津勾结二张②，和丁、蒋等意见大相反，他们方能老老实实地和他脱离关系。中间这一段诚然是万分不值(既有今日，何必当初)，然在一年前他们的梦想原亦狠难怪(故丁在君刻意欲在上海办一较良市政，以渐进手段收回租界)。至于我呢？原来不甚赞成他们这类活动(近数月来屡次劝他们自拔)，但我们没有团体的严整组织，朋友们总是

---

①孙传芳（1885~1935），字馨远，毕业于日本陆军士官学校，在北洋内部属于直系。1925年10月发动反奉战争，自任"浙、闽、苏、皖、赣五省联军"总司令，在蒋百里、丁文江等人的支持帮助下，驱逐此地的奉系势力，成为直系后期最有势力的军阀。
②二张，指张作霖和张宗昌。1926年9月，国民革命军北伐进入江西，孙传芳在主力被歼的情况，遂赴天津向张作霖求援。

自由活动,各行其是,亦没有法子去部勒他们(也从未作此想),别人看见我们的朋友关系,便认为党派关系,把个人行动认为党派行动,既无从辩白,抑亦不欲辩白。我之代人受过,总是免不了的(亦自甘心),但因此颇感觉没有团体组织之苦痛,朋友中有能力的人确不少,道德学问和宗旨都是对的,但没有团体的一致行动,不惟不能发挥其势力,而且往往因不一致之故,取消势力,真是可痛。

万恶的军阀,离末日不远了,不复成多大的问题,而党人之不能把政治弄好,也是看得见的。其最大致命伤,在不能脱离鲍罗廷、加伦的羁绊——蒋介石及其他一二重要军人屡思反抗俄国势力,每发动一次辄失败一次,结果还是屈服。(此处删去若干字)现在两湖之中等阶级(中国本无资产阶级),已绝对的不能生存,全国生产力不久便须涸竭到底,前途真不堪设想。若我们稳健派不拿起积极精神往前干,非惟对不起国家,抑亦自己更无立足地了。

我看现在国内各党派中惟有"国家主义青年团①"一派最有希望,近来我颇和他们为交谊的接洽。但其中主张亦不一致,内中有一派主张意大利莫索里尼②式者,结果还是一党专制,还是剥夺人的自由,我们绝对的不能赞成。但这一派人最有朝气,最能奋斗,将来希望他们能稍折衷以归于中庸,才有合作余地。

留美学生中,此团体发达状况何如(听说从前是不甚多),你们不特随时留意,恐怕将来要救中国,还是要看这一派的发展运用如何。

政谈姑止于此。

---

① 国家主义青年团,中国国家主义青年团的前身为少年中国学会,1923年12月2日成立于法国巴黎,参与者为留法的中国学生如曾琦、李璜、左舜生、陈启天等人,原为留学生组织。1924年,曾琦、李璜等人返回中国,于上海发展组织,初名为"中国国家主义青年团",后定名为中国青年党。
② 莫索里尼,即墨索里尼(1883~1945),意大利法西斯党党魁、独裁者,第二次世界大战的元凶之一,法西斯主义的创始人。

1927年1月26日

[与孩子们书]

我现在所担任的事业，要以北方时局比较的安宁为前提，若变动剧烈，当然一切拉倒。但现在责任所在，只能在职一天，便努力一天。现在也把大概情形告诉你们。

司法储才馆已经开学了，余樾园①任学长(等于副馆长，本来是林宰平，宰平谓治事之才不如樾园，故让之)。学生二百二十余人，青年居多，尚可造就。但英文程度太低，而本馆为收回法权预备起见，特注意此点。现在经甄别后，特设英文专班，能及格者恐不满五十人，此为令我最失望之一端。我自己每星期六下午担任一堂功课，题目为人生哲学，此外每星期五、六两日各有两点钟为接见学生时期。我的时间费在此馆者大约如此。馆内会计、庶务等(会计一切公开，将来可为各机关模范)由你二叔总管，万分放心(内中最奇怪者，黑二爷十分得力，薪水已加至四十元，在他真喜出望外)。

国立京师图书馆经费俟二五附加税实行后，当可确定，且扩充。现在我要做的事，在编两部书：一是《中国图书大辞典》，预备一年成功；一是《中国图书索引》，预备五年成功。两书成后，读中国书真大大方便了。关于编这两部书，我要放许多心血在里头才能成，尤其是头一年训练出能编纂的人才，非我亲自出马不可。

现在清华每日工作不轻，又加以燕大，再添上这两件事，真够忙了，但我兴致勃勃，不觉其劳。

通例上年纪的人，睡眠较少，我却是相反，现在每日总要酣睡八个钟头，睡足了便精神焕发。思成说对于我的体子有绝对信仰，我想这种信仰是不会打破的。

我昨日亲自到照相馆去照相，专为寄给你们之用。大约一礼拜后便可寄

---

① 余樾园，即余绍宋（1882~1949），字樾园，早年曾用"樾园"等别名，学习法律于日本，回国后，以法律科举人授外务部主事。民国期间，参与司法工作并在大学教授法律。

出，你们看了，一定狠安慰狠高兴。

今日王姨带达达往协和割痔疮去，剩我和老白鼻看家。细婆喜欢小老白鼻极了，我还是不大理会他，专一喜欢大老白鼻。

一月廿六日　爹爹

李济之给思永的信寄去。

1927年1月27日

[与孩子们书]

孩子们：

　　昨天正寄去一封长信，今日又接到思顺(内夹成、永信)十二月廿七日、思忠廿二日信。前几天正叫银行待金价稍落时汇五百金去，至今未汇出，得信后立刻叫电汇，大概总赶得上交学费了。

　　寄留支事已汇去三个月的七百五十元，想早已收到。

　　调新加坡事倒可以商量，等我打听情形再说罢。调智利事幸亏没有办到，不然才到任便裁缺，那才狼狈呢！大抵凡关于个人利害的事只是"随缘"最好，若勉强倒会出岔子。希哲调新加坡时，若不强留那一年，或者现在还在新加坡任上，也未可知。这种虽是过去的事，然而经一事长一智，正可作为龟鉴。所以我也不想多替你们强求。若这回二五附加税项下使馆经费能够有着落，便在冷僻地方——人所不争的多蹲一两年也未始不好。

　　顺儿着急和愁闷是不对的，到没有办法时卷起铺盖回国，现已打定这个主意，便可心安理得。凡着急愁闷无济于事者，便值不得急他愁他，我向来对于个人境遇都是如此看法。顺儿受我教育多年，何故临事反不得力，可见得是平日学问没有到家。你小时候虽然也跟着爹妈吃过点苦，但太小了，全然不懂，及到长大以来，境遇未免太顺了。现在处这种困难境遇正是磨炼身心最好机会，在你全生涯中不容易碰着的，你要多谢上帝玉成的厚意，在这个档口做到"不改其乐"的功夫，才不愧为爹爹最心爱的孩子哩。

　　近来耳目所接，都是不忍闻不忍见的现象。河南、山东人民简直是活不成，湖南、江西人民也简直活不成，在两种恶势力夹攻之下，全国真成活地狱了。(此处删去若干字)将来我们受苦日子多着哩，现在算什么？我们只有磨炼身心，预备抵抗，将来还可以替国家做点事业，教小孩子们也要向这条苦路进行。

　　忠忠的信狠可爱，说的话狠有见地，我在今日若还不理会政治，实在对不起国家，对不起自己的良心。不过出面打起旗帜，时机还早，只有密密预备，便是我现在担任这些事业，也靠着他可以多养活几个人才(内中固然有亲戚故旧，勉强招呼不以人才为标准者)。近来多在学校演说，多接见学生，也是如此——虽然你娘娘为我的身子天天唠叨我，我还是要这样干——中国病太深了，症候天天变，每变一症，病深一度，将来能否在我们手上救活转来，真不敢说。但国家生命、民族生命总是永久的(比个人长的)，我们总是做我们责任内的事，成效如何，自己能否看见，都不必管。

庄庄狠乖，你的法文居然赶过四哥了，将来我还要看你的历史学等赶过三哥呢。

思永的字真难认识，我每看你的信，都狠费神，你将来回国跟着我，非逼着你写一年九宫格不可。

达达昨日入协和，明日才开刀，大概要在协和过年了。我拟带着司马懿、六六们在清华过年(先令他们向你妈妈相片拜年)，元旦日才入城，向祖宗拜年。过年后打算去汤山住一礼拜，因为近日太劳碌了，寒假后开学恐更甚。

每天老白鼻总来搅局几次，是我最好的休息机会(他又来了，又要写信给亲家了)。

我游美的事你们意见如何？我现在仍是无可无不可，朋友们却反对得厉害。

一月廿七日　旧历十二月廿四日　爹爹

1927年1月30日

[与思顺书]

顺儿：

这一礼拜内写信真多，若是同一水船到，总要够你们忙好几点钟才看完。

昨天下午才返清华，今日又有事入城，可巧张主事上午来南长街，没有见着他，过了新年定要找他谈谈，打听你们的状况。

我昨天才给老白鼻买了许多灯来，已经把他跳得个不亦乐乎。今日把你带来的皮包打开，先给他穿上那套白羊毛的连衫带裤带袜子，添上手套，变成一个白狗熊。可惜前几天大雪刚下过了——一连下了四天，民国以来没有之大雪，现在还未化尽——不然叫他在雪里站着真好顽极了。穿了一会脱下换上那套浅蓝的，再被上昨年寄他的外套，他舍不得脱，现在十点钟了还不肯去睡。可巧前三天刚带他照过一幅相，等过了新年再叫他穿齐照一幅，你们看着才知道他如何可爱呢。

谢谢希哲送我的东西，真合用，我也学老白鼻样子立刻试用起来了(坐汽车时尤为合用)。细婆的提包等年初一带进城去，只怕把他老人家的嘴也笑得整天合不拢来。细婆近两三个月哀痛渐忘，终日狠快乐样子，令我们十分高兴。他老人家喜欢小同同极了，尤其希罕的是他一天到晚不哭一声。

我三日前亲自去照相馆，照得幅相，现在只将样本拿来，先寄你和庄庄各一张——成、永、忠处过几天直接分寄——你们看着一定欢喜得连觉也睡不着，说道："想不到爹爹这样胖，这样精神！"

达达现在关在协和医院，原来他的病不是痔乃是漏[1]，幸亏早医，不然将来身子将大吃亏，一定会残废夭折，好在还狠轻，他前天割了，只用局部麻醉，一点不觉痛，一个礼拜便可出院了。却是他种种计划说：新年如何如何的顽，现在不能不有点失望了。

---

[1] 漏，即肛瘘，是常见的直肠肛管疾病之一，任何年龄都可发病，多见于青壮年男性。

六六的喉咙本来也要同时割,因为他放学迟,只好过年再说。

我前天看见刘瑞恒①,他说已经把我的诊断书寄给你了,收到没有?但现在已经过时,谅来你也不着急了。

麦机路的汉文科,如此规模宏大,真可惊羡,张君劢去当教授,当然最好,也许可以去,待我和他商量,研究院学生中却也有一两位可充此职,等下次信再详细说罢。

昨天电汇去五百美金,想已收到。暑假时庄庄去美国,是我最喜欢的,只管打定主意罢。庄庄今年尚须用多少钱(除这五百金外),我等你信就寄来。

这几天学堂放假,我正在极力顽耍,得你的信,助我不少兴致。

丙寅腊不尽二日　一月卅日　爹爹

---

① 刘瑞恒(1890~1961),字月如,天津人,哈佛大学医学博士,擅长外科,时任协和医院院长。

1927年2月6日～16日

[与孩子们书]

孩子们：

　　旧历年前写了好几封信，新年入城顽了几天，今天回清华，猜着该有你们的信。果然，思成一月二日、思永一月六日、忠忠十二月三十一日的信同时到了——思顺和庄庄的是一个礼拜前已到，已回过了。

　　我讲个笑话给你们听，达达入协和受手术，医生本来说过，要一礼拜后方能出院，看着要在协和过年了。谁知我们年初一入城，他已经在南长街大门等着。原来医院也许病人请假，医生被他磨不过，放他出来一天，到七点钟仍旧要回去。到年初三他真正出院了，现已回到清华，顽得极起劲。他的病却不轻，医生说割的正好，太早怕伤身子，太迟病日深更难治。这样一来，此后他身体的发育(连智慧也有影响)可以有特别的进步，真好极了。

　　我从今天起，每天教达达、思懿国文一篇，目的还不在专教他们，乃是因阿时寒假后要到南开当先生了，我实在有点不放心，所以借他们来教他的教授法，却是已经把达达们高兴到了不得了。

以上二月六日写

　　前信未写完，昨天又接到思顺一月四日、八日两信，庄庄一月四日信，趁现在空闲，一总回信多谈些罢。

　　庄庄功课样样及格，而且副校长狠夸奖他，我听见真高兴。就是你姊姊快要离开加拿大，我有点舍不得你独自一人在那边，好在你已成了大孩子了，我一切都放心。你去年的钱用得狠省俭，也足见你十分谨慎。但是我不愿意你们太过刻苦，你们既已都是狠规矩的孩子，不会乱花钱，那么便不必太苦，反变成寒酸。你赶紧把你预算开来罢！一切不妨预备松动些，暑假中到美国旅行，和哥哥们会面是必要的。你总把这笔费开在里头便是，年前汇了五百金去，尚缺多少？我接到信立刻便汇去。

张君劢愿意就你们学校的教职，我已经有电给姊姊了，他大概暑期前准到。他的夫人是你们世姊妹，姊姊走了，他来也和自己姊姊差不多。这是我替庄庄高兴的事。却是你要做衣服以及要什么东西赶紧写信来，我托他多多的给你带去。

思顺调新加坡的事，我明天进城便立刻和顾少川说去。若现任人没有什么特别要留的理由，大概可望成功吧。成与不成，此信到时当已揭晓了。使馆经费仍不见靠得住，因为二五附加税问题狠复杂，恐怕政府未必能有钞到手。你们能够调任一两年，弥补亏空，未尝不好。至于调任后有无风波，谁也不敢说，只好再看罢。

以上二月十日写

前信未写完便进城去，在城住了三天，十四晚才回清华，顾少川已见着了。调任事恐难成。据顾说，现在各方面请托求此缺者，已三十人，只好以不动为搪塞。且每调动一人必有数人牵连着要动，单是川资一项已无法应付，只得暂行一概不动云云。并智利事亦曾谈到，倒可以想法，但我却不甚热心此着。因为使馆经费有着，则留坎亦未尝不可行，如无着则赔累恐更甚，何必多此一举呢？附加税问题十天半月内总可以告一段落，姑且看一看再说罢。

少川另说出一种无聊的救济办法，谓现在各使馆有向外国银行要求借垫而外交部予以担保承认者，其借垫额为薪俸与公费之各半数，手续则各使馆自行与银行办妥交涉，致电（或函）请外交部承诺，不知希哲与汇丰、麦加利两银行有交情否，若有相当交情，不妨试一试。

以上二月十五日写

（这几张可由思成保存，但仍须各人传观，因为教训的话于你们都有益的。）

思成和思永同走一条路，将来互得联络观摩之益，真是再好没有了。思成来信问有用无用之别，这个问题狠容易解答，试问唐开元、天宝间李白、杜甫与姚崇①、宋璟②比较，其贡献于国家者孰多？为中国文化史及全人类文化史起见，姚、宋之有无，算不得什么事。若没有了李、杜，试问历史减色多少呢？我也并不是要人人都做李、杜，不做姚、宋，要之，要各人自审其性之所近何如，人人发挥其个性之特长，以贡献于社会，人才经济莫过于此。思成所当自策历者，惧不能为我国美术界作李、杜耳。如其能之，则开元、天宝间时局之小小安危，算什么呢？你还是保持这两三年来的态度，埋头埋脑做去便对了。

你觉得自己天才不能副你的理想，又觉得这几年专做呆板工夫，生怕会变成画匠。你有这种感觉，便是你的学问在这时期内将发生进步的特征，我听见倒喜欢极了。孟子说："能与人规矩，不能使人巧。"凡学校所教与所学总不外规矩方面的事，若巧则要离了学校方能发见。规矩不过求巧的一种工具，然而终不能不以此为教、以此为学者，正以能巧之人，习熟规矩后，乃愈益其巧耳（不能巧者，依着规矩可以无大过）。你的天才到底怎么样，我想你自己现在也未能测定，因为终日在师长指定的范围与条件内用功，还没有自由发挥自己性灵的余地，况且一位大文学家、大美术家之成就，常常还要许多环境与及附带学问的帮助。

中国先辈屡说要"读万卷书，行万里路"。你两三年来蛰居于一个学校的图案室之小天地中，许多潜伏的机能如何便会发育出来？即如此次你到波士顿一趟，便发生许多刺激，区区波士顿算得什么，比起欧洲来真是"河伯"之与（于）"海若"，若和自然界的崇高伟丽之美相比，那更不及万分之一了。然而令你触发者已经如此，将来你学成之后，常常找机会转变自己的环境，扩大自己的眼界和胸次，到那时候或者天才会爆发出来，今尚非其时也。今在学校中只有把应学的规矩，尽量学足，不惟如此，将来到欧洲回中国，所有未学的规矩也还须补学，这种工作乃为一生历程所必须经过的，而且有天才的人绝

---

① 姚崇（650～721），本名元崇，字元之，避唐玄宗"开元"年号讳，改名姚崇，历任武则天、唐睿宗、唐玄宗三朝宰相，有"救时宰相"之称，是中国历史上的名相。
② 宋璟（663～737），唐开元十七年（729），官拜尚书右丞相，与姚崇协力，开创了大唐历史上的"开元盛世"。

不会因此而阻抑他的天才，你千万别要对此而生厌倦，一厌倦即退步矣。至于将来能否大成，大成到怎么程度，当然还是以天才为之分限，我生平最服膺曾文正两句话："莫问收获，但问耕耘。"将来成就如何，现在想他则甚？着急他则甚？一面不可骄盈自慢，一面又不可怯弱自馁，尽自己能力做去，做到那里是那里，如此则可以无入而不自得，而于社会亦总有多少贡献。我一生学问得力专在此一点，我盼望你们都能应用我这点精神。

思永回来一年的话怎么样？主意有变更没有？刚才李济之来说，前次你所希望的已经和毕士卜谈过，他狠高兴，已经有信去波士顿博物院，一位先生名罗治者和你接洽，你见面后所谈如何可即回信告我。现在又有一帮瑞典考古学家要大举往新疆发掘了，你将来学成归国，机会多着呢！

忠忠会自己格外用功，而且埋头埋脑不管别的事，好极，好极。姊姊、哥哥们都有信来夸你，我和你娘娘都极喜欢，西点事三日前已经请曹校长再发一电给施公使，未知如何，只得尽了人事后听其自然。你既走军事和政治那条路，团体的联络是少不得的，但也不必忙，在求学时期内暂且不以此分心也是好的。

旧历新年期内，我着实顽了几天，许久没有打牌了，这次一连打了三天也狠觉有兴，本来想去汤山，因达达受手术，他娘娘离不开，也没有去成。

昨日清华已经开学了，自此以后我更忙个不了，但精神健旺，一点不觉得疲倦。虽然每遇过劳时，小便还带赤化，但既与健康无关，绝对的不管他便是了。

阿时已到南开教书。北院一号只有我和王姨带着两个白鼻住着，清静得狠。相片分寄你们，都收到没有？还有第二次照的呢！过几天再寄。

二月十六日　爹爹

思成信上讲钟某的事，狠奇怪。现在尚想不着门路去访查，若能得之，则图书馆定当想法购取也。

Lodge，此人为美国参议院前外交委员长之子，现任波士顿博物院采集部长。关于考大学事，拟与思永有所接洽。毕士卜已有信致彼，思永或可直往访之。

1927年2月23日

[与孩子们书]

孩子们：

　　我猜着你们今天会有贺寿电，果然到了，然而生日到底没有在今天举行，因为今日是星期三，学校里有讲课，而旧历正月廿六恰是星期日，全家人都主张还是那天在城里热闹一下，我也只得从众了。你们贺电到时，我叫老白鼻代表姊姊、哥哥们拜寿，他一连磕了几十个响头，声明这是替亲家的，替二哥、三哥乃至六姊的，我都生受你们了。

　　老白鼻好顽极了，最爱读书，最爱听故事，听完了就和老郭讲去，近来又加上和他的小弟弟讲，我书房里有客便不进来，有学生便进来。他分别得出哪些人是客，哪些是学生。学生来谈话时他便站在旁边听，一声也不言语，可以听到半点钟之久。他保护他的小弟弟比什么人都亲切，有时要灌小弟弟泻油，他先自哗地哭起来了。那小的却唛唛有声。

　　小白鼻也还好顽，各人都喜欢他极了，放年假时达达们回来起他一个绰号叫做"李太白"，说他长得太白了(其实他的脸也红得像两个平果)。他真乖，从来没有哭过，他娘娘晚上没有因为他累得不能睡，常常成天价进城，把他放在家里。但我到底没有什么特别喜欢他，直到今日还没有抱过一回哩！我想他若是个女孩子，也许我便格外爱他。

　　今日我格外的忙，下午讲了两个钟头，晚上又讲了两个半钟头，现在也有点疲倦了，下次再谈吧。

二月廿三日　爹爹

1927年2月28日～3月1日

[与孩子们书]

孩子们：

今年还是过旧历的生日(因为生日那天是星期日)，在城里热闹一两天。今日(旧正月廿七)才回到清华。却是这两天有点小小的不幸，小白鼻病得甚危险，这全然为日本医生所误。小白鼻种痘后有点着凉不舒服，已经几天了，廿五日早上同仁医院医生看过，还说绝不要紧(许是吃的药错了，早上还好好的)。到晚上十一点钟时病转剧，电召克礼来，已说太迟了，恐怕保不住。连夜由王姨带去医院住，打了无数的药针来"争命"，能否争得回来，尚不可知(但今天已比前天好得多了)。因此生日那天，王姨整天不在家，家里人都有些着急不欢样子(细婆最甚，因为他特别喜欢小白鼻)。今日王姨也未回清华，倘若有救，怕王姨还要在城里住一两礼拜才行哩。

我在百忙中还打了两天牌，十四五舅、姑丈们在一块顽，狠有趣，但我并没有吃酒，近一年来我的酒真算戒绝了，看着人吃，并不垂涎。

过两天细婆、二婶、大姑们要请我吃乡下菜，各人亲自下厨房，每人做两样，绝对不许厨子动手，菜单已开好出来了，真有趣。本来预备今日做，一因我在学校有功课，定要回来；二因王姨没有心神，已改到星期五了(今日是星期一)，只要那时小白鼻病好，便更热闹了。

回来接着思顺一月廿六、忠忠一月十九的信和庄庄一月十一日给阿时的信，知道压岁钱已收到了。前几个月我记得有过些时候因功课太忙，许久没有信给你们(难怪你们记挂)，最近一两个月来，信却像是狠多，谅来早已放心了。总之，我体子是好极了，近来精神尤为旺盛，倘使偶然去信少些，也不过是因为忙的缘故，你们万不可以胡猜。

使领经费有无着落，还要看一个月方能定。前传说向外国银行借垫，由外交部承认的办法，希哲可以办到不？目前除此恐无他法。

君劢可以就坎大学之聘，我曾有电报告，并问两事：一问所授科目(君劢意欲授中国哲学)；二问有中国书籍没有，若没有请汇万元来买(华银)。该电发去半月以上了，我还把回电的(十个字)电费都付过，至今尚未得回电，不知何故。

忠忠信上说的话狠对，我断不至于在这个档口出来做什么政治活动，亲戚朋友们也并没有那个怂恿我，你们可以大大放心。但中国现在政治前途像我这样一个人绝对的消极旁观，总不是一回事，非独良心所不许，事势亦不容如此。我已经立定主意，于最近期间内发表我政治上全部的具体主张，现在先在清华讲堂上讲起，分经济制度问题、政治组织问题、社会组织问题、教育问题四项。每礼拜一晚在旧礼堂讲演，已经讲过两回，今日赶回学校，也专为此。以这两回听讲情形而论，像还狠好。第二次比前一次听众增加，内中国民党员乃至共产党员听了像都首肯(研究院便有共产党二人，国民党七八人)。现在同学颇有人想自组织一精神最紧密之团体(周传儒、方壮猷①等)，一面讲学，一面作政治运动，我只好听他们做去再看。我想忠忠听着这话最高兴了。

庄庄给时姊的信（时姊去南开教书了），娘娘看见了狠高兴。娘娘最记挂的是你，我前些日子和他说笑话，你们学校要请我教书，我愿意带着他和老白鼻们去，把达达们放在家里怎么样？他说狠愿意去一年看看你，却是老郭听着着急到了不得，因为舍不得离开老白鼻，真是好笑。

从讲堂下来，不想用心，胡乱和你们谈几句天，便睡觉去了。

二月廿八日(旧正月廿七日)晚十一时　爹爹

今天打电话往城里问，小白鼻的病转剧，恐怕不会好，只得听其自然。

三月一日下午

---

① 方壮猷（1902~1970），历史学家，毕业于清华大学国学院。

1927年3月1日

[与思成书]

思成：

　　杨廷宝①回来已见过两次，报告你们情形，甚为安慰。徽音近来心境如何？我因太忙，不能特别写信给他，给你们的信谅来他也常常看见，只怕因为你们父子间之愉乐，倒触动他的悲感耳。总之，他现在以学业成就为报答亲恩的惟一法门，还是把思亲之念稍为按捺，在学问方面告一段落为要，我爱他和爱思庄差不多，常常替他的身子担忧，他总要格外自己保重才好。你告诉他这点意思。

三月一日　爹爹

　　今日见着一位奉军旅长，其人现住在王怀庆花园②中，据言林叔遇难前，天天见面，还有最后的笔迹他爱护保存着，他所谈那时情形甚详，我也不忍多讲，免触徽音伤心。

---

①杨廷宝（1901~1982），字仁辉，河南南阳人，毕业于美国宾夕法尼亚大学建筑系，中国近现代建筑设计开拓者之一。
②王怀庆花园，位于海淀区圆明园遗址公园西南侧，始建于民国八年，为北洋军阀王怀庆的私家花园，俗称王怀庆花园。

1927年3月9日

[与孩子们书]

孩子们：

　　有件小小不幸事情报告你们，那小同同已经死了。他的病是肺炎，在医院住了六天，死得像狠辛苦狠可怜。这是近一个月来京津间的流行病，听说因这病死的小孩，每天总有好几个，初起时不甚觉得重大，稍迟已无救了。同同大概被清华医生耽阁了三天(一起病便吃药，但并不对症)，克礼来看时已是不行了。我倒没有什么伤感(几乎一点也没有，除去他虐重时去看他觉得不忍，我自始对于他便没有特别爱情，不知何故)，他娘娘在医院中连着五天五夜，几乎完全没有睡觉，辛苦憔悴极了。还好他还能达观，过两天身体与及心境都完全恢复了，你们不必担心。

　　当小同同病重时，老白鼻也犯同样的病。当时他在清华，他娘在城里，幸亏发现得早，立刻去医，也在德国医院住了四天，现在已经出院四天，完全安心了。克礼说若迟两天医也狠危险哩。说来也奇怪，据老郭说，那天晚上他做梦，梦见你们妈妈来骂他道："那小的已经不行了，老白鼻也危险，你还不赶紧抱他去看，走！走！快走！快走！"就这样的把他从睡梦里打起来了。他明天来和我说(没有说做梦，这些梦话是他到京后和王姨说的)，老白鼻夜里咳嗽得颇厉害，但是胃口狠好，出恭狠好，谅来没什么要紧罢。(本来因为北京空气不好，南长街孩子太多，不愿意他在那边住，所以把他带回清华。)我叫到清华医院看，也说绝不要紧。到底有点不放心，那天我本来要进城，于是把他带去，谁知克礼一看，说正是现在流行最危险的病，叫在医院住下。那天晚上小同便死了。他娘还带着老白鼻住院四天，现在总算安心了。你们都知道，我对于老白鼻非常之爱，倘使他有什么差池，我的刺激却太过了。老郭的梦虽然杳茫，但你妈妈在天之灵常常保护他一群心爱的孩子，也在情理之中。这回把老白鼻救转来是老郭一梦，实也功劳不小哩。

　　使馆经费看着丝毫没有办法，真替思顺们着急。前信说在外国银行自行借垫，有外交部承认担保，这种办法希哲有方法办到吗？望速进行，若不能办到,恐怕除回国外无别路可走。但回国也狠难,不惟没有饭吃,只怕连住的地方都没有。北京因连年兵灾,灾民在城圈里骤增十几万,一旦兵事变动(看着变动狠快,怕不能保半年),没有人维持秩序,恐怕京城里绝对不能住。天津租界也不见安稳得多少,因为洋鬼子的纸老虎已经戳穿,那里还能靠租界做避世桃源呢?现在武汉一带,中产阶级简直无生存之余地,你们回来又怎么样呢?所以我颇想希哲在外国找一件职业,暂行维持生活,过一两年再作道理,你们想想有职业可找吗?

前信颇主张思永暑期回国,据现在情形,还是不来的好,也许我就要亡命出去了。

这信上讲了好些悲观的话,你们别要以为我心境不好,我现在讲学正讲的起劲哩,每星期有五天演讲,其余办的事,也兴会淋漓,我总是抱着"有一天做一天"的主义(不是"得过且过,却是"得做且做"),所以一样的活泼、愉快,谅来你们知道我的性格,不会替我担忧。

三月九日　爹爹

1927年3月10日

[与孩子们书]

昨信未发，今日又得顺儿正月卅一、二月五日、二月九日，永儿二月四日、十日的信，顺便再回几句。

使领经费看来总是没有办法，问少川也回答不出所以然，不问他我们亦知道情形。二五附加税若能归中央支配，当然那每年二百万是有的，但这点钱到手后，丘八先生那里肯吐出来。现在听说又向旧关税下打主意——五十万——若能成功，也可以发两个月，但据我看，是没有希望的。你们不回来，真要饿死，但回来后不能安居也眼看得见。所以我狠希望希哲趁早改行，但改行不是件容易的事，我也狠知道，请你们斟酌罢。

藻孙是绝对不会有钱还的，他正在天天饿饭，到处该了无数的账，还有八百块钱是我担保的，也没有方法还起。我看他借贷之路，亦已穷了，真不知他将来如何得了。我现在也不能有什么事情来招呼他，因为我现在所招呼的都不过百元内外的事情(但是现在的北京得一百元的现金收入，已经等于从前的五六百元了，所以我招呼的几个人，别人已经看着眼红)，你二叔在储才馆当狠重要的职务，不过百二十元(一天忙得要命)，鼎甫在图书馆不过百元，十五舅八十元(算是领干薪不办事)，藻孙不愿回北京，他在京也非百元内外可够用，所以我没有法子招呼他。他的前途我看着是狠悲惨的(其实那一个不悲惨，我看许多亲友们一年以后都落到这种境遇)，你别要希望他还钱罢。

我从前虽然狠愿意思永回国一年，但我现在也不敢主张了，因为也许回来后只做一年的"避难"生涯，那真不值得了。我看暑假后清华也不是现在的局面了，你还是一口气在外国学成之后再说罢——你的信，我过两天只管再和李济之商量一下，但据现在情形，恐怕连他不敢主张了。

思永说我的《中国史》诚然是我对于国人该下一笔大账，我若不把他做成，真是对国民不住，对自己不住。也许最近期间内，因为我在北京不能安居，逼着埋头三两年，专做这种事业，亦未可知。我是无可无不可，随便环境怎么样，都有我的事情做，都可以助长我的兴会和努力的。

电灯要灭了,再谈罢。

三月十日　爹爹

续寄一批相片去(老白鼻的最多),分寄你们各人的,你们看着一定喜欢。那小同同却是连一个相片也没有留下,老白鼻像他那么大时,已经照过好几张了,可见爹爹偏爱。

1927年3月21日

[与孩子们书]

孩子们：

今日正写起一封短信给思顺，尚未发，顺的二月十八、二十两信同时到了，狠喜欢。

问外交部要房租的事，等我试问问顾少川有无办法，若得了此款，便能将就住一年，倒狠好。因为回国后什么地方能安居，狠是渺茫。

今日下午消息狠紧，恐怕北京的变化意外迅速，朋友多劝我早为避地之计（上海那边如黄炎培及东南大学稳健教授都要逃难），因为暴烈分子定要和我过不去，是显而易见的。更恐北京有变后，京、津交通断绝，那时便欲避不能。我现在正在斟酌中。本来拟在学校放暑假前作一结束，现在怕等不到那时了。

在这种情形之下，思永回国问题当然再无商量之余地，把前议完全打消罢。

再看一两星期怎么样，若风声加紧，我便先回天津。若天津秩序不乱，我也许可以安居，便摒弃百事，专用一两年工夫，做那《中国史》；若并此不能，那时再想方法。总是随遇而安，不必事前干着急。

南方最闹得糟的是两湖，比较好的是浙江。将来北方怕要蹈两湖覆辙，因为穷人太多了（浙江一般人生活状况还好，所以不容易赤化）。我总感觉着全个北京将有大劫临头，所以思顺们立刻回来的事，也不敢十分主张。但天津之遭劫，总该稍迟而且稍轻。你们回来好在人不多，在津寓或可以勉强安居。

还有一种最可怕的现象——金融界破裂。我想这是免不了的事，狠难挨过一年，若到那一天，全国中产阶级真都要饿饭了。现在湖南确已到这种田地，试举一个例：蔡松坡家里的人已经饿饭了，现流寓在上海。他们并非有意与蔡松坡为难（他们狠优待他家），但买下那几亩田没有人耕，迫着要在外边叫化，别的人更不消说了。

恐怕北方不久也要学湖南榜样。

我本来想凑几个钱汇给思顺，替我存着，预备将来万一之需，但凑也凑不了多少,而且寄往远处,调用不便,现在打算存入(连兴业的透支可凑万元)花旗银行作一两年维持生活之用。

这些话本来不想和你们多讲,但你们大概都有点见识、有点器量,谅来也不至因此而发愁着急,所以也不妨告诉你们。总之,我是挨得苦的人,你们都深知道全国人都在黑暗和艰难的境遇中,我当然也该如此(只有应该比别人加倍,因为我们平常比别人舒服加倍)。所以这些事我满不在意,总是老守着我那"得做且做"主义,不惟没有烦恼,而且有时兴会淋漓。

电灯要灭了,睡觉去,再谈。

三月廿一晚　爹爹

1927年3月29日

[与孩子们书]

孩子们：

　　这几天上海、南京消息想早已知道了。南京事件真相如何，连我也未十分明白(也许你们消息比我还灵通)。外人张大其词，虽在所不免，然党军中有一部分人有意捣乱，亦绝无可疑。蒋介石辈非共产党，现已十分证明，然而他们压制共党之能力何如，恐怕连他们自己也不敢相信。现在上海正在两派肉搏混斗中，形势异常惨淡。(此处删去若干字)

　　北京正是满地火药，待时而发，一旦爆裂，也许比南京更惨。希望能暂时弥缝，延到暑假。暑假后大概不能再安居清华了。天津也不稳当，但不如北京之绝地，有变尚可设法避难。现已饬人打扫津屋，随时搬回。司马懿、六六们的培华，恐亦开不成了(中西、南开也是一样)。

　　现在最令人焦躁者，还不止这些事。老白鼻得病已逾一月，时好时发，今日热度狠高，怕成肺炎，我看着狠难过。

　　我十天前去检查身体一次，一切甚好，血压极平均，心脏及其他都好，惟"赤化"不灭。医生说："没有别的药比节劳更要紧。"近来功课太重，几乎没有一刻能停，若时局有异动，而天津尚能安居，倒于养生有益哩。

　　顾少川说汇点钱给你们，不知曾否汇去，已再催他了。思永回国事，当然罢议。思顺们或者还是回来共尝苦辛罢。

三月廿九日　爹爹

1927年3月30日

[与孩子们书]

老白鼻病利害极了,昨天早上还是好好的,说笑跳顽,下午忽然发起烧来,夜里到三十九度四,现在证明是由百日咳转到肺炎,狠危险,拟立刻送到城里去入协和医院(还不知协和收不收,清华医生正在打电话去问)。只望他能脱度危关,我们诚心求你妈妈默佑他。

我现在心狠乱,今日讲课拟暂停了,正在靠临帖来镇定自己。

三月三十日　爹爹

现在立刻入城去。

1927年4月2日

[与顺儿书]

顺儿：

　　前三天因老白鼻病着急万分，你们看信谅亦惊惶，现在险象已过，大约断不至有意外。现又由协和移入德院，因协和不准亲人在旁，以如此小孩委之看护妇，彼终日啼哭，病终难愈也。北京近两月来死去小孩无数，现二叔家的李妹妹两个又都在危险中，真令人惊心动魄。气候太不正了，再过三天便是清明，今日仍下雪，寒暑表早晚升降，往往相差二十度，真难得保养也。

　　我受手术后，刚满一年，因老白鼻入协和之便，我也去住院两日，切实检查一番（今日上午与老白鼻同时出院），据称肾的功能已完全回复，其他各部分都狠好，"赤化"虽未殄灭，于身体完全无伤，不理他便是。他们说唯一的药，只有节劳（克礼亦云然）。此亦老生常谈，我总相当的注意便是。

　　前得信后，催少川汇款接济（千五百美金），彼回信言即当设法。又再加信催促，属彼汇后复我一信，今得信言三月廿七已电汇二千三百元。又王荫泰①亦有信来，今一并寄阅（部中大权全在次长手，我和他不相识，所以前致少川信问候他，来信却非常恭敬）。此款谅已收到，你们也可以勉强多维持几个月了。

　　我大约必须亡命，但以现在情形而论，或者可以挨到暑假，本来打算这几天便回天津，现在拟稍迟乃行。

　　老白鼻平安，真谢天谢地，我狠高兴，怕你们因前信担心，所以赶紧写这封。

四月二日　爹爹南长街发

---

①王荫泰（1886~1947），字孟群，山西临汾人，时任北京政府外交部次长。

1927年4月19日～20日

[与孩子们书]

孩子们：

近来因老白鼻的病，足足闹了一个多月，弄得全家心绪不宁，现在好了，出院已四日了。

二叔那边的孪妹妹，到底死去一个，那一个还在危险中。

达达受手术后身体强壮得多，将来智慧也许增长哩。

六六现又入协和割喉咙，明天可以出院了。据医生说道也于智慧发达极有关系，割去后试试看如何。你们姊妹弟兄中六六真是草包，至今还不会看表哩！他和司马懿同在培华，司马连着两回月考都第一，他都是倒数第一，他们的先生都不信他两个是同怀姊妹。

我近来旧病发得颇厉害，三月底到协和住了两天，细细检查一切如常，但坚嘱节劳，谓舍此别无他药(今将报告书寄阅)。本来近日未免过劳，好在快到暑假了。暑假后北京也未必能住，借此暂离学校，休养一下也未尝不好，在学校总是不能节劳的。

清明日我没有去上坟，只有王姨带着司马懿去(达达在天津，老白鼻在医院)，细婆和七叔也去。我因为医生说最不可以爬高走路，只好不去。

南海先生忽然在青岛死去。前日我们在京为位而哭，好生伤感。我的祭文，谅来已在《晨报》上见着了。他身后萧条得万分可怜，我得着电报，赶紧电汇几百块钱去，才能草草成殓哩。我打算替希哲送奠敬百元。你们虽穷，但借贷典当，还有法可想。希哲受南海先生提携之恩最早，总应该尽一点心，谅来你们一定同意。

四月十九写

近来时局越闹得八塌糊涂，谅来你们在外国报纸上早看见了。有许多情形，想告诉你们，今日太忙，先把这信寄了再说罢。

四月二十日　爹爹

六六今日下午已经出院了。王姨今日回天津去料理些家事。

第二次所寄相片想收到了，司马懿、六六、老白鼻合照的那一张好顽吗？

(此处删去若干字。)

我决意到放暑假才出京了，要说的话真太多，下次再写罢。

1927年4月21日

[与思永书]

永儿：

　　前两封信叫你不必回来，现在又要叫你回来了。因为瑞典学者斯温·哈丁①——他在中亚细亚、西藏等地过了三十多年冒险生涯，谅来你也闻他名罢——组织一个团体往新疆考古，有十几位欧洲学者和学生同去，到中国已三个多月了。初时中国人反对他、抵制他——十几个学术团体曾联合发表宣言，清华研究院、国立图书馆也列名。但我自始即不主张这种极端排外举动——直到最近才决定和他合作，彼此契约。今天或明天可以签字了。中国方面有十人去——五位算是学者，余五位是学生，其中自然科学方面只有清华所派的一位教授(袁复礼，他和李济之同去山西，我们研究院担任他这回旅行的经费，不用北京学术团体的钱)。

　　去的人我是大大不满意的——我想为你的学问计，这是千载难逢的机会，若错过了，以后想自己跑新疆沙漠一趟，千难万难，因此要求把你加入去，自备资斧——因为犯不着和那些北京团体分这点钱(钱少得可怜)——今日正派人去和哈丁接洽，明后日可以回信，大约十有八九可望成功的。他们的计划时间一年半到两年，研究范围本来是考古学、地质学、气象学三门。后来因为反对他们拿古物出境，结果考古学变成附庸，由中国人办，他们立于补助地位——能否成功就要看袁君和你的努力了(其他的都怕够不上)——我想你这回去能够有大发现固属莫大之幸，即不然，跟着欧洲著名学者作一度冒险吃苦的旅行，学得许多科学的研究方法，也是于终身学问有大益的。所以我不肯把机会放过，要求将你加入。他们预定一个月内(大约须一个月后)便动身，你是没有法子赶得上同行了。但他们沿途尚有逗留，你从后面赶上去。就令赶不上第一站(迪化)，总可以赶得上第二站(哈密)——不同行当然是狠麻烦的，但在迪化或哈密以东，我总可以托沿途地方官照料你——我

---

①斯温·哈丁，即斯文·海定（1865~1952），瑞典籍世界著名探险家。

明天入城和哈丁交涉妥洽，把路线日期计算清楚之后，也许由清华发电给监督处及哈佛校长，要求把你提前放假。果尔，则此信到时，你或者已经动身了。若此信到时还未接有电报，那么或是事情有变动，或是可以等到放暑假才回来还赶得上，总之，你接到这封信时便赶紧预备罢！

我第二封信跟着就要来的(最多三天后)，你若能成行——无论提前放假或暑假时来——大约到家只能住一两天便须立刻赶路。我和他们打听清楚，该预备什么东西，一切替你预备齐全，你回来除见见我和你娘娘及一二长辈及上一上坟之外，恐怕一点不能耽阁了。我想你一定赞成我所替你决定的计划，而且狠高兴吧！别的话下次再说。

四月廿一日　爹爹

这封信本来想直寄给你，因为怕电报先到，你已动身，故仍由姊姊处转。

1927年4月25日

[与思永书]

永儿:

今日接你三月廿九日信。那两幅画你竟如此喜欢,狠有点诧异,你喜欢送人随便拿去送便是。

昨天有一长信,寄给你姊姊那里转(说叫你去新疆作冒险考古的事业),想已收到。今日我和李济之、袁复礼两君商量,结果已经决定,不发电报叫你提前放假了,却是还主张你暑假回国,理由略述如下:

新疆之游并没有打销,但无论如何你到底赶不上和大帮人同行,既赶不上,那么一个人赶路却困难极了,我要过几天和斯温·哈丁切实研究一番,到底可不可能。因为那边道路不靖,恐怕单独一人是绝对行不得的(要和盗贼、猛兽及气候作战)。

假使勉强可行,我还是愿意你冒险前去。但是也不必提前放假,因为他们在迪化狠有耽阁,大概本年十月还在迪化(若赶得上同行,当然提前放假最好,但无论如何总赶不上,故不争一两个月)。你便放暑假回来——若还可以的话——尽可以在十月前赶到迪化。

假使新疆不能去,你还是照三个月以前原定计划回来便是了,决不会白费你一年光阴。我中间有两封信,叫你中止回来的计划。因为时局剧变,怕下半年我不能住北京,连清华也有变动,怕你回来扑一个空。但据现在情形,北京也许有年把可以苟安——我下半年再来清华与否却未定,这事另信再谈——而李济之再到山西采掘的计划亦已大略决定(总算决定了,因为经费所需不多,已有着落)。你本来的意思,不外想到外边采掘,回来时若能到新疆固好,不然即山西亦何尝不好呢! 所以我还是主张你照依最初计划,一放暑假便立刻起程回来。

你若想买些东西需钱用时,问姊姊在庄庄学费内挪用些,便是我不久当再汇点钱到姊姊那里去。

这封信若到在前两天所寄那封之前,你看着一定莫名其妙。但不久你姊姊就会把前信寄到了。

你来信所讲的中国时局，大半是隔靴搔痒，不知真相，我过几天打算再写一封长信告诉你们。

四月廿五日　爹爹

你娘娘回天津去一个礼拜了，明天当回京，老白鼻的病全好了。

1927年4月27日

[与思永书]

永儿：

这是第三封信，我狠不愿意写的。因为要报告你以失望消息。

我今天会着斯温·哈丁了。他极高兴得你做同伴，然而事实上绝对办不到，因为他们三个礼拜内就动身了。你无论如何赶不上同行，然而单独行断断乎不可，从包头(京绥路终点)到哈密约摸要骑三个月骆驼。那条路大概自玄奘以后没有单人独马走过的，这回这个冒险队，中外人连夫役合共六十一人，带机关枪一架、手枪二十多枝，饶是这样还要和那边的马贼疏通好，花了不少的保镖钱才能成行，你一人赶上去万万来不得的。哈丁说盼望你从西伯利亚铁路赶到迪化去。但这事谈何容易。无论钱要花得狠多，而且中俄邦交已断，在俄国找护照也找不出，这事完全绝望了。令我白高兴几天(若早两个月发动，当然赶得上，但这并不是我怠慢，因为我们和哈丁的协定，昨天才签字，我在签字前五天已经打主意了。所以我并没有一点可懊悔处)，其实难怪，本来第一封信原是我一相情愿的话，完全没有把实际情形研究清楚，你前后几天工夫连接我三封信，前头所讲的话立刻取消，你们谅也觉得好笑。不过，这也算是我替你们学问前途打算的一段历史！我这几天的热心计划和奔走，我希望在你将来学问的生涯中也得有相当的好印象。

这回失望并不必灰心，因为我和哈丁谈话的结果又得了新希望。他们这回大举旅行，我探问他的费用，也不过预备三十万元，便够两年。这点钱我们中国也不至拿不出来。这回我们加入那团体，原稍为带一点监督的意思——怕他们把古物偷运出境——也带有跟着学习的意思。所以我和袁复礼说清，他将这回作为我们独立探险考古的预备，细细留意那些地方可以采掘，而且学得些经验(采掘和旅行两种经验)，预备第二次自己来，那时你或者够上当一员发起人，也未可知哩！

这事既不成，李济之却是还盼望你回来和他合作。据他说，山西的希望也许比新疆还大，他这回所以不肯加入哈丁团体(本来我们清华要派他的)，就因为舍不得山西。他说，无论如何今年总要出去。打算七月底就到山西，在那边等着你，所以我还是愿意你回来的，来不来请你斟酌罢。若回来要钱用，可问姊姊要。

既已不赶新疆的路，那么虽回来也不必赶忙了，还是卒业后从从容容、摇摇摆摆回来就是。我在北戴河等着你。

四月廿七日　爹爹

1927年4月28日[1]

[与庄庄书]

庄庄：

　　你来的狠勤，我得着总是欢喜到了不得。现在家里光景并不狠紧，你不用着急，你的学费是家里头正当支出并不算多，何况一切由你周三哥和姊姊经理，并不用我操心，你只要安心做你的学问便是了，其他都不必忧虑。

　　你功课不甚好也不要紧，因为你进大学原算是提早一年多的功课，格外费些力是意中事，况且原学社会科学，中途又改自然科学，当然要吃力一点，但都不要紧，学自然科学的人，先得些社会科学常识，也是好事。现在重新学的生物学，假使两年光阴不够用，便再多留一年或半年为何不可，你的年纪还小哩。

　　你暑假后留坎或转学美国全由你自己和姊姊哥哥们商定，我在远不便遥制，只要你身体结实，用功不太过分，我便放心了。

四月廿八日　爹爹

---

[1] 此信选自吴荔明《梁启超和他的儿女们》第48～49页，没有标明年份，信中内容讲到转学美国，应该不是1927年。

1927年5月4日

[与顺儿书]

顺儿：

　　我有封长信给你们(内关于忠忠想回国的事)，写了好几天，还没有完。现在有别的事，先告诉你。

　　现在因为国内太不安宁，大有国民破产的景象，真怕过一两年，连我这样大年纪也要饿饭，所以我把所有的现钱凑五千美金汇存你那里，请你们夫妇替我经理着，生一点利息，最好能靠这点利息供给庄庄们的学费，本钱便留着作他日不时之需。你去年来信不是说那边一分利以上事业，还狠有机会吗？请你们全权替我经营。(虽亏本也不要紧，凡生意总不能说一定有盈无亏的，总之，我全权托你们就是。)过一两月若能将所有股票之类卖些出去，我还想凑足美金一万元哩。你说好不好？

　　久大①本定期发息，广告早已出来了，因汉口将所有商民现金一概没收，久大便去了四十多万，今年不能发息了。此外无论何种事业都受影响，简单说，稍微有点萌芽的工商业这次都一扫而空了，党人只是和本国人过不去，专门替帝国主义者造机会罢了。

　　李柳溪回信寄上。

　　你们外交官运气也真坏，外交部好容易凑得七万五千美金，向使领馆稍为点缀点缀，被汇丰银行中国账房倒账，只怕连这点都落空了。

　　其余改天再谈。

五月四日　爹爹

　　五千美金有一千由北京通易公司汇，有四千由天津兴业汇，想不久当陆续汇到。

---

① 久大，指范旭东创办的久大精盐公司，梁启超是股东之一。

1927年5月5日

[与孩子们书]

孩子们：

这个礼拜寄了一封公信，又另外两封(内一封由坎转)寄思永，一封寄思忠，都是商量他们回国的事，想都收到了。

近来连接思忠的信，思想一天天趋到激烈，而且对于党军胜利似起了无限兴奋。这也难怪，本来中国十几年来，时局太沉闷了，军阀们罪恶太贯盈了，人人都痛苦到极，厌倦到极，想一个新局面发生，以为无论如何总比旧日好，虽以年辈狠老的人尚多半如此，何况青年们！所以你们这种变化，我绝不以为怪，但是这种希望，只怕还是落空。

(此处删去若干字。)

我一个月以来，天天在内心交战苦痛中。我实在讨厌政党生活，一提起来便头痛。因为既做政党，便有许多不愿见的人也要见，不愿做的事也要做，这种日子我实在过不了。若完全旁观畏难躲懒，自己对于国家实在良心上过不去。所以一个月来我为这件事几乎天天睡不着(却是白天的学校功课没有一天旷废，精神依然十分健旺)，但现在我已决定自己的立场了。我一个月来，天天把我关于经济制度(多年来)的断片思想，整理一番。自己有确信的主张(我已经有两三个礼拜在储才馆、清华两处讲演我的主张)，同时对于政治上的具体办法，虽未能有狠惬心贵当的，但确信代议制和政党政治断不适用，非打破不可。所以我打算在最近期间内把我全部分的主张堂堂正正著出一两部书来，却是团体组织我绝对不加入，因为我根本就不相信那种东西能救中国。最近几天，季常从南方回来，狠赞成我这个态度。(丁在君们是主张我全不谈政治，专做我几年来所做的工作，这样实在对不起我的良心。)我再过两礼拜，本学年功课便已结束，我便离开清华。用两个月做成我这项新工作。(煜生听见高兴极了，今将他的信寄上，谅来你们都同此感想罢。)

(此处删去若干字。)

以下的话专教训忠忠。

三个礼拜前，接忠忠信，商量回国，在我万千心事中又增加一重心事。我有好多天把这问题在我脑里盘旋。因为你要求我秘密，我尊重你的意思，在你二叔、你娘娘跟前也未提起，我回你的信也不由你姊姊那里转。但是关于你终身一件大事情，本来应该和你姊姊、哥哥们商量(因为你姊姊、哥哥不同别家，他们都是有程度的人)。现在得姊姊信，知道你有一部分秘密已经向姊姊吐露了，所以我就在这公信内把我替你打算的和盘说出，顺便等姊姊、哥哥们都替你筹画一下。

你想自己改造环境，吃苦冒险，这种精神是狠值得夸奖的，我看见你这信非常喜欢。你们谅来都知道，爹爹虽然是挚爱你们，却从不肯姑息溺爱，常常盼望你们在苦困危险中把人格能磨练出来。你看这回西域冒险旅行，我想你三哥加入，不知多少起劲，就这一件事也狠可以证明你爹爹爱你们是如何的爱法了。所以我最初接你的信，倒有六七分赞成的意思，所费商量者，就只在投奔什么人——详情已见前信，想早已收到——我当时回你信过后，我便立刻找蒋慰堂叫他去商量白崇禧①那里，又找林宰平商量李济琛②那里。你的秘密我就只告诉这两个人(前天季常来问起这件事，我大吃一惊，连你二叔不知道，他怎么会知道呢？原来是宰平告诉他，宰平也颇赞成)。现在都还没有回信——因为交通梗塞，通信极慢——但现在我主张已全变，绝对的反对你回来了。因为三个礼拜前情形不同，对他们还有相当的希望，觉得你到那边阅历一年总是好的。现在呢？对于白、李两人虽依然不绝望——假使你现在国内，也许我还相当的主张你去——但觉得老远跑回来一趟，太犯不着了。头一件，现在所谓北伐，已完全停顿，参加他们军队，不外是参加他们火拼，所为何来？第二件，自从党军发展之后，素质一天坏一天，现在迥非前比。白崇禧军队算是极好的，到上海后纪律已大坏，人人都说远不如孙传芳军哩。跑进去不会有什么好东西学得来。第三件，他们正火拼得起劲——李济琛在粤，一天内杀左派二千人，两湖那边杀右派也是一样的起劲——人

---

① 白崇禧 (1893~1966)，字健生，广西临桂人，中国近代军事领袖，桂系首领。
② 李济琛 (1885~1959)，字任潮，后改名李济深，北伐战争期间，任国民革命军总司令部参谋长。

人都有自危之心，你们跑进去立刻便卷在这种危险漩涡中。危险固然不必避，但须有目的才犯得着冒险。现这样不分皂白切葱一般杀人，死了真报不出帐来。冒险总不是这种冒法。这是我近来对于你的行止变更主张的理由，也许你自己亦已经变更了。我知道你当初的计划，是几经考虑才定的，并不是一时的冲动。但因为你在远，不知事实，当时几视党人为神圣，想参加进去，最少也认为是自己历练事情的唯一机会。这也难怪。北京的智识阶级，从教授到学生，纷纷南下者，几个月以前不知若干百千人，但他们大多数都极狼狈，极失望而归了。你若现成在中国，倒不妨去试一试(他们也一定有人欢迎你)，长点眼识，但老远跑回来，在极懊丧极狼狈中白费一年光阴却太不值了。

　　至于你那种改造环境的计划，我始终是极端赞成的，早晚总要实行三几年，但不争在这一时。你说："照这样舒服几年下去，便会把人格送掉。"这是没出息的话！一个人若是在舒服的环境中会消磨志气，那么在困苦懊丧的环境中也一定会消磨志气。你看你爹爹困苦日子也过过多少，舒服日子也经过多少。老是那样子，到底志气消磨了没有？——也许你们有时会感觉爹爹是怠惰了(我自己常常有这种警惧)，不过你再转眼一看，一定会仍旧看清楚不是这样——我自己常常感觉我要拿自己做青年的人格模范，最少也要不愧做你们姊妹弟兄的模范。我又狠相信我的孩子们，个个都会受我这种遗传和教训，不会因为环境的困苦或舒服而堕落的。你若有这种自信力，便"随遇而安"的做。现在所该做的工作，将来绝不怕没有地方没有机会去磨练，你放心罢。

　　你明年能进西点便进去，不能也没有什么可懊恼，进南部的"打人学校"也可，到日本也可，回来入黄埔也可(假使那时还有黄埔)，我总尽力替你设法。就是明年不行，把政治经济学学得个可以自信回来，再入那个军队当排长，乃至当兵，我都赞成。但现在殊不必牺牲光阴，太勉强去干。所以无论宰平们回信如何，我都替你取消前议了。你试和姊姊、哥哥们切实商量，只怕也和我同一见解。

　　这封信前后经过十几天，才陆续写成，要说的话还不到十分之一。电灯久灭了，点着洋蜡，赶紧写成，明天又要进城去。

你们看这信，也该看出我近来生活情形的一斑了。我虽然为政治问题狠绞些脑髓，却是我本来的工作并没有停，每礼拜四堂讲义都讲得极得意(因为《清华周刊》被党人把持，周传儒们不肯把讲义笔记给他们登载)，每次总讲两点钟以上，又要看学生们成绩，每天写字时候仍极多。昨今两天给庄庄、桂儿写了两把小楷扇子。每天还和老白鼻顽得极热闹，陆续写给你们的信也真不少。你们可以想见爹爹精神何等健旺了。

五月五日　爹爹

1927年5月11日

[与顺儿书]

麦机路送我学位,我真是想去,但今年总来不及了(谅来总是在行毕业礼时)。明年你若还留坎京,我真非来不可。到那时国内情形又不知变成怎样,或者我到美国无甚危险,亦不可知。受他招待倒没有什么不可。他们若再来问时,你便告诉他说:"明年若国内无特别事故,当可一来。"因为我来看你们一趟之后,心里不知几多愉快,精神力量都要加增哩。

北京局面现在当可苟安,但隐忧四伏,最多也不过保持年把命运罢了。将来破绽的导火线,发自何方,现在尚看不出。大概内边是金融最危险,外边是蒙古边境最危险。南方党军已到潮落的时候,其力不能侵北。(此处删去若干字。)全国只有一天一天趋到混乱,举国中无一可以戡定大难之人,真是不了。多数人——尤其是南方的智识阶级,颇希望我负此责任,我自审亦一无把握,所以不敢挑起担子。日来为这大问题极感苦痛,只好暂时冷静看一看再说罢。

再过两礼拜,我便离开学校,仍到北戴河去,你们来信寄天津或北戴河便得。

汇去五千美金,想先后收到,你们的留支,过十天八天再寄罢。

五月十一日　爹爹

1927年5月13日

[与顺儿书]

顺儿:

　　我看见你近日来的信,狠欣慰。你们缩小生活程度,暂在坎挨一两年,是最好的。你和希哲都是寒士家风出身,总不要坏自己家门本色,才能给孩子们以磨练人格的机会。生当乱世,要吃得苦,才能站得住(其实何止乱世为然),一个人在物质上的享用,只要能维持着生命便够了。至于快乐与否,全不是物质上可以支配。能在困苦中求出快活,才真是会打算盘哩。何况你们并不算穷苦呢?拿你们(两个人)比你们的父母,已经舒服多少倍了,以后困苦日子,也许要比现在加多少倍,拿现在当作一种学校,慢慢磨练自己,真是最好不过的事,你们该感谢上帝。

　　(你们的留支稍为迟点再寄去,因为汇去美金五千,此间已无余钱,谅来迟一两个月还不碍事吧!)

　　你好几封信提小六还债事,我都没有答复。我想你们这笔债权只好算拉倒罢。小六现在上海,是靠向朋友借一块两块钱过日子,他不肯回京,即回京也没有法好想,他因为家庭不好,兴致索然。我怕这个人就此完了。除了他家庭特别关系以外,也是因中国政治太坏,政客的末路应该如此。(八百猪仔①,大概都同一命运吧。)古人说"择术不可不慎",真是不错。但亦由于自己修养功夫太浅,所以立不住脚,假使我虽处他这种环境,也断不至像他样子。他还没有学下流,到底还算可爱,只是万分可怜罢了。

　　我们家几个大孩子大概都可以放心,你和思永大概绝无问题了。思成呢?我就怕因为徽音的境遇不好,把他牵动,忧伤憔悴是容易销磨人志气的(最怕是慢慢的磨)。即如目前因学费艰难,也足以磨人。但这是一时的现象,还不要紧,怕将来为日方长。我所忧虑者还不在物质上,全在精神上。我到底不深知徽音胸襟如何,若胸襟窄狭的人,一定抵当不住忧伤憔悴,影响到

---

①八百猪仔,孙中山对民国国会议员的蔑称。

思成，便把我的思成毁了。你看不至如此吧！关于这一点，你要常常帮助着思成注意预防。总要常常保持着元气淋漓的气象，才有前途事业之可言。

思忠呢，最为活泼，但太年轻，血气未定，以现在情形而论，大概不会学下流(我们家孩子断不至下流，大概总可放心)，只怕进锐退速，受不起打击。他所择的术——政治军事——又最含危险性，在中国现在社会做这种职务狠容易堕落。即如他这次想回国，虽是一种极有志气的举动，我也狠夸奖他，但是发动得太孟浪了。这种过度的热度，遇着冷水浇过来，就会抵不住。从前许多青年的堕落，都是如此。我对于这种志气，不愿高压，所以只把事业上的利害慢慢和他解释，不知他听了如何。这种教育方法，狠是困难。一面不可以打断他的勇气，一面又不可以听他走错了路(走错了本来没什么要紧，聪明的人会回头另走，但修养工夫未够，也许便因挫折而堕落)。所以我对于他还有好几年未得放心，你要就近常常察看情形，帮着我指导他。

今日没有功课，心境清闲得狠，随便和你谈谈家常，狠是快活。要睡觉了，改天再谈罢。

五月十三日　爹爹

1927年5月26日

[与孩子们书]

孩子们：

　　我近来寄你们的信真不少，你们来信亦还可以，只是思成的太少，好像两个多月没有来信了，令我好生放心不下，我狠怕他感受什么精神上刺激苦痛。我以为，一个人什么病都可医，惟有"悲观病"最不可医，悲观是腐蚀人心的最大毒菌。生当现在的中国人，悲观的资料太多了。思成因有徽音的连带关系，徽音这种境遇尤其易趋悲观，所以我对思成格外放心不下。

　　关于思成毕业后的立身，我近几个月来颇有点盘算，姑且提出来供你们参考——论理毕业后回来替祖国服务，是人人共有的道德责任。但以中国现情而论，在最近的将来，几年以内敢说绝无发展自己所学的余地，连我还不知道能在国内安居几时呢(并不论有没有党派关系，一般人都在又要逃命的境遇中)。你们回来有什么事可以做呢？多少留学生回国后都在求生不能求死不得的状态中。所以我想思成在这时候先打打主意，预备毕业后在美国找些职业，蹲三两年再说。这话像是"非爱国的"，其实也不然。你们若能于建筑美术上实有创造能力，开出一种"并综中西"的宗派，就先在美国试验起来，若能成功，则发挥本国光荣，便是替祖国尽了无上义务。我想可以供你们试验的地方，只怕还在美国而不在中国。中国就令不遭遇这种时局，以现在社会经济状况论，那里会有人拿出钱来做你们理想上的建筑呢？若美国的富豪在乡间起(平房的)别墅，你们若有本事替他们做出一两所中国式最美的样子出来，以美国人的时髦流行性或竟可以哄动一时，你们不惟可以解决生活问题，而且可以多得试验机会，令自己将来成一个大专门家，岂不是"一举而数善备"吗？这是我一个人如此胡猜乱想，究竟容易办到与否，我不知那边情形，自然不能轻下判断，不过提出这个意见备你们参考罢了。

　　我原想你们毕业后回来结婚，过年把再出去，但看此情形，你们毕业时(指的是官费满五年的毕业)我是否住在中国还不可知呢。所以现在便先提起这问题，或者今年暑假毕业时便准备试办也可以。

因此，连带想到一个问题，便是你们结婚问题。结婚当然是要回国来才是正办，但在这种乱世，国内不能安居既是实情。你们假使一两年内不能回国，倒是结婚后同居，彼此得个互助才方便，而且生活问题也比较容易解决。所以，我颇想你们提前办理。但是否可行，全由你们自己定夺，我断不加丝毫干涉。但我认为这问题确有研究价值，请你们仔细商量定，回我话罢。

你们若认为可行，我想林家长亲也没有不愿意的，我便正式请媒人向林家求婚，务求不致失礼。那边事情有姊姊替我主办，和我亲到也差不多，或者我特地来美一趟也可以。

问题就在徽音想见他母亲，这样一来又暂时耽阁下去了。我实在替他难过。但在这种时局之下回国，既有种种困难，好在他母亲身体还康强，便迟三两年见面也还是一样，所以，也不是没有商量的余地。

至于思永呢，情形有点不同。我还相当地主张他回来一年，为的是他要去山西考古。回来确有事业可做，他一个人跑回来，便是要逃难也没有多大累赘。所以回来一趟也好，但回不回仍由他自决，我并没有绝对的主张。

学校讲课上礼拜已完了，但大考在即，看学生成绩非常之忙(今年成绩比去年多，比去年好)，我大约还有半个月才能离开学校。暑期住什么地方尚未定，旧病虽不时续发，但比前一个月好些，大概这病总是不要紧的，你们不必忧虑。

五月廿六日　爹爹

1927年5月31日

[与孩子们书]

孩子们：

　　本拟从容到放暑假时乃离校，这两天北方局势骤变，昨今两日连接城里电话，催促急行，乃仓皇而遁，可笑之至。好在校阅成绩恰已完功，本年学课总算全始全终，良心上十分过得去。

　　今日一面点检行李(因许多要紧书籍、稿件拟带往津)，下午急急带着老白鼻往坟上看一趟(因为此次离开北京，也许要较长的时日才能再回来)，整夜不睡，点着蜡，结束校中功课及其他杂事，明日入城，后日早车往津。

　　今日接思永信，说要去西部考古，我极赞成，所需旅费美金二百，即汇去，计共汇中国银一千二百元(合美金多少未知)，内七百五十元系希哲四、五、六三个月留支(先垫出一个月)，余四百五十元即给永旅费。顺收到美金多少，即依此数分配便是。若永得到监督处拨款，此数(四百五十元)即留为庄学费。

　　津租界或尚勉强可住，出去数日看情形如何，再定行止，不得已或避地日本，大约不消如此。我本身无特别危险，只要地方安宁，便可匿迹销声，安住若干时日(外兵屯集之下，靠此保障，可痛可怜)。

　　北京却险极，恐二叔们也要逃难。

五月三十一日天将亮　爹爹

1927年6月14日～15日

[与孩子们书]

孩子们：

　　三个多月不得思成来信，正在天天悬念，今日忽然由费城打回头相片一包——系第一次所寄者(阴历新年)，合家惊慌失措。当即发电坎京询问，谅一二日即得复电矣。你们须知你爹爹是最富于情感的人，对于你们的爱情，十二分热烈。你们无论功课若何忙迫，最少隔个把月总要来一封信，便几个字报报平安也好。你爹爹已经是上年纪的人，这几年来，国忧家难，重重叠叠，自己身体也不如前，你们在外边几个大孩子，总不要增加我的忧虑才好。

　　我本月初三离开清华，本想立刻回津，第二天得着王静安①先生自杀的噩耗，又复奔回清华，料理他的后事及研究院未完的首尾，直至初八才返到津寓。现在到津已将一星期了。

　　静安先生自杀的动机，如他遗嘱上所说："五十之年，只欠一死，遭此世变，义无再辱。"他平日对于时局的悲观，本极深刻。最近的刺激，则由两湖学者叶德辉②、王葆心③之被枪毙。叶平日为人本不自爱(学问却甚好)，也还可说是有自取之道；王葆心是七十岁的老先生，在乡里德望甚重，只因通信有"此间是地狱"一语，被暴徒拽出，极端棰辱，卒致之死地。静公深痛之，故效屈子沉渊，一瞑不复视。此公治学方法，极新极密，今年仅五十一岁，若再延寿十年，为中国学界发明，当不可限量。今竟为恶社会所杀，海内外识与不识莫不痛悼。研究院学生皆痛哭失声，我之受刺激更不待言了。

　　半月以来，京津已入恐慌时代，亲友们颇有劝我避地日本者，但我极不欲往，因国势如此，见外人极难为情也。天津外兵云集，秩序大概无虞。昨遣人往询意领事，据言意界必可与他界同一安全。既如此则所防者不过暴徒

---

①王静安，即王国维（1877～1927），初名国桢，字静安，号观堂，浙江海宁人，清华大学研究院教授，中国近现代之交有国际声誉的著名学者。
②叶德辉（1864～1927），字奂彬，号直山，湖南湘潭人，著名藏书家和出版家，以提倡经学自任，是政治上的保守派。
③王葆心，此人身世不详，近来有学者考证，王葆心之死因，在当时是误传。

对于个人之特别暗算，现已实行"闭门"二字，镇日将外园铁门关锁，除少数亲友外，不接一杂宾，亦不出门一步，决可无虑也。

以上六月十四日写

十五日傍晚，得坎京复电，大大放心了。早上检查费城打回之包封，乃知寄信时神经病的阿时将住址写错——错了三十多条街，难怪找不著了。但远因总缘久不接思成信，我一个月来常常和王姨谈起，担心思成身子。昨日忽接该件，王姨惊慌失其常度(王姨急得去扶乩问你妈，谁知请了半点钟，竟请不来。从前不是说过三年后便不来吗？恐怕真的哩！但前三个月老白鼻病时，还请来过一次，请不到的实以此为始)，只好发电一问以慰其心。你们知道家中系念游子，每月各人总来一信便好了。

我一个多月来旧病发得颇厉害，约摸四十余天没有停止。原因在学校暑期前批阅学生成绩太劳，王静安事变又未免大受刺激。到津后刻意养息，一星期来真是饱食终日无所用心。这两天渐渐转过来了。好在下半年十有九不再到清华，趁此大大休息年把，亦是佳事。

我本想暑期中作些政论文章，蹇季常、丁在君、林宰平大大反对，说只有"知其不可而为之"，没有"知其不可而言之"。他们的话也甚有理，我决意作纯粹的休息。每天除写写字、读读文学书外，更不作他事。如此数月，包管旧病可全愈。

十五舅现常居天津(我替他在银行里找得百元的差事，他在储才馆可以不到)，隔天或每天来打几圈牌，倒也快活。

我若到必须避地国外时，与其到日本，宁可到坎拿大。我若来坎时，打算把王姨和老白鼻都带来，或者竟全眷俱往，你们看怎么样？因为若在坎赁屋住，多三几人吃饭差不了多少，所差不过来往盘费罢了。麦机路教授我也愿意当，但唯一的条件，须添聘思永当助教(翻译)。希哲不妨斟酌情形，向该校示意。

以现在局势论，若南京派得势，当然无避地之必要；若武汉派得势，不独我要避地，京津间无论何人都不能安居了。以常理论，武汉派似无成功之可能。然中国现情，多不可以常理测度，所以不能不作种种准备。

广东现在倒比较安宁些(专指广州言,此处删去若干字),那边当局倒还狠买我的面子。两月前新会各乡受军队骚扰,勒缴乡团枪枝,到处拿人,茶坑亦拿去四十几人,你四叔也在内(你四叔近来狠好,大改变了)。乡人函电求救,情词哀切。我无法,只好托人写一封信去,以为断未必发生效力,不过稍尽人事罢了,谁知那信一到,便全体释放(邻乡皆不如是),枪枝也发还,且托人来道歉。我倒不知他们对于我何故如此敬重,亦算奇事了。若京津间有大变动时,拟请七叔奉细婆仍回乡居住,倒比在京放心些。

前月汇去美金五千元,想早收到。现在将中国银行股票五折出卖(买时本用四折,中交票已领了七八年利息,并不吃亏),卖去二百股得一万元,日内更由你二叔处再凑足美金五千元汇去,想与这信前后收到。有一万美金,托希哲代为经营,以后思庄学费或者可不消我再管了。

天津租界地价渐渐恢复转来,新房子有人要买。我索价四万五千,若还到四万,打算也出脱了,便一并汇给你们代理。

忠忠劝我卫生的那封六张纸的长信,半月前收到了。好啰嗦的孩子,管爷管娘的,比先生管学生还严,讨厌讨厌。但我已领受你的孝心,一星期来已实行八九了。我的病本来是"无理由",而且无妨碍的,因为我大大小小事都不瞒你们,所以随时将情形告诉你们一声,你们若常常啰嗦我,我便不说实话,免得你们担心了。

夜深了,下次再谈。

六月十五晚　爹爹

老白鼻已复原,天天自己造新歌来唱,有趣得狠。

暑期中替达达们聘得一位先生,专教国文,其人系研究院高才生。

1927年6月23日

[与顺儿书]

顺儿：

一星期前由二叔处寄去美金五千想收，今再将副票寄上。

十九日接思永信，言决廿一日离美返国，因京津间形势剧变，故即发电阻止。

思永此次行止屡变，皆我所致，然亦缘时局太难捉摸耳。我现在作暑期后不复入京之计画，又打算非到万不得已时不避地国外，似此倒觉极安适。

旬日来实行休息，病又将全愈(佳象为近三个月来所无)，近虽著述之兴渐动，然仍极力节制，决俟秋凉后，乃著手工作。

顷十五舅在津，每日来家晚饭，饭后率打牌四圈至八圈，饭菜都是王姨亲做(老吴当二把刀)。达达等三人聘得一位先生专教国文，读得十二分起劲。据他们说，读一日，比在校中读三四日得益更多也。那先生一面当学生，也高兴到了不得。

六月廿三日　爹爹

老白鼻这几天的新诗一首，代写出："我有两个名字，一个叫老白鼻，一个叫梁思礼。"

他专做韵文，隔几天便换一首，也没有人教他，他总是在那里哼哼。

1927年7月3日

[与顺儿书]

顺儿：

　　这几天热的狠，楼上书房简直不能坐，我每天在大客厅铺张藤床，看看书，睡睡午觉，十五舅来打打牌，就过一天，真是饱食终日(胃口大好，饭量增加半碗)无所用心。却也奇怪，大半年来的病好的清清楚楚了，和去年忠忠动身后那个把月一样。这样看来，这病岂不是"老太爷病"吗？要享清福的人才配害的，与我的性格太不相容了。但是倘使能这样子几个月便断根，那么牺牲半年或大半年的工作，我也愿意的。

　　我现在对于北京各事尽行辞却，因为既立意不到京，决不肯拿干薪，受人指摘，自己良心更加不安。北京图书馆不准我辞，我力请的结果，已准请假，派静生代理(薪水当然归静生，我决不受)。储才馆现尚未摆脱，但尽一月内非摆脱不可，清华也还摆脱不了，或者改用函授，亦勉强不辞。独有国立京师图书馆，因前有垫款关系，此次美庚款委员会以我在馆长职为条件，乃肯接济，故暂且不辞。几件事里头，以储才馆最为痛心。我费半年精神下去，成绩真不坏，若容我将此班办到卒业，必能为司法界立一狠好的基础，现在只算白费心力了。北京图书馆有静生接手，倒是一样。清华姑且摆在那里再说。我这样将身子一抖，自己倒没有甚么(不过每月少去千把几百块钱收入)，却苦了多少亲戚朋友们了。二叔七叔咧、十五舅咧、赵表叔咧、廷灿咧、黑二爷咧，都要受影响(二叔中国银行事还在，倒没有甚么，但怕也不能长久。十五舅现在只有交通银行百元了)，但也顾不得许多了。其实为我自己身子计，虽没有时局的变迁，也是少揽些事才好。所以王姨见我摆脱这些事，却大大高兴，谅来你们也同一心理。

　　前几天写一封信，阁了许多天未寄，陆续接到六月一日、九日两封长信，知第一次之五千元已收到了……第二次由二叔处汇去美金五千，想又收到。希哲意先求稳当，最好，以希哲的才干经理这点小事，一定千妥万妥的。你也不必月月有报告，你全权管理着就是了。我还想将家里点点财产，陆续处分处分，得多少都交你们替我经营去。

1927年8月5日[①]

[与庄庄书]

庄庄：

　　听见你二哥说你不大喜欢学生物学，既已如此，为什么不早同我说。凡学问最好是因自己性之所近，往往事半功倍，你离开我狠久，你的思想近来发展方向我不知道，我所推荐的学科未必合你的式，你应该自己体察做主，用姊姊、哥哥当顾问，不必泥定爹爹的话。但是新学期若已经选定生物学，当然也不好再变，只得勉强努力而已。我狠怕因为我的话扰乱了你的治学针路，所以赶紧寄这封信。

八月五日　爹爹

[①] 此信见吴荔明《梁启超和他的儿女们》第47～48页，从内容上看似乎不应排在1927年8月29日信之前，所以，这个8月5日，很可能是1928年8月5日，待考。

1927年8月29日

[与孩子们书]

孩子们：

一个多月没有写信，只怕把你们急坏了。

不写信的理由狠简单，因为向来给你们的信都在晚上写的。今年热得要命，加以蚊子的群众运动比武汉民党还要厉害，晚上不是在院子外头，就是在帐子里头，简直五六十晚没有挨着书桌子，自然没有写信的机会了，加以思永回来后，谅来他去信不少，我越发落得躲懒了。

关于忠忠学业的事情，我新近去过一封电，又思永有两封信详细商量，想早已收到。我的主张是叫他在威士康逊把政治学告一段落，再回到本国学陆军。因为美国决非学陆军之地，而且在军界活动，非在本国有些"同学系"的关系不可以。以"打人学校"决不要进。至于国内何校最好，我在这一年内切实替你调查预备便是。

思成再留美一年，转学欧洲一年，然后归来最好。关于思成学业，我有点意见。思成所学太专门了，我愿意你趁毕业后一两年，分出点光阴多学些常识，尤其是文学或人文科学中之某部门，稍为多用点工夫。我怕你因所学太专门之故，把生活也弄成近于单调，太单调的生活，容易厌倦，厌倦即为苦恼，乃至堕落之根源。再者，一个人想要交友取益，或读书取益，也要方面稍多，才有接谈交换，或开卷引进的机会。不独朋友而已，即如在家庭里头，像你有我这样一位爹爹，也属人生难逢的幸福；若你的学问兴味太过单调，将来也会和我相对词竭，不能领着我的教训，你全生活中本来应享的乐趣，也削减不少了。我是学问趣味方面极多的人，我之所以不能专积有成者在此，然而我的生活内容，异常丰富，能够永久保持不厌不倦的精神，亦未始不在此。我每历若干时候，趣味转过新方面，便觉得像换个新生命，如朝旭升天，如新荷出水，我自觉这种生活是极可爱的，极有价值的。我虽不愿你们学我那泛滥无归的短处，但最少也想你们参采我那烂漫向荣的长处。

（这封信你们留着，也算我自作的小小像赞。）

我这两年来对于我的思成，不知何故常常像有异兆的感觉，怕他渐渐会走入孤峭冷僻一路去。我希望你回来见我时，还我一个三四年前活泼有春气的孩子，我就心满意足了。这种境界，固然关系人格修养之全部，但学业上之熏染陶熔，影响亦非小。因为我们做学问的人，学业便占却全生活之主要部分。学业内容之充实扩大，与生命内容之充实扩大成正比例。所以我想医你的病，或预防你的病，不能不注意及此。这些话许久要和你讲，因为你没有毕业以前，要注重你的专门，不愿你分心，现在机会到了，不能不慎重和你说。你看了这信，意见如何(徽音意思如何)？无论校课如何忙迫，是必要回我一封稍长的信，令我安心。

　　你常常头痛，也是令我不能放心的一件事。你生来体气不如弟妹们强壮，自己便当自己格外撙节补救，若用力过猛，把将来一身健康的幸福削减去，这是何等不上算的事呀。前在费校功课太重，也是无法，今年转校之后，务须稍变态度。我国古来先哲教人做学问方法，最重优游涵饮，使自得之。这句话以我几十年之经谂(验)结果，越看越觉得这话亲切有味。凡做学问总要"猛火熬"和"慢火燉"，两种工作循环交互着用去。在慢火燉的时候才能令所熬的起消化作用，融洽而实有诸己。思成，你已经熬过三年了，这一年正该用燉的工夫。不独于你身子有益，即为你的学业计，亦非如此不能得益。你务要听爹爹苦口良言。

　　庄庄在极难升级的大学中居然升级了。从年龄上你们姊妹弟兄们比较，你算是最早一个大学二年级生，你想爹爹听着多么欢喜。你今年还是普通科大学生，明年便要选定专门了，你现在打算选择没有？我想你们弟兄姊妹，到今还没有一个学自然科学，狠是我们家里的憾事，不知道你性情到底近这方面不？我狠想你以生物学为主科，因为它是现代最进步的自然科学，而且为哲学社会学之主要基础，极有趣而不须粗重的工作，于女孩子极为合宜，学回来后本国的生物随在可以采集试验，容易有新发明。截到今日止，中国女子还没有人学这门(男子也狠少)，你来做一个"先登者"不好吗？还有一样，因为这门学问与一切人文科学有密切关系，你学成回来可以做爹爹一个大帮手，我将来许多著作，还要请你做顾问哩！不好吗？你自己若觉得性情还近，那么就选他，还选一两样和他有密切联络的学科以为辅。你们学校若有这门的好教授，便留校，否则在美国选一个最好的学校转去，姊姊哥哥们当然会替你调查妥善，你自己想想定主意罢。

专门科学之外，还要选一两样关于自己娱乐的学问，如音乐、文学、美术等。据你三哥说，你近来看文学书不少，甚好甚好。你本来有些音乐天才，能够用点功，叫他发荣滋长最好。

姊姊来信说你因用功太过，不时有些病。你身子还好，我倒不十分担心，但做学问原不必太求猛进，像装罐头样子，塞得太多太急，不见得便会受益。我方才教训你二哥，说那"优游涵饮，使自得之"，那两句话，你还要记着受用才好。

你想家想极了，这本难怪，但日子过得极快，你看你三哥转眼已经回来了，再过三年你便变成一个学者回来帮着爹爹工作，多么快活呀！

思顺报告营业情形的信已到，以区区资本而获利如此其丰，实出意外。希哲不知费多少心血了。但他是一位闲不得的人，谅来不以为劳苦。永年保险押借款剩余之部及陆续归还之部，拟随时汇到你们那里经营。永年保险明年秋间便满期，现在借款认息八厘，打算索性不还他，到明年照扣便了。又国内股票公债等，如可出脱者(只要有人买)，打算都卖去，欲再凑美金万元交你们(只怕不容易)。因为国内经济界全体破产即在目前，旧物只怕都成废纸了。

我们爷儿俩常打心电，真是奇怪。给他们生日礼一事，我两月前已经和王姨谈过，写信时要说的话太多，竟忘记写去，谁知你又想起来了。耶稣诞我却从未想起，现在可依你来信办理，几个学生都照给他们压岁钱、生日礼、耶稣诞各二十元，桂儿姊弟压岁、耶稣诞各十元，你们两夫妇却只给压岁钞，别的都不给了。你们不说爹爹偏心吗？

我数日前因闹肚子，带着发热，闹了好几天，旧病也跟着发得厉害。新病好了之后，唐天如替我制一药膏，方服了三天，旧病又好去大半了。现在天气已凉，人极舒服。

这几天几位万木草堂老同学韩树园、徐君勉、伍宪子都来这里共商南海先生身后事宜，他家里真是八塌糊涂，没有办法。最糟的是他一位女婿(三姑爷)，南海生时已经种种捣鬼，连偷带骗。南海现在负债六七万，至少有一半算是欠他的(他串同外人来盘剥)。现在还是他在那里把持，二姨太是三小姐的生母，现在当家，惟女儿女婿之言是听，外人有什么办法？君勉任劳任怨想要整顿一下，便有"干涉内政"的谤言，只好置之不理。他那两位世兄，和思忠、思庄同庚，现在还是一点事不懂(远不及达达、司马懿)，活是两个傻大少(人尚不坏，但是饭桶，将来亦怕变坏)。还有两位在家的小姐，将来不知被那三姑爷摆弄到什么结果，比起我们的周姑爷和你们弟兄姊妹，真成了两极端了。我真不解，像南海先生这样一个人，为什么全不会管教儿女，弄成这样局面。我们公同商议的结果，除了刊刻遗书由我们门生负责外，盼望能筹些款，由我们保管着，等到他家私花尽(现在还有房屋、书籍、字画等所值不少)，能够稍为接济那两位傻大少及可怜的小姐，算稍尽点心罢了。

  思成结婚事，他们两人商量最好的办法，我无不赞成。在这三几个月，当先在国内举行庄重的聘礼，大约须在北京，林家由徽的姑丈们代行，等商量好再报告你们。

  福曼来津住了几天，现在思永在京，他们当短不了时时见面。

  达达们功课狠忙，但他们做得兴高采烈，都狠有进步。下半年都不进学校了，良庆(在南开中学当教员)给他们补些英文、算学，照此一年下去，也许抵得过学校里两年。

  老白鼻越发好顽了。

爹爹　八月廿九日

  两点钟了，不写了。

1927年10月11日

[与孩子们书]

孩子们：

　　我在协和住了十二日，现在又回到天津了。十二日的结果异常之好，血压由百四五十度降到百零四度，小便也跟着清了许多。但医生声明不是吃药的功效，全由休息及饮食上调养得来。现回家已十日，生活和在医院差不多，病亦日见减轻。若照此半年下去，或许竟有复原之望。

　　思永天天向我唠叨，说我不肯将自己作病人看待。我因为体中并无不适处，如何能认做病人。这（次）协和详细检查，据称每日所失去之血，幸而新血尚能补上，故体子不致大吃亏。但每日所补者总差些微不足(例如失去百分，补上九十九分)，积久下去，便会衰弱，所以要在起居饮食上调节，令其逐渐恢复平衡。现在全依医生的话，每天工作时间极少，十点钟便上床，每晚总睡八小时以上，食物禁蛋白质，禁茶、咖啡等类(酒不必说绝不入口)。半月以来日起有功了。

　　思永主张在清华养病，他娘娘反对。在清华的好处是就医方便，但这病既不靠医药，即起居饮食之调养，仍是天津方便得多。而且我到了清华后，节劳到底是不可能的。所以讨论结果，思永拗不过他娘娘。现在看来幸亏没有再搬入京，奉、晋开战后，京中人又纷纷搬家了。

　　思永原定本月四日起程考古，行装一切已置备，火车位已定妥了，奉、晋战事于其行期三日前爆发，他这回回国计画失败大半了(若早四五日去，虽是消息和此间隔绝，倒可以到他的目的地)。幸亏思忠没有回来，前所拟议的学校，现在都解散了。生当今日的中国，再没有半年以上的主意可打，真可痛心。

　　现在战事正在酣畅中，胜负何如，十日后当见分晓。但无论何方胜，前途都不会有光明，奈何奈何！要说的话很多，严守医生之训，分做两三次写罢。

双十节后一日　爹爹

　　有我写的字和余樾园写的画裱好了，寄给你们打扮打扮你们的小书房。

1927年10月29日

[与孩子们书]

孩子们：

又像许久没有写信了，近一个月内连接顺、忠、庄好多信，独始终没有接到思成的，令我好生悬望。每逢你们三个人的信到时，总盼着一两天内该有思成的一封，但希望总是落空。今年已经过去十个月了，像仅得过思成两封信(最多三封)，我最不放心的是他，偏是他老没有消息来安慰我一下，这两天又连得顺、忠的信了，不知三五天内可有成的影子来。

我自从出了协和，回到天津以来，每天在起居饮食上十二分注意，食品全由王姨亲手调理，睡眠总在八小时以上，心思当然不能绝对不用，但常常自己严加节制，大约每日写字时间最多，晚上总不做什么工作，"赤化"虽未能骤绝，但血压逐渐低下去，总算日起有功。

我给你们每人写了一幅字，写的都是近诗，还有余樾园给你们每人写一幅画，都是极得意之作。正裱好付邮，邮局硬要拆开看，认为贵重美术品要课重税，只好不寄，替你们留在家中再说罢。别有扇子六把(希哲、思顺、思成、徽音、忠忠、庄庄各一)，已经画好，一两天内便写成，即当寄去。

思成已到哈佛没有？徽音又转学何校？至今未得消息，不胜怅望。你们既不愿意立即结婚，那么，总以暂行分住两地为好，不然生理上、精神上或者都会发生若干不良的影响。这虽是我远地的幻想，或不免有点过忧，但这种推理也许不错，你们自己细细测验一下，当与我同一感想。

我在这里正商量替你们行庄重的聘礼，已和卓君庸商定，大概他正去信福州征求徽音母亲的意见，一两星期内当有回信了。届时或思永、福曼的聘礼同时举行亦未定。

成、徽结婚的早晚我当然不干涉，但我总想你们回国之前先在欧洲住一年或数月，因为你们学此一科，不到欧洲实地开开眼界是要不得的。回国后再做欧游，谈何容易。所以除了归途顺道之外，没有别的机会。既然如此，则必须结婚后方上大西洋的船，殆为一定不易的办法了。我想明年暑假后，你们也应该去欧洲了，赶紧商议好等我替你们预备罢。

还有一段事实不能不告诉你们——若现在北京主权者不换人，你们婚礼是不能在京举行的，理由不必多说，你们一想便知；若换人时，恐怕也带着换青天白日旗，北京又非我们所能居了，所以北京恐怕到底不是你们结婚的地点。

忠忠到维校之后来两封信，都收到了。借此来磨练自己的德性，是最好不过的了，你有这种坚强志意真令我欢喜，纵使学科不甚完备，也是值得的，将来回国后，或再补入某个(国内)军官学校都可以。好在你年纪轻，机会多着呢。

你加入政治团体的问题，请你自己观察，择其合意者便加入罢。我现在虽没有直接作政治活动，但时势逼人，早晚怕免不了再替国家出一场大汗。现在的形势，我们起他一个名字，叫做"党前运动"——许多非国民党的团体要求拥戴领袖作大结合(大概除了我，没有人能统一他们)，我认为时机不到，不能答应，但也不能听他们散漫无纪。现在办法，拟设一个虚总部(秘密的)——不直接活动而专任各团体之联络——大抵为团体(公开的)，如美之各联邦，虚总部则如初期之费城政府，作极稀松的结合，将来各团事业发展后，随时增加其结合之程度。你或你的朋友也不妨自立一"邦"，和现在的各"邦"同时隶于虚总部之下，将来自会有施展之处。我现在只能给你这点暗示，你自己斟酌进行罢。

以上十月廿九日写

1927年10月31日～11月15日

[与孩子们书]

昨日又得加拿大一大堆信，高兴得我半夜睡不着，虽然思成信还没有来，知道他渐渐恢复活泼样子，我便高兴了。前次和思永谈起，永说："爹爹尽可放心，我们弟兄姊妹都受了爹爹的遗传和教训，不会走到悲观沉郁一路去。"果然如此，我便快乐了。

寒假把成、徽两人的溜（提溜）到阿图和顽几天，好极了。他们得大姊姊温暖一度，只怕效力比什么都大。

庄庄学生物学和化学，好极了。家里学自然科学的人太少，你可以做个带头马。我希望达达以下还有一两个走这条路，还希望烂名士将来也把名士气摆脱些，做个科学家。

思永出外挖地皮去不成功，但现在事情也狠够他忙了。他所挂的头衔真不少——清华学校助教、古物陈列所审查员、故宫博物院(新改组)审查员——但都不领薪水(故宫或者有些少)。他在清华整理西阴遗物，大约本礼拜可以完功。他现在每礼拜六到古物陈列所，过几天故宫改组后，开始办事，他或者有狠多的工作。他又要到监狱里测量人体，下月也开始工作，只怕要搬到城里住了。我出医院回津后就没有看见他。过几天是他生日，要把他的溜（提溜）回家顽一两天。

希哲替我经营，一切顺利，欣慰之至。一月以来，由二叔处寄汇两次，共三千美金，昨日又由天津兴业汇二千美金，想均收到。前后汇寄之款皆由变卖国内有价证券而来(一部分是保险单押出之款陆续归还者)，计卖去中国银行股票面二万，七年长期票面万八千，余皆以半价卖出——但不算吃亏，因为几年前买入的价格都不过三折余，已经拿了多次利息了——国内百业凋残，一两年后，怕所有礼券都会成废纸，能卖出多少转到美洲去，也不至把将来饭碗全部摔破，今年内最多只能再寄美金一千，明年上半年保险满期，当可得一笔稍大之款，照希哲这样经营得三两年，将来吃饭当不至发生问题了。

以上十月三十一日写

这封信写了多天未成,又阁了多天未寄,意在等思成一封信,昨天等到了,高兴到了不得,要续写话又太多,恐怕更等下去,就把前头写的先寄吧。

昨天思永"长尾巴",叫他回家顽三两天,越发没有工夫写信了。你们千万别要盼我多信,因为我寄你们的信都是晚上写的,我不熬夜便没有信了,你们看见爹爹少信,便知爹爹着实是养病了。

我这一个礼拜小便非常非常之好,简直和常人一样了。你们看见当大大高兴。

十一月十五日　爹爹

1927年11月23日～12月5日

[与孩子们书]

孩子们：

有顶好消息报告你们：我自出了协和以来，真养得大好而特好，一点药都没有吃，只是如思顺来信所说，拿家里当医院，王姨当看护，严格的从起居饮食上调养。一个月以来"赤化"像已根本扑灭了，脸色一天比一天好，体子亦胖了些。这回算是思永做总司令，王姨执行他的方略，若真能将宿病从此断根，他这回回家，总算尽代表你们的职守了。我半月前因病已好，想回清华，被他听见消息，来封长信说了一大车唠叨话，现在暂且中止了。虽然著述之兴大动，也只好暂行按住。

思顺这次来信，苦口相劝，说每次写信便流泪。你们个个都是拿爹爹当宝贝，我是狠知道的，岂有拿你们的话当耳边风的道理。但两年以来，我一面觉得这病不要紧，一面觉得他无法可医，所以索性不理会他，今既证明有法可医，那么我有什么不能忍耐呢？你们放下十二个心罢。

却是因为我在家养病，引出清华一段风潮，至今未告结束。依思永最初的主张，本来劝我把北京所有的职务都辞掉，后来他住在清华，眼看着惟有清华一时还摆脱不得，所以暂行留着。秋季开学，我到校住数天，将本年应做的事，大约定出规模，便到医院去。原是各方面十分相安的，不料我出院后几天，外交部有改组董事会之举，并且章程上规定校长由董事中互选，内中头一位董事就聘了我。当部里征求我同意时，我原以不任校长为条件才应允（虽然王荫泰对我的条件没有明白答复认可）。不料曹云祥①怕我抢他的位子，便暗中运动教职员反对，结果只有教员朱某一人附和他。我听见这种消息，便立刻离职。他也不知道，又想逼我并清华教授也辞去，好同清华断绝关系。于是由朱某运动一新来之研究院学生（年轻受骗）上一封[匿名]书说，院中教员旷职，请求易人。老曹便将那怪信油印出来寄给我，讽示我自动辞职。不料事为全体学生所闻，大动公愤，向那写匿名信的新生责问，于是种种卑劣阴谋尽行吐露，学生全体跑到天津求我万勿辞职（并

---

① 曹云祥（1881～1937），字庆五，浙江嘉兴人，清华学校第五任校长，1928年去职。

勿辞董事)。恰好那时老曹的信正到来，我只好顺学生公意，声明绝不自动辞教授，但董事辞函却已发出。学生们又跑去外交部请求，勿许我辞。他们未到前，王外长的挽留函也早发出了。他们请求外部撤换校长及朱某，外部正在派员查办中，大约数日后将有揭晓。这类事情，我只觉得小人可怜可叹，绝不因此动气。而且外部挽留董事时，我复函虽允诺，但仍郑重声明以不任校长为条件，所以我也断不至因这种事情再惹麻烦，姑且当作新闻告诉你一笑罢。

我近来最高兴的是得着思成长信，知道你的确还是从前那活泼有春气的孩子，又知道身体健康也稍回复了——但因信中有"到哈佛后已不头痛"那句话，益证明我从前的担心并非神经过敏了。你若要我绝对放心，务要在寒假期内找医生精密检查，看是否犯了神经衰弱的病，若有一点不妥，非把他根本治好不可！你这样小小年纪，若得了一种痼疾，不独将来不能替国家社会做事，而且自己及全家庭都受苦痛。这件事我交给思顺替我监督着办，三个月后我定要一张医生诊断书看着才放心的。

思成的《中国宫室史》当然是一件大事业，而且极有成功的可能，但非到各处实地游历不可——大抵内地各名山、唐宋以来建筑物全都留存的尚不少，前乎此者也有若干痕迹——但现在国内情形真是一步不可行，不知何时才能有这种游历机会。思永这回种种计划都成泡影，恐以后只有更坏，不会往好处看，你回来后恐怕只能在北京城圈内外做工作，好在这种工作也够你做一两年了。

十二点过了，王姨干涉了好几次了，明天再写吧。

以上十二（一）月廿三日

你来信说武梁祠堂，那不过是美术史上重要资料罢了，建筑上像不会看出什么旧型，你着手研究后所得如何，只怕失望罢。

若亲到嘉祥县去实地用科学方法调查废址，也许有所得。

以上仍是廿三日

你们回国后职业问题大不容易解决，现在那里有人敢修房子呢？学校教授也非易，全国学校除北京外，几乎都关门了。但没法之中也许还是在当教书匠上想法，那么教的什么东西，不能不稍预备，我想你们在西洋美术史上多下一点工夫，何如？

我想你们这一辈青年，恐怕要有十来年——或者更长，要挨极艰难困苦的境遇，过此以往却不是无事业可做，但要看你对付得过这十几二十年风浪不能。你们现在就要有这种彻底觉悟，把自己的身体和精神十二分注意锻炼、修养，预备着将来广受孟子所谓"苦其心志，劳其筋骨，饿其体肤，空乏其身，行拂乱其所为"者，我对于思成身子常常放心不下，就是为此。

以上仍廿三晚写，写到此被王姨捉去了

思成开美术书单甚好，一年内外北京图书馆只能以万元(华币)购美术书，最好在此数目范围内开单，你若能代买更好(书单来后便寄款)，便把款汇给你。我现虽辞去馆长职，但馆中事还常常问我主意。

以上廿四日写

这封信写了前头那几张纸，一搁又搁下十二天了。这没有什么奇怪，因为王姨不许我晚上执笔。你们猜我晚上做什么事呢？每天吃完晚饭总是和达达、司马懿"过桥"一点钟(十五舅凑脚，他每天总输两三角钱)，他们上课后(八点钟上夜课)，再和十五舅、王姨打"三人麻雀"一点钟，约摸十点多便捉去睡觉。但还是睡不着的时候多，因为有许多心事(不外政治问题或学问问题，也常常想起你们)在床上便想起，大抵十天中有两三天倒床便睡着，仍有七八天展转反侧或到狠夜深也不定。但每天总睡足八个钟头，早睡着便早起，晚睡着便晚起。所以身子保养得异常之好，一个月以来"赤焰"几乎全熄了。

这回写信真高兴，因为接连得着思成两封长信，头一封还没有详细回答，第二封(今天到)又来了。这几天常常在我脑子里转的就是思成们结婚问题。结婚当然是回国后才办最好，这是不消说的。在徽音固然他娘娘只有他一个，应该在跟前郑重举行。即以思成论，虽然姊妹弟兄狠多，但你是长子，我还不是十二分不愿意，如此盛典不在我跟前看着办吗？前几天我替南开大学一位教授(研究院毕业生)主婚，他们夫妇都是云南人，没有一个亲属在此。我便充当两边的家长，狠觉得他们冷清清的。同时想起我的思成，若在美结婚，只怕还赶不上他们热闹哩！心里老大不自在。但是为你们学业计，非到欧洲一游不可。回国后想在较近期间内再出去，实属千难万难。这种机会如何可以错过呢？你今天来信说的徽音从太平洋先归省亲，虽然未尝不可，但徽音虽曾到过欧洲，经过这几年学业后，观察眼光当然与前不同，不去再看一趟，到底是可惜。况且两个人同游同看，彼此观摩，当然所得益处比一个人独游好得多。这种利益不消我多说，你们当然都会想到了。还有一层，你们虽然回国结婚，婚礼也狠难在北京举行，因为林家一时不会全眷移回北京。然则回来后，不是在天津办就是在福州办，还不是总不能十分圆满吗？所以，我替你们打算，还是在美办的好，徽音乖孩子，采纳我的主张罢(林家长亲完全和我同一主张，想也有信去了)。

我替你们出主意，最好是在阿图和办——婚礼即在那边最大的礼拜堂里举行。林叔叔本是基督教信徒，我虽不喜教会，但对于基督当然是崇拜的。既然对于宗教没有什么界限，而又当中国婚礼没有什么满意的仪式的时候，你们用庄严的基教婚仪有何不可呢？一面希哲夫妇用"中国之家代表"的资格参列，再请上该地方官长和各国外交官来观礼，也狠够隆重的了。你们若定了采用这办法，可先把日期择定，即刻写信回来(或怕赶不上则电告)，到那天我和徽音的娘当各有电报给你们贺喜并训勉，岂不是已经相当的热闹和郑重了吗？

有一件事要告诉你们：你们若在教堂行礼，思成的名字便用我的全名，用外国习惯叫做"思成梁启超"，表示你以长子资格继承我全部的人格和名誉。

你的腿能够跪拜否？若能，则结婚后第二天，新夫妇同到领事馆，向两家祖宗及父母双双遥拜，若不能屈膝，则双双鞠躬亦得，总之行最敬礼便是了。

婚礼只要庄严，不要奢靡，不独在外国如是，即回本国举行也不过如是，相当的衣服首饰，姊姊当然会斟酌着办。

我这几天正在忙着和你们行聘礼，大约定期在本月十八日——若聘物预备未齐，则改迟三两日。我们请的大宾是林宰平先生，林家请的大约是江翊云①先生或陈仲恕②先生，我们的主要聘仪是玉珮，可以佩在项间者，其珮以翡翠一方，碧犀(红色)一方，缀以小金环联结而成，约费四百元左右，系由

---

①江翊云，即江庸（1878～1960），字翊云,福建长汀人，中国近代法律教育奠基人之一。
②陈仲恕，浙江杭州人，清末杭州求是书院监院，蒋百里的恩师，民国期间曾任熊希龄内阁国务秘书，近代收藏家。

陈仲恕先生和你二叔商量购制。我尚未看见，据来信说是美丽极了。林家的聘仪是玉印一方，也有翡翠，听说好极了。又据说该玉印原有两方，我不好意思请林家全买，打算我们把那一方也买来添上去。庚帖是两家公请卓君庸先生写。因为他堂上具庆，夫妇齐眉，字又写得极好，合适极了。聘礼行过后，我便请林家将双方聘物一齐汇寄到坎领事馆，要赶上你们婚期。庚帖便存在两家家长处，等你们回来才敬谨收藏。

你们结婚后的行程，我也大略一想，在坎住数日后即渡欧，归途从西伯利亚路先回天津谒祖，我们家郑重请一次客，在津住一个月内外，思成便送徽音回福州谒祖，在福州住一个月内外，徽音若想在家多住些日子，思成便先回津跟着我做学问及其他事业。

我现在有一个小计划，只要天津租界还可以安居（大约可以）时，等思成回来，立刻把房子翻盖，重新造一所称心合意的房子，为我读书娱老之用。将新房子卖出，大约可值四万五乃至五万，日内拟便托仪品公司代卖，卖去时将来全部作为翻盖新房用，先将该款寄坎，托希哲经营，若能多得些赢利更好，总而言之，这部分款项全交思成支配，专充此项之用。思成，你先留心打个腹稿，一回来便试验你的新学问吧！

思成职业问题，一时还没有什么把握，但也不必多忧虑。好在用不着你们养家，你们这新立的小家庭极简单，只要徽音愿意在家里住，尽可以三几年内不用分居（王姨是极好处的，你们都知道），在南开当一教授，功课担任轻些，每月得百把块钱做零用，用大部分光阴在家里跟着我做几年学问，等时局平静后学问也大成了，再谋独立治生机会也多着哩。

思永每次回家和我谈谈学问，都极有趣。我想再过几年，你们都回来，我们不必外求，将就家里人每星期开一次"学术讨论会"，已经不知多快乐了。

十一点了，王姨要来干涉了，快写，快写。

你们猜思永干什么？他现在住在监狱里！却是每礼拜要进皇宫三次或两次！你们猜他干吗？好了，不写了。

许多别的话要讲，留待下次罢。先把这十几张纸付邮，不然又怕要耽阁多少天了。

爹爹　十二月五日

1927年12月上旬

[与孩子们书]

孩子们：

有一捆字画及扇子七把寄给你们，收到没有？那画都是余樾园在我们家里画的，用的是康熙纸乾隆墨，共有多幅，却是被达达、司马懿们五抢六夺硬要落他们的款(还有阿时、廷灿夹在里头)。内中思顺、思成两幅，还是我替你们争回来的。忠忠、庄庄却落空了，我写的字是自作的诗，用的也是乾隆纸乾隆墨，扇子又是隔了一个多月(出医院后)写的，内中徽音那把写得最得意，你们看着便知爹爹近来的精神如何活泼强健了。

另有三把扇子给桂儿姊弟，请人画些好顽的动物(猫之类)，润笔已送去，尚未画来，大约十天半月后或可寄出。

这一张不记是那天写的了，但总在十几天以前。

十二月十九日记

1927年12月12日

[与孩子们书]

孩子们：

　　这几天家里忙着为思成行文定礼①，已定本月十八日(阳历)在京寓举行[日子是王姨托人择定的（那天恰是星期）。我们虽不迷信，姑且领受他一片好意]。因婚礼十有八九是在美举行，所以此次文定礼特别庄严郑重些。晨起谒祖告聘，男女两家皆用全帖遍拜长亲，午间宴大宾，晚间家族欢宴。我本拟是日入京，但(一)因京中近日风潮正恶，(二)因养病正见效，入京数日，起居饮食不能如法，恐或再发旧病，故二叔及王姨皆极力主张我勿往，一切由二叔代为执行，也是一样的。今将告庙文写寄，可由思成保藏之作纪念。

　　聘物我家用玉珮两方，一红一绿。林家初时拟用一玉印，后闻我家用双珮，他家也用双印，但因刻玉好手难得，故暂且不刻，完其太璞。礼毕拟将两家聘物汇寄坎京，备结婚时佩带，惟物品太贵重，深恐失落，届时当与邮局及海关交涉，看能否确实担保，若不能，即仍留两家家长处，结婚后归来，乃授与宝存。

　　在美婚礼，我远隔不能遥断，但主张用外国最庄严之仪式，可由希哲、思顺帮同斟酌，拟定告我。惟日期最盼早定，预先来信告知，是日仍当在家里行谒祖礼，又当用电报往贺也。

　　婚礼所需，思顺当能筹画，应用多少可由思顺全权办理。另有三千元(华币)，我在三年前拟补助徽音学费者，徽来信请暂勿拨付，留待归途游欧之用，今可照拨。若"捣把"有余利，当然不成问题，否则在资本内动用若干，亦无妨，因此乃原定之必要费也。

　　思成请学校给以"留欧"费一事，现曹校长正和我闹意见，不便向他说项。好在校长问题不久便当解决(前星期外部派员到校查办风潮起因，极严

---

① 文定礼，或称送定、纳吉，又称"小聘"（"大聘"则指"纳徵"或"过大礼"），是中式婚礼的礼俗之一，即俗称彩礼。

厅，大约数日内便见分晓)，曹去后大约由梅教务长①代理，届时当为设法。

我的病本来已经痊愈了二十多天，便色与常人无异，惟最近一星期因做了几篇文章(实在是万不能不做的，但不应该连着做罢了)，又渐渐有复发的形势，如此甚属讨厌，若完全叫我过"老太爷的生活"，我岂不成了废人吗？我精神上实在不能受此等痛苦。

晚饭后打完了"三人六圈"的麻雀，时候尚狠早，抽空写这封信，尚有许多话要说，被王姨干涉，改天再写罢。

十二月十二日　爹爹

庄庄：那位前辈同学的信收到了，我自己实在开不出书单来，已转托清华一位教授代开，等他回信时便寄上。

---

① 梅教务长，即梅贻琦（1889~1962），天津人，1928年后出任清华大学代理校长、校长。

1927年12月13日

[与思顺书]

思顺：

十一月份营业报告收到，希哲真能干，怎么几个月工夫已经弄到加倍以上的利(还除了庄庄一笔学费等等不计)。照这样下去，若资本丰富一点，经营三两年岂不成了富翁吗？我现在极力撙节，陆续还寄些去。若趁希哲在外的机会，弄到美金五万，寄回来便是十万，我真可以不必更卖气力找饭吃，家里经济问题完全解决了。

保险单明年七月便满期，保的是三万元，但十五年间所纳费已在三万七八千元内外，若只得三万，岂非我们白亏了七八千元，还有复息不在内，这不太吃亏吗？不知保险公司章程何如，若只有三万，则除去借款一万五千并利息外，明年所收不过一万二千余了。该公司总部设在加拿大，保险单也押存在总公司，若期满后展转赎回，乃能领款，又须经几个月。我想和公司交涉，一满期便将该款在坎京拨交希哲收。请希哲日内便与总公司交涉，应需何等手续，半年内可以办妥也，省得许多事。

思成、徽音婚礼及游欧费所需只好请希哲努力变把戏，变些出来，若利息所入不敷，即动些资本亦无不可，有三千华币给徽音，合以思成在学校所领或亦已勉强够用罢。我知道他们是不会乱花钱的，你斟酌着不可令他们太刻苦便是。

你自己的生计怎么样？月月赔垫这些钱都是从那里出？从前的积蓄究竟赔去多少？你下次来信把大概情形告诉我，令我安心一点罢。

你再过三四年才回家绝不要紧，一个月内总有一两封信也和见面差不多，我的体气底子本来极强，这点小病算什么！况且我已经绝对采用你们的劝告，把养病当一件大事了，你们还有什么不放心呢！

你虽是受父母特别的爱(其实也不算特别，我近来爱弟妹们也并不下于爱你)，但你的报答也算狠够了。妈妈几次的病，都是你一个人服侍，最后半年多衣不解带的送妈妈寿终正寝。对于我呢，你几十年来常常给我精神上无限的安慰喜悦,这几年来把几个弟弟妹妹交给你,省我多少操劳,最近更把家里经济基础由你们夫妇手确立,这样女孩儿,真是比别人家男孩还得力十倍。你自己所尽的道德责任,也可以令你精神上常常得无限愉快了。所以我劝你不必思家着急,趁这在外的机会,把桂儿、瞻儿的学业打个深厚的基础,只要私人生计勉强维持得下去,外交部又不调动你们,你便索性等到我六十岁时才回来祝寿,也不迟哩。

你们在坎虽清苦,但为桂儿姊弟计,比在斐律宾强多了。第一是养成节俭吃苦的习惯。第二是大陆的教育,到底比殖民地好得多。至于所做帮助我们家里的种种工作,其利益更是计算不出来了。据此说来,狠该感谢王正廷[①]的玉成,你们同意吗?

近来著述之兴大动,今晚本又想执笔,被王姨捣乱干涉,只好和你闲谈开开心,便去睡觉。

十二月十三日　爹爹

这些零零碎碎写了好多天了,若不寄出,又不知要耽阁几时,许多许多要说的话下次再谈吧!

十二月廿一日

前三个礼拜内,兴业汇去二千美金想已收,昨日又续汇去一千,大概以后半年未必有力再汇了。

廿一日

中原公司你们认股四百元已交去。

廿一日

[①] 王正廷(1882~1961),原名正庭,字儒堂,号子白,浙江奉化人,民国时期外交官。

1927年12月18日

[与思成书]

思成：

　　这几天为你聘礼，我精神上非常愉快，你想，从抱在怀里"小不点点"一个孩子，盘到成人(还经过千灾百难的)，品性学问都还算有出息，眼看着就要缔结美满的婚姻，而且不久就要返国，回到我的怀里，如何不高兴呢？今天北京家里典礼极庄严热闹，天津也相当的小小点缀，我和弟弟妹妹们极快乐的顽了半天。想起你妈妈不能小待数年，看见今日，不免起些伤感。但他脱离尘恼，在彼岸上一定是含笑的。除在北京由二叔正式告庙外(思永在京跟着二叔招呼一切)，今晨已命达达专在神位前默祷，达此诚意。

　　我主张你们在坎京行礼，你们意思如何？我想没有比这样再好的了。你们在美国两个小孩子自己实张罗不来，且总觉太草率，有姊姊代你们请些客，还在中国官署内行谒祖礼(婚礼还是教堂内好)，才庄严像个体统。

　　婚礼只要庄严不要侈靡，衣服手饰之类，只要相当过得去便够，一切都等回家再行补办，宁可撙节下点钱作旅行费。

　　你们由欧归国行程，我也盘算到了。头一件我反对由西伯利亚路回来，因为野蛮残破的俄国，没有什么可看，而且入境出境，都有种种意外危险(到满洲里车站总有无数麻烦)。你们最主要目的是游南欧，从南欧折回俄京搭火车也太不经济，想省钱也许要多花钱。我替你们打算，到英国后折往瑞典、那（挪）威一行，因北欧极有特色，市政亦极严整有新意(新造之市，建筑上最有意匠者为南美诸国，可惜力量不能供此游，次则北欧特可观)，必须一往。由是入德国，除几个古都市外，莱茵河畔著名堡垒最好能参观一二，回头折入瑞士看些天然之美，再入意大利，多耽阁些日子，把文艺复兴时代的美，彻底研究了解，最后便回到法国，在玛赛上船(到西班牙也好，刘子楷在那里当公使，招呼极方便，中世及近世初期的欧洲文化实以西班牙为中心)，中间最好能腾出点时间和金钱到土耳其一行，看看回教的建筑和美术，附带着(替我)看看土耳其革命后政治[关于这一点，最好能调查得一两部极简明的书(英文的)回来讲给我听听]。

　　思永明年回美,我已决定叫他从欧洲走(但是许走西伯利亚路,因为去比来的危难较少),最好你们哥儿俩约定一个碰头地方,大约以使馆为通信处最便,你们只要大概预定某月到某国,届时思永到那边使馆找你们便是。

　　从印度洋回来,当然以先到福州为顺路,但我要求你们先回京津,后去福州。假使徽音在闽预定仅住一月半月,那自然无妨。但我忖度情理,除非他的母亲已回北京,否则徽一定愿意多住些日子,而且极应该多住,那么必须先回津,将应有典礼都行过之后,你才送去。你在那边住个把月便回来,留徽在娘家一年半载,则双方仁至义尽。关于这一点,谅来你们也都同意。

十二月十八日　爹爹

1927年12月19日

[与思顺书]

达达、司马懿半年来进步极速(六六亦有相当进步)。当初，他们的先生①将一年功课表定了，来问我，我觉得太重些。他先生说，可以现在做下去，他们兴味越来越浓。大概因为他先生教法既好，又十二分热心，所以把他们引上路了。他们——尤其是达达，对于他的先生又恭敬又亲热，每天得点零碎东西吃，总要分给先生，先生偶然出门去，便替他留下。看达达样子，像觉得除爹爹、娘娘外，天下可敬可爱之人没有过他的先生了。

以上几行是十一月廿五日写的，这几行写了二十多天还没有寄，今日得空闲谈，还继续这方面的话。

今年偶然高兴，叫达达们在家读书，真是万幸，不然达达早已等于失学了。(此处删去若干字)我初意本叫达达们在家学一年，明年再进校，照此情形，明年怕未必有校可进，便有我也不敢叫他们去。好在他们既得着一位这样好先生，那先生又是寒士，梦想去日本留学而不得，我的意思想明年暑假后或寒假后，请那先生带着他们到东京去。达、懿两人补习一年或两年，便可望考进大学，六六便正式进中学。这种办法你们赞成吗？(回信务陈意见)

司马懿非常聪明，逼着和达达同一样功课(英文不同)，居然跟得上。达达自受手术后，体子比从前好多了，没有病过一次，记性也加增。六六当然在弟兄姊妹中算是个饭桶，但自从割了喉咙后也狠见进步，这都是可以令你们高兴的新闻。

思永说，你们都怪爹爹信中只说老白鼻不说别的弟妹，太偏心，这次总算说了一大段了。

他们先生真好顽，完全像家里子弟一样了，出了书房便和他们淘气，一进书房便板着面孔。他羡慕我们的家庭到极点了，常和他的同学说，要学先生，须从家庭学起，但是谈何容易。

以上十二月十九日写

---

①先生，即谢国桢(1901~1982)，字刚主，河南安阳人，1926年入清华学校研究院，跟随梁启超学习和研究。

1927年12月24日

[与顺儿书]

顺儿：

得前次书，已猜着几分你有喜信，这回连接两书知道的确了，我和王姨都极欢喜。王外长对我十二分恭敬，我倒不好意思为这点小事直接写信给他。他和吴柳隅极熟，今日已写一封极恳切的信给柳隅，看有办法没有，能有最好。万一不能，就在营业款项上挪用些，万不可惜费，致令体子吃亏。须知你是我第一个宝贝，你的健康和我的幸福关系大着哩。好孩子，切须听爹爹的话。

北方局面看着快要完了。希哲倒没有十分难处，外面使领馆狠多，随众人的态度为态度便是。你一时既不能上路，便安心暂住那边，最多是到时把总领事头衔摔下，用私人资格住到能行时为止。这都是等临时定局，目下中国事情谁也不能有半年以上的计画，有也是白饶。

营利方针，本来是托希哲全权办理，我绝不过问的，既是对于分裂之股，你们两人意见不同，那么就折衷办理，留一半，售去一半，何如？

几日来颇想移家大连，将天津新旧房全都售去，在大连叫思成造一所理想的养老房子。那边尚有生意可做，我想希哲回来后，恐怕除了在大连开一个生意局面外，别的路没有可走。但这是一年后的话，现在先说说罢了。

思永明年回到哈佛，或者把庄庄交给他，你的行动便可以自由，这也是后话，那时再说。

范静生昨晨死去，可伤之至。他是大便失血太多，把身子弄虚弱了，偶得感冒小病，竟自送命。一年以来，我们师徒两人见面(我两次入协和时，他也在那里)，彼此都谆劝保养。但静生凡事看不开，不会自寻娱乐，究竟算没有养到。半年来，我把图书馆事脱卸交给他，也是我对不住他的地方。他死了，图书馆问题又回到我身上，但我无论如何只好摔下。别的且不说，那馆在北海琼华岛上，每日到馆要上九十三级石梯(现在事又渐繁，馆长非常到馆不可)，就这一点我已断断乎受不住了。

这几次写信都没有工夫特别和忠忠、庄庄两人说话，但每想起他们，总是欢喜的。

十二月廿四　爹爹

一九二八年

[思顺三十五岁 思成二十七岁 思永二十四岁 思忠二十一岁 思庄二十岁 思达十六岁 思懿十四岁 思宁十二岁 思礼四岁]

1928年1月

[与达达书]

达达：

　　本想今日出院，因为治疗有效，医生劝多住几天，看进步如何，大约下礼拜五六乃出，总之必回家过年。

　　这几天的好处，第一是心脏缩小，第二是血球增加，至于小便仍常常带红，但亦有时甚清。前后灌了两次血，大抵灌血功效极大，以后或者每月灌一回。

　　前几天专叫我吃肝(牛肝、羊肝)，说是最补血，但这两天又停了，说是补得太多也不好。隔天吃一顿鸡，每天吃一次鸡汤煮挂面，其余都是吃素，但咖啡、茶等已不禁了，豆类也常吃。

　　在医院没有什么不好，只是睡觉不均匀。每晚八九点钟便迷糊睡着，两三点便醒，常常到天亮不再睡，每睡不好，小便必红。

　　初进院时发烧，医生不许下床，近三日已不禁止了，但我仍终日睡在床上，没有到过客厅一次。

　　这封信给娘娘看过后，便写信给姊姊们看，因为我懒得写信给他们，你并告诉姊姊说外交部前几天电汇二千美金给他们，他收到没有？

　　这两天姊姊们有信来，可寄来协和，若再过两三天，便不必寄了，等我回家再看。老白鼻要什么东西，叫他自己写信来要。

1928年2月2日

[与思顺书]

思顺：

平（苹）果、橙、鱼都收到了，生受你们夫妇的孝心。在协和时，隔天便给沙门鱼吃，想是最适于我的卫生，水果更不消说是最合式的了。

昨日又寄去美金千元，此款专给思成们结婚旅行之用，并将前此寄去之万六千元中划出千元给他们（营业资本只留万五千元整数便得）。此外，若能在营业余利上再筹千元给他们最好，若不能，只好让他们撙节着用了。自汇去这千元后，家中存款已罄，本月便须在兴业透支，但最近两三个月内各公司利息当可得三四千元，商务书馆版税亦可得二千元内外，尚不至甚窘。惟下半年思永由欧往美，尚拟给他旅费千元，本年费用已稍觉吃力了。

外部给你们电汇二千元已到否？你们经济不至太窘吧。

二月二日　爹爹

1928年2月12日

[与思成书]

思成：

得姊姊电，知你们定三月行婚礼，想是在阿图和吧。不久当有第二封信了(故宫委员事等第二电来再定办法)。

国币五千或美金三千可以给你，详信已告姊姊。在这种年头，拨此较大之款，颇觉拮据，但这是你学问所关，我总要玉成你，才尽我的责任。除此间划拨那二千美金外，剩下一千，若姊姊处凑不出这数目，你们只好撙节着用，或少到一两处地方罢了。我前几封信都主张你们从海道回国，反对走西伯利亚铁路，但是若为省钱计，我也无可无不可。若走西伯利亚，要先期告我，等我设法，令你们入境无阻滞。

你脚踏到欧陆之后，我盼望你每日有详细日记，将所看的东西留个印像(凡得意的东西都留他一张照片)，可以回来供系统研究的资料。若日记能稍带文学的审美的性质，回来我替你校阅后，可以出版。也是公私两益之道。今寄去名片十数张，你到欧洲往访各使馆时，可带着，投我一片，问候他们，托其招呼，当较方便些。你在欧洲不能不借使馆作通信机关，否则你几个月内不会得着家里人只字了。

你到欧后，须格外多方寄些家信(明信片最好)，令我知道你一路景况。此外还有许多话，叫思永告诉你，想已收到了。

二月十二日　爹爹

1928年2月13日

[与孩子们书]

孩子们：

我这封信叫思永写的，你们不要奇怪，为什么我自己不写。因为才从医院出来，要拿笔怕你们干涉，所以口讲叫思永写。又因为我就想著一本小书，口述叫思永写，现在练习试试。

你们这些孩子真是养得娇，三个礼拜不接到我的信就撅嘴了，想外面留学生两三个月不接家信不算奇怪。我进医院有三个礼拜了，再不写信，你们又不知道怎么报怨了，所以乘今天过年时，和你们谈谈。

这回在医院里经过的情形，思永已报告过了。本来前四天已要退院，忽然有点发烧，被医生留着，昨天还是像前年达达那样要求医生放假去来过年，因为热度没有十分退。不过出来狠好，坐火车后热度反退了一度，一直到今天，人非常精神。这回住医院的结果，他们治疗的方针狠有点变更，专注重补血。自从灌了两回血之后，狠有功效，我最高兴的是他们不叫我吃素了，连鸡蛋都一天给我两个吃了，但是他们虽说蛋白质可吃，都劝不要吃太多，却是算来在家里所吃的肉品比在医院里还少，所以往后养病，对食品没有什么克苦，还照从前一样。

医生说，工作是可以做的，不过要狠自由的，要放下就放下，但是有固定的职务的事，是不相宜的，所以我决计把清华都辞脱了，以后那就依着医生的话，要做什么工作，高兴一天做三两点钟，总之，极力从"学懒"的方面来做，虽然不甘心当这"老太爷的生活"，只好勉强一年几个月再说。

我想忠忠和庄庄两人要格外撅嘴，因为我前几封几乎完全讲关于思成的事，完全没有理会到他们。不过，这封信还是从思成他们的事说起。

思成、徽音婚礼的事，定了没有？我希望还是依我前头几封信那样办，思成这回的信说是要五千国币或三千美金，我可以给他。前头寄去给思顺的钱，通共一万六千，现在把最末的一千提出来，剩下一万五千做资本就是了。过一两天我再寄一千美金去，一共二千，还有一千就请希哲变把戏，谅来他总有本事可以变出来。关于庄庄今年的学费,不久我这边还可筹资本过去,大概两三个月内,或者再汇一二千添上资本去。到下半年保险费也来了,待到手之后,也要全部寄希哲经理的,谅来虽然现在提开二千美金,我看希哲有方法了得了罢。

思成这回去游欧洲,是你的学问上一部分狠重要的事业,所以我无论怎样困难,你们的游费总想供给得够才行。这回之后我做爹爹的义务就算尽完了。我想你到去的地方,除了美、德、法之外,是北部的瑞典、挪威,南部的西班牙、土耳其,只要能去,虽然勉强,我还是希望你到这几个地方看看,回来的时候,不要搭西伯利亚铁路,总是走印度洋的好。因为(由俄国来的)入境时青年男女极危险的,所以这笔钱是省不了的。你们细细打听,做通盘预算,看要用多少钱。我想有了三千,再加清华一千,你们旅行中要过苦点的日子,或者可以够了。若是徽音家里,依着成的信,可以贴补点钱,那是更好了,就是不能,勉强这四千何如?实在不够时我再勉力,我看也未常不可以罢。

北京图书馆要买的书,我已叫他们把书单和支票赶紧寄加拿大总领事馆了。钱在伦敦银行才可以支。我想这些书大多在欧洲买,而且钱到时,你们已快离美洲了,美洲的书不用买了。书单是三个人开来的,只是供你们参考,最后还是你决定。我的意思,以买美术基本常识的书为主,或者希见难得的书碰机会买些。总而言之,以买基本书为主,无论英、法、德、美都可以。

希哲真能干,他若是依着思顺来的信,在那边三年,我们家里以后的生计问题都可以解决了。股份的去留都完全由他,无须写信来问,问了我也不清楚。

思顺,你现在在有身的时候,要自己格外保养,因为前一回的时候,你妈妈可以跑去,现在你一个在外面,我同王姨都狠担心。你来信说希哲狠管你,我说狠该。你说老白鼻和你,爹爹是不会骂的。不过那老白鼻最怕爹"瞪眼",你以后要不听希哲的话,他写信来告你时,我也要"瞪眼"哩!

庄庄,你胖到这样怎么了,我们现在都想象你的身圆溜溜的样子。前几天娘娘还给你寄些衣服去,你穿得穿不得?你现在功课比从前忙多了,过了暑假后,也渐渐格外专门,怕比从前更忙。你的体子本来还好,我也不十分担心，不过也要节制。每日要拿出几点钟来，每礼拜拿出天把来玩玩，因为做学问，有点休息，从容点，所得还会深点，所以你不要只埋头埋脑做去。

暑假后，你若想到美国去，三哥也已回去了，跟着你三哥也狠好。若是你觉得你们这学校狠好，不愿离开，或者你学校的先生们都愿你在那里毕业，就在那里读完也可以的。因为想来你姊姊一两年内不会离开加拿大。这样，你或留坎留美在那边开个家庭会议决定罢。

忠忠挨打想该挨完了罢？你到底预备在维校几年？我想你在威校学习政治，总要弄到毕业才好。维校完了之后，还回去威校一年，你的意思怎样？我不久就要出一本小册子，讲我政治上的主张，其中讲军事的也狠多，大概在暑假前后就可以出来，你看见之后一定加增许多勇气，还可以指导你一条路。你要的书，因为灿哥在北京的时候多，没有交他寄去，以后看见这些书时，给你寄去就是了。

好几年都是在外边过的"野年"，今年可算是在家过年，险些儿被医院扣留了。现在回到家狠高兴。孩子们（这边过半）得了压岁钱，十分高兴，不过"过了几回桥"，又给我得回来不少，还要赶绵羊，老白鼻做庄，输了钱，大声哭起来了。

桂儿，你的孟城好玩不好玩？老白鼻有一天问公公说："我的干姑娘为什么用我做干爹？"（这是老白鼻自己的话）公公实在答不出来，你写封"安禀"来，详细的把理由告诉他罢。

瞻儿，我听说你在学校里，老把第一把交椅把着不肯让给别人，公公高兴得狠。你每天在学校里出来多玩回罢，不然以后真要变成书呆子了。

斐儿，我听说你会弹琴了。你快弹一个，用无线电打回来。公公这里有收音机，我同老白鼻也要听听。

爹爹（思永代笔）　正月二十二日

这封信虽然是我写的，却是里边的话几乎一个一个字都是爹爹（说的）。这就是记下来的诺尔德(Note)，懒得再抄一遍，请你们对付着看罢。

思永

1928年4月3日

[与思永书]

思永：

复信收到，你再留学机会万不容失掉，因为你所学还未大成哩。不知延迟一年能否再得清华官费。若能，倒不妨。因为你年纪尚轻，迟一年算不了什么，若过了今年便失官费，则只好把广西之行牺牲了(若想去几个月，仍赶上今年放洋，我猜是决办不到的，徒两失之)。我的意思如此，你将情形调查清楚后自己决定罢。

头晕接连两日，呕吐只一次，今日已全愈了。原因是在四五日前精神太好，著述兴味太浓，一时忘了形，接连两晚破戒，晚上也做些工作(许久没有打牌，因为打牌兴味为著述兴味所夺，前天被你娘娘干涉才打了几圈)，以致睡不著，而早上又已起早惯了，因此，睡眠不足，胃的消化力便弱起来(头晕全是胃的关系)。昨天放下一切，睡了大半天，今晨又精神焕发了。现在每日上半天在小书房坐，朝阳从窗牖透进(将窗户打开约一点钟)，极明丽可喜。

此信仍寄姊姊们阅，因为我到底没有写信给他们(自从前次寄你那信以后到今日)，他们只怕已盼得眼黑眼白了。

四月三日　爹爹

1928年4月26日

[与思成、徽音书]

思成、徽音：

　　我将近两个月没有写"孩子们"的信了，今最可以告慰你们的是，我的体子静养极有进步，半月前入协和灌血并检查，灌血后红血球竟增至四百二十万，和平常健康人一样了。你们远游中得此消息，一定高兴百倍。

　　思成和你们姊姊报告结婚情形的信，都收到了。一家的冢嗣①成此大礼，老人欣悦情怀可想而知。尤其令我喜欢者，我以素来偏爱女孩之人，今又添了一位法律上的女儿，其可爱与我原有的女儿们相等，真是我全生涯中极愉快的一件事。

　　你们结婚后，我有两件新希望：头一件，你们俩体子都不甚好，希望因生理变化作用，在将来健康上开一新纪元；第二件，你们俩从前都有小孩子癖气，爱吵嘴，现在完全成人了，希望全变成大人样子，处处互相体贴，造成终身和睦安乐的基础。这两种希望，我想总能达到的。近来成绩如何，我盼望在没有和你们见面之前，先得着满意的报告。

　　你们游历路程计画如何？预定约某月可以到家？归途从海道抑从陆路？想已有报告在途。若还未报告，则得此信时，务必立刻回信详叙，若是西伯利亚路，尤其要早些通知我，当托人在满洲里招呼你们入国境。

　　你们回来的职业，正在向各方面筹画进行(虽然未知你们自己打何主意)，一是东北大学教授，一是清华学校教授，成否皆未可知(东北为势最顺，但你们去也有许多不方便处，若你能得清华，徽音能得燕京，那是最好不过了)。思永当别有详函报告。另外还有一件"非职业的职业"——上海有一处大藏画家庞莱臣②，其家有唐(六朝)画十余轴，宋元画近千轴，明清名作

---

①冢嗣，即嫡长子。
②庞莱臣，即庞元济（1864~1949），字莱臣，号虚斋，浙江吴兴人，近代书画收藏大家。

不计其数,这位老先生六十多岁了,我想托人介绍你拜他门(已托叶葵初①),当他几个月的义务书记,若办得到,倒是你学问前途一个大机会。你的意思如何?亦盼望到家以前先用信表示。

你们既已成学,组织新家庭,立刻须找职业,求自立,自是正办。但以现在时局之混乱,职业能否一定找着,也狠是问题。我的意思,一面尽人事去找,找得着当然最好,找不着也不妨,暂时随缘安分,徐待机会。若专为生计独立之一目的,勉强去就那不合式或不乐意的职业,以致或贬损人格,或引起精神上苦痛,倒不值得。一般毕业青年中大多数立刻要靠自己的劳作去养老亲,或抚育弟妹,不管什么职业得就便就,那是无法的事。你们算是天幸,不在这种境遇之下,纵令一时得不着职业,便在家里跟着我再当一两年学生(在别人或正是求之不得的),也没什么要紧。所差者,以徽音现在的境遇,该迎养他的娘娘才是正办。若你们未得职业上独立,这一点狠感困难。但现在觅业之难,恐非你们意想所及料,所以我一面随时替你们打算,一面愿意你们先有这种觉悟,纵令回国一时未能得相当职业,也不必失望沮丧。失望沮丧,是我们生命上最可怖之敌,我们须终身不许他侵入。

《中国宫室史》诚然是一件大事业。但据我看,一时狠难成功。因为古建筑什九被破坏,其有现存的,因兵乱影响,无从到内地实地调查,除了靠书本上资料外(书本上资料我有些可以供给你,尤其是从文字学上研究中国初民建筑,我有些少颇有趣的意见,可惜未能成片段,你将来或者用我所举的例,继续研究得有更好的成绩),只有北京一地可以着手(幸而北京资料不少,用科学的眼光整理出来,也狠够你费一两年工作)。所以我盼望你注意你的副产工作——即《中国美术史》。这项工作,我狠可以指导你一部分,还可以设法令你看见许多历代名家作品。我所能指导你的,是将各派别提出个纲领,及将各大作家之性行及其时代背景详细告诉你。名家作品家里头虽然藏得狠少(也有些佳品为别家所无),但现在故宫开放以及各私家所藏,我总可以设法令你得特别摩挲研究的机会,这便是你比别人便宜的地方。所以我盼望你在旅行中便做这项工作的预备,所谓预备者,其一是多读欧人美术史

---

① 叶葵初,即叶揆初,浙江杭州人,浙江兴业银行(上海总行)董事长。

的名著，以备采用他们的体例。关于这类书，认为必要时不妨多买几部；其二是在欧洲各博物馆、各画苑中见有所藏中国作品，特别注意记录。

回来时立刻得有职业固好，不然便用一两年工夫，在著述上造出将来自己的学术地位，也是大佳事。

你来信总是太少了，老人爱怜儿女，在养病中以得你们的信为最大乐事，你在旅行中尤盼将所历者随时告我(明信片也好)，以当卧游，又极盼新得的女儿常有信给我。

四月廿六日　爹爹

清华教授事或有成功的希望，若成功(新校长已允力为设法)，则你须要开学前到家，届时我或有电报催你回来。

廿八日又书

1928年4月28日

[与思顺书]

两个月没有亲笔写"孩子们"的信，你们只怕望眼将穿了。好在思永、达达们的信不少，你们对于我的体子，当可放心。现在最好的消息，是血球已增至四百二十万，便血虽未全止，比从前总是清得狠多。此外精神极旺盛，胃口极好，不必多说。

报告婚礼情形各信都收到了，在不丰不俭之间，办得极庄严，极美丽，正合吾意。现在又预备新人到家谒祖时的热闹了，届时再报告你们。

这回经济上的筹画供给，全亏了希哲，只是太劳苦他了。我真是当了老太爷，你们这些弟弟妹妹们，得着这样的姊夫姊姊，也太便宜了。

你来信说从七月起将家用全部担任，这却不必。以现在情形论，本年内家用尚狠有敷余，现在家用折中尚存四千元左右，一两月内尚有其他股息可收，商务印书馆售书收入亦尚有，所以一直到本年年底，还用不着你们接济。若将钱寄回来，倒无(稳妥)安放之处，不如留在外边生利。我的意思最好是你们将所拟寄回接济家用之款留起来，算借给你们作为资本(例如你预备每月寄回二百金，你便按月将这二百金当款存储，算是借给你们，不用计息，将来把本钱归还便是。如此则半年内你们亦得千二百金资本，一年得二千四百资本，岂不是可以帮助许多吗)，你们也借此作些少营业，弥补在外的亏空，如此一举两得，岂非最好？将来若家里须要接济时，预先一两个月告诉你们便得了。

保险费全数只有三万三千元，除扣除借款外，只有一万六千八百余元，收到后当即汇来，所汇只能有美金八千。

外交部索欠事，已函罗钧任，尚未得复。此次恐怕无效，因为最近各机关收入都归所谓"政费委员会"者管理，外部还能否有特别通融之路，殊不敢知。

庄庄暑期内特别用费可即付，以后凡这类事，你全权办理，不必来问，徒费时日，或者我懒得写信时，便耽误了。总之，我的孩子个个都不会浪费，你做姊姊的，尤其会斟酌支配，你瞧着该怎么办便怎么办，我无不同意，何必常常来麻烦我呢？

这信到时，计算着你快要分娩了，我正天天盼平安喜电哩，我也极望添一个孙女儿，得电后即命名寄去。

要说的话狠多，一时想不起来，先把这几张纸寄去罢。

四月廿八日　爹爹

1928年5月4日

[与思顺书]

思顺：

三日前一短信，想收到，外部索欠恐绝对的无办法，因为这一两年来外部全靠船钞收入挹注，现在船钞已由南方截留净尽，部中已干瘪，你们别要再指望罢。

关于思成职业问题，你的意见如何？他有点胡闹，我在几个月以前，已经有信和他商量，及此他来信一字不提(根本就来信太少)，因此我绝不知他打何主意。或者我所替他筹画的事，他根本不以为然，我算是白费心了。这些地方，他可谓少不更事。朋友们若是关心自己的事，替自己筹画，也应该急速回信给他一个方针，何况尊长呢？(他不愿以自己的事劳我的思虑，也是他的孝心，但我既已屡屡问及他，总要把他意旨所在告诉我才是。)我生性爱管闲事，尤其是对于你们的事，有机会不能不助一臂之力，但本人意思如何，全未明白，那真难着手了。你去信关于这些地方，应该责备他，教导他一下。

五月四日　爹爹

1928年5月4日

[与思成书]

思成：

　　你的清华教授闻已提出评议会了，结果如何，三两天内当知道。此事全未得你同意，不过我碰有机会姑且替你筹划，你的主意何在？来信始终未提(因你来信太少，各事多不接头)。论理学了工程回来当教书匠是一件极不经济的事，尤其是清华园，生活太舒服，容易消磨志气，我本来不十分赞成。朋友里头丁在君、范旭东都极反对，都说像你所学这门学问，回来后应该约人打伙办个小小的营业公司，若办不到，宁可在人家公司里当劳动者，积三两年经验打开一条生活新路。这些话诚然不错，以现在情形论，自组公司万难办到(恐必须亏本。亏本不要紧，只怕无本可亏。且一发手便做亏本营业，也易消磨志气)。你若打算过几年吃苦生涯，树将来自立基础，只有在人家公司里学徒弟(这种办法你附带着还可以跟着我做一两年学问也狠有益)。若该公司在天津，可以住在家里，或在南开兼些钟点。但这种办法为你们计，现在最不方便者是徽音不能迎养其母。若你得清华教授，徽音在燕大更得一职，你们目前生活那真合式极了(为我计，我不时到清华，住在你们那里也极方便)。只怕的是"晏安鸩毒"，把你们远大的前途耽误了。两方面利害相权，全要由你们自己决定。不过我看见有机会不能放过，姑且替你预备着一条路罢了。

　　东北大学事也有几分成功的希望，那边却比不上清华的舒服(徽音觅职较难)，却有一样好处——那边是未开发的地方，在那边几年，情形熟悉后，将来或可开一新路，只是目前要挨相当的苦。还有一样——政局不定(这一着虽得清华也同有一样的危险)，或者到那边后不到几个月便根本要将计划取消。

　　以上我只将我替你筹划的事报告一下，你们可以斟酌着定归国时日。

五月四日　爹爹

1928年5月5日

[与思顺书]

思顺：

婚礼照片今日收到，阖家争观，皆大欢喜。新郎新妇皆光彩动人，思成自照一片，丰腴俊秀，尤令我观之不厌，前此对于彼体子之忧念销释大半了。但你何以忽然苍老到如此(你照相时像是动了一下)，令我有一点点不大高兴。此信到时，计正在你免身前后，切盼你十二分善养，以慰老怀。

庄庄狠丰泽可爱，但样子大变，几乎认不得了。

三个孙子都极有趣，斐儿酷像他爸爸，瞻儿和新郎一比，真是"外甥似舅"了，桂儿越长越美了，他们三个那种高兴样子，像是比新人还得意。

五月五日　爹爹

1928年5月8日

[与思顺书]

思顺：

不能和思成直接通信，真是着急。别信可急寄去或撮举大意再发电告彼。

时局益加混沌，但京、津间或尚可苟安若干时日。

我清华事到底不能摆脱，我觉得日来体子已渐复元，虽不摆脱亦无妨。因为我极舍不得清华研究院(思永大不以为然，大大的撅嘴)。

别的话改天再谈。

五月八日　爹爹

1928年5月8日

[与思成书]

思成：

　　昨日杨廷宝来，言东北大学事，该大学理科学长高介清亦清华旧同学，该大学有建筑专系，学生约五十人，秋后要成立本科(前是预科)，曾欲聘廷宝，渠不能往(渠在基泰公司)，荐汝自代，薪俸月二百八十元，总算甚优。廷宝谓奉天建筑事业极发达，而工程师无一人，汝在彼任教授，同时可以组织一营业公事房，立此基础，前途发展不可限量。渠甚望汝先往开辟，渠将来尚思与汝打伙云云(津、沪等处业此者多，难与竞争)。我虽未得汝同意，已代汝应允矣。惟该系既属创办，汝之聘或即是该系主任，故开学前应有许多准备，故盼汝最迟能以阳历八月十号前到家乃好。已另发一电促归(今日寄清华，叫思永英译)，恐不明白，故急发此信。

　　清华事亦已提出评议会，惟两事比较，似东北前途开展之路更大，清华园是"温柔乡"，我颇不愿汝消磨于彼中，谅汝亦同此感想。

　　归期既如此匆促，则非走西伯利亚铁路不可，车期定后，务必发一电来，我当托哈尔滨中国银行或浙江兴业银行特派一人（祖生在哈尔滨或托彼往）往满洲里招呼入境(电中须声明日期)。我或在北戴河车站迎汝。

　　我身子极好，便血几将肃清，勿念！

五月八日　爹爹

1928年5月13日

[与顺儿书]

顺儿:

昨日电汇美金八千,又另一电致思成,想皆收。

保险费共得三万三千,除去借款外,万六千余恰好合八千金寄坎,营业资本拟即从此截止。此后每月尚有文化基金会还我从前保单押款五百元,至明年二月乃满,但此款暂留作家用,不寄去了。

在寄去资本总额中,我打算划出三千或五千金借给你们营业,俾你们得以维持生活,到将来营业结束时,你们把资本还我便是了。因为现在思成婚礼既已告成,美中无须特别用款,津中家用现在亦不须仰给于此,有二万内外资本去营业,所收入已狠够了,你在外太刻苦,令我有点难过,能得些贴补,少点焦虑,我精神上便增加愉快。

此信到时,计算你应该免身了,我正在天天盼望平安喜电哩。你和忠忠来信,都说"小加儿",因此我已经替他取得名字了,大名叫做"嘉平",小名就叫"嘉儿",不管是男是女,都可用(若是男孩,外国名可以叫做查理士)。新近有人送我一方图章,系明末极有名的美术家蓝田叔(《桃花扇》中有他的名字)所刻"嘉平"两字,旁边还刻有《黄庭经》五句,刻手极精,今随信寄去,算是公公给小嘉儿头一封"利是"。

思成(目前)职业问题,居然已得解决了。清华及东北大学皆请他,两方比较,东北为优,因为那边建筑事业前途极有希望,到彼后便可组织公司,从小规模办起,徐图扩充,所以我不等他回信,径替他做主辞了清华,就东北聘约了(清华太舒服,会使人懒于进取)。你谅来也同意吧。但既已应聘,九月开学前须到校,至迟八月初要到家,到家后办理庙见大礼,最少要十天八天的预备,又要到京拜墓,时日已不大够用了。他们回闽省亲事,只怕要迟到寒假时方能举行。

庄庄今年考试,纵使不及格,也不要紧,千万别要着急,因为他本勉强进大学,实际上是特别提高了一年,功课赶不上,也是应该的。你们弟兄姊妹个个都能勤学向上，我对于你们功课绝不责备，却是因为赶课太过，闹出病来，倒令我不放心了。

看你们来信，像是觉得我体子异常衰弱的样子，其实大不然。你们只要在家里看见我的样子，便放下一千万个心了。你们来信像又怕我常常有忧虑，以致损坏体子，那更是误看了。你们在爹爹膝下几十年，难道还不知道爹爹的脾气吗？你们几时看见过爹爹有一天以上的发愁，或一天以上的生气？我关于德性涵养的工夫，自中年来，狠经些锻炼，现在越发成熟，近于纯任自然了。我有极通达、极健强、极伟大的人生观，无论何种境遇，常常是快乐的，何况家庭环境，件件都令我十二分愉快。你们弟兄姊妹个个都争气，我有什么忧虑呢？家计虽不宽裕，也并不算窘迫，我又有什么忧虑呢？

此次灌血之后，进步甚显著，出院时医生说可以半年不消再灌了。现在实行"老太爷生活"，大概半年后可以完全复原(现在小便以清为常态，偶然隔十天八天小小有点红，已成例外了)，你们放一万个心吧。

时局变化甚剧，可忧正多，但现在也只好静观，待身子完全复原后再作道理。

北戴河只怕今年又去不成，也只好随缘。天津治安秩序想不成问题，我只有守着老营不动。

爹爹　五月十三日

忠忠要小嘉儿做干儿子，和老白鼻商量不通，他说他是海军大将，要四个小兵，正缺短一个，等着小嘉儿补缺呢！

1928年5月14日

[与思成、徽音书]

思成、徽音：

近日有好几封专给你们的信，由姊姊那边转寄，只怕到在此信之后。

你们沿途的明信片尚未收到，巴黎来的信已到了，那信颇有文学的趣味，令我看着狠高兴。我盼望你们的日记没有间断，日记固然以当日做成为最好，但每日参观时跑路极多，晚间疲倦，欲全记甚难，宜记大略而特将注意之点记起(用一种特别记忆术)，备他日重观时得以触发续成。所记范围切不可宽泛，专记你们共有兴味的那几件——美术、建筑、戏剧、音乐便够了，最好能多作"漫画"。你们两人同游有许多特别便利处，只要记个大概，将来两人并着覆勘原稿，彼此一谈，当然有许多遗失的印象会复活，许多模糊的印象会明了起来。

能做成一部"审美的"游记也算得中国空前的著述。况且你们是蜜月快游，可以把许多温馨芳洁的爱感，迸溢在字里行间，用点心做去，可成为极有价值的作品。

东北大学和清华都议聘思成当教授，东北尤为合式，今将孝同来书寄阅——杨廷宝前几天来面谈，所说略同。关于此事，我有点着急，因为未知你们意思如何，但机会不容错过(多少留学生回来找不着职业，所以机不宜失)，我已代你权且答应东北(清华拟便辞却)，等那边聘书来时，我径自替你收下了。

时局变化剧烈，或者你们回来时，两个学校都有变动，也未可知，且不管他，到那时再说，好在你们一年半载不得职业也不要紧。

但既就教职，非九月初到校不可，欧游时间不能不缩短，狠有点可惜。而且无论如何赶路，怕不能在开学前回福州了，只好等寒假再说。关于此点，我狠替徽音着急。又你们既决就东北，则至迟八月初非到津不可，因为庙见大礼万不能不举行。举行必须你们到家后有几天的预备才能办到。庙见后你们又须入京省墓一次，所以在京津间最少要有半个月以上的工夫。

赶路既如此忙迫，不必把光阴费在印度洋了，只好走西伯利亚吧。但何日动身，何日到本国境，总要先二十来天发一电来，等我派人去招呼，以免留滞。

我一月来体子好极了，便血几乎全息，只是这一个多月过"老太爷生活"，似乎太过分些，每天无所事事，恰好和老白鼻成一对。

今天起得特别早。太阳刚出，便在院子里徘徊，"绿荫幽草胜花时"，好个初夏天气也。

五月十四日　爹爹

1928年6月10日

[与思成书]

昨日得电，问清华教什么，清华事有变动，前信已详，计日内当到，所以不复电，再用信补述一下。

前在清华提议请你，本来是带几分勉强的，我劝校长增设建筑图案讲座，叫你担任，他狠赞成，已经提出评议会。闻会中此类提案甚多，正付审查未表决，而东北大学交涉已渐成熟。我觉得为你前途立身计，东北确比清华好(所差者只是参考书不如北京之多)，况且东北相需甚殷，而清华实带勉强。因此我便告校长，请将原案撤回。他曾否照办，未可知，但现在已不成问题了。清华评议会许多议案尚未通过，新教习聘书一概未发(旧教习契约满期者亦尚未续发)，而北京局面已翻新，校长辞职，负责无人，下学期校务全在停顿中。该校为党人所必争，不久必将全体改组，你安能插足其间？前议作罢，倒反干净哩。

现在剩下的是东北问题。那方面本来是略已定局的，但自沈阳炸弹案①发生后，奉天情形全在浑沌中，此间也不能得确实消息，恐怕奉天不能安然无事的。下学期东北能否开学，谁也不敢说，现在只得听之。大约一个月内外，形势也可判明了。当此乱世，无论何种计画都受政治波动，不由自主，你回来后职业问题有无着落，现在也不敢说了。这些情形，我前信早已计及，想你也已有觉悟和准备。

东北大学情形如何，虽未定局，但你仍以八月前赶回最好。那时京、奉交通能否恢复，未可知(现在不通)，你若由铁路来，届时绕大连返津，亦无不可。

在国境上若无人往接，你到哈尔滨时，可往浙江兴业银行或中国银行接洽。

北京图书馆寄去买书费，闻只五十镑，甚为失望。该款寄伦敦使馆交你，收到后即复馆中一信(北海公园内北京图书馆，非松馆也)为要。

六月十日　爹爹

---

① 沈阳炸弹案，指1928年6月4日，日军在沈阳皇姑屯车站附近炸死张作霖一案，史称"皇姑屯事件"。

1928年6月19日

[与思顺书]

思顺：

这几天天天盼你的安电，昨天得到一封外国电报以为是了，打开来却是思成的，大概三五天内，你的好消息也该到哩。

天津这几天在极混乱、极危急中，但住在租界里安然无事，我天天照常的读书顽耍，却像世外桃源一般。

我的病不知不觉间已去得无影无踪了，并没有吃药及施行何种治疗，不知怎样竟自自己会好了。中间因着凉，右膀发痛(也是多年前旧病)，牵动着小便也红了几天，膀子好后，那老病也跟着好了。

近日最痛快的一件事，是清华完全摆脱。我要求那校长在他自己辞职之前先批准我辞职，已经办妥了。在这种形势之下，学生也不再来纠缠，我从此干干净净，虽十年不到北京，也不发生什么责任问题，精神上狠是愉快。

思成回来的职业，倒是问题，清华已经替他辞掉了，东北大学略已定局，惟现在奉天前途极混沌，学校有无变化，殊不可知，只好随遇而安罢。好在他虽暂时不得职业，也没甚要紧。

你们的问题，早晚也要发生，但半年几个月内，怕还顾不及此，你们只好等他怎么来怎么顺应便是了。

我这几个月来生活狠有规则，每天九时至十二时、三时至五时做些轻微而有趣的功课，五时以后照例不挨书桌子，晚上总是十二点以前上床，床上看书不能免，有时亦到两点后乃睡着，但早上仍起得不晚。

以上两纸几天以前写的，记不得日子了。

十九日记

三天前得着添丁喜安电，阖家高兴之至，你们盼望添个女孩子，却是王姨早猜定是男孩子。他的理由说是你从前脱掉一个牙，便换来一个男孩，这回脱两个牙，越发更是男孩，而且还要加倍有出息。这些话都不管他，这个饱受"犹太式胎教"的孩子，还是男孩好些，将来一定是个陶朱公。

这回京津意外安谧，总算万幸。天津连日有便衣队滋扰，但闹不出大事来。河北狠遭殃(曹武家里也抢得精光)，租界太便宜了。

思永关在北京多天，现在火车已通，廷灿、阿时昨今先后入京，思永再过两三天就回来，回来后不再入京，即由津准备行程了。

王姨天天兴高采烈的打扮新房，现在竟将旧房子全部粉饰一新了(全家沾新人的光)，这么一来，约也花千元内外。

奉天形势虽极危险，但东北大学决不至受影响，思成聘书已代收下，每月薪金二百六十五元(系初到校教员中之最高额报酬)。那边建筑事业将来有大发展的机会，比温柔乡的清华园强多了。但现在总比不上在北京舒服，不知他们夫妇愿意不(尚未得他信，他来信总是狠少)。我想有志气的孩子，总应该往吃苦路上走。

思永准八月十四由哈尔滨动身，九月初四可到波士顿，届时决定抽空来坎一行。

家用现尚能敷衍，不消寄来，但日内或者须意外之费五千元，亦未可知(因去年在美国赔款额内补助我一件事业，原定今年还继续一年，若党人不愿意，我便连去年的也退还他)。若需用时，电告你们便是。

我的旧病本来已经好清楚了两个多月，这两天内忽然又有点发作(但狠轻微)，因为批阅清华学生成绩，一连赶了三天，便立刻发生影响，真是逼着我做纯粹的老太爷生活了。现在功课完全了结（对本年的清华总算全始全终），再好生将养几天，一定会复元的。

六月十九日　爹爹

1928年6月23日

[与思顺书]

思顺：

三天前有封长信分给你们三人的，想已收。

思永昨天回到天津了(今天过节)。今日正发一电，由巴黎使馆转思成，叫他务必尽七月底到家，赶着筹备他的学校新班(东北大学)，他若能如期赶到，还可以和思永聚会几天哩。

北京一万多灾官，连着家眷不下十万人，饭碗一齐打破，神号鬼哭，惨不忍闻。别人且不管，你们两位叔叔、两位舅舅、一位姑丈都陷在同一境遇之下(除七叔外，七叔比较的容易另想办法)，个个都是五六十岁的人，全家十几口，嗷嗷待哺，真是焦急煞人。现在只好仍拼着我的老面子去碰碰看，可以保全得三两个不？我本来一万个不愿意和那些时髦新贵说话(说话倒不见得定会碰钉子)，但总不能坐视几位至亲就这样饿死，只好尽一尽人事(廷灿另为一事，他是我身边离不开的人，每月百把几十块钱，我总替他设法)。若办不到，也只好听天由命，劝他们早回家乡，免致全家作他乡馁鬼。

(你二叔大概有些少积蓄，可勉强支持一两年，十四舅大约可坐食一年，七叔倒好，他有打算，他这两年内居然积下一千多，回家去歇年把，没有职业也还可以，十五舅和姑丈最不了，手边一文俱无，孩子却都成打。)

你前几次来信，都说从你那边招呼家用，本来是用不着的，但现在计算下来，狠要几项特别支出：其一是思永盘费一千元，本来早在预算内的；其二福曼在燕京大学还有两年或三年，十四舅是断不能供给了，我只好担起，打算趁思永未放洋以前交他；其三若七叔、姑丈、十五舅他们回家乡连盘费也没有，到万不得已不能不借(送)给他们，或许要千金也不定；其四现在修理房子，不知不觉也用去千元。这样东一笔西一笔下来，今年家用怕有点不敷了。希哲能多费点心血找三几千元弥补弥补，便不至受窘了。但现时也用不着，找得后，存在你们那里听信便好。

我自己零用呢，狠节省，用不着什么，除了有些万不得已的捐助借贷外，就只爱买点书，我狠想平均每月有二百元(平常若没有特别支出，每月尚可腾出此数)的买书费，对于我的读书欲也勉强充足了，若实不够用时，此项费暂省也得。

京津间气象极不佳，四五十万党军屯聚畿辅(北京城圈内也有十万兵，这是向来所无的现象)。所谓新政府者，不名一钱，不知他们何以善其后。党人只有纷纷抢机关、抢饭碗(京津间每个机关都有四五伙人去接收)，新军阀各务扩张势力，满街满巷打旗招兵(嘴里却个个都说要裁兵)。你想这是何等气象，只怕过八月节时，不会像端节的和平哩。

全家都去看电影，我独自一人和你闲谈这几张纸。

六月廿三日　爹爹

思成他们在家十几天真快乐(中间入京两次，真正享家庭快活不过两礼拜内外)，除了陪我闲谈外，大抵他们总是和十来年惯例一样，以王姨的卧房当俱乐部，在那里瞎谈家常。他们最喜欢拉老郭谈，每晚把我催眠之后，便叫老郭嚼牙根嚼到一两点。顺儿听见这种生活，想也恨不得快点飞回家吧！

1928年8月22日

[与孩子们书]

孩子们：

　　新人到家以来，全家真是喜气洋溢。初到那天看见思成那种风尘憔悴之色，面庞黑瘦，头筋涨起，我狠有几分不高兴。这几天将养转来，狠是雄姿英发的样子，令我越看越爱。看来他们夫妇体子都不算弱，几年来的忧虑，现在算放心了。新娘子非常大方，又非常亲热，不解作从前旧家庭虚伪的神容，又没有新时髦的讨厌习气，和我们家的孩子像同一个模型铸出来。所以全家人的高兴，就和庄庄回家来一般，连老白鼻也是一天挨着二嫂不肯离去。

　　我辞了图书馆长以后，本来还带着一件未了的事业，是编纂《中国图书大辞典》，每年受美国庚款项下津贴五千元。这件事我本来做得津津有味，但近来廷灿屡次力谏我，说我拖着一件有责任的职业，常常工作过度，于养病不相宜。我的病态据这大半年来的经验，养得好便真好，比许多同年辈的人都健康。但一个不提防，却会大发一次，发起来虽无妨碍，但经两三天的苦痛，元气总不免损伤。所以我再四思维，已决意容纳廷灿的忠告，连这一点首尾，也斩钉截铁的辞掉。本年分所领津贴已经退还了(七月起)，去年用过的五千元(因为已交去相当的成绩)，论理原可以不还，但为省却葛藤起见，打算也还却。现在定从下月起，每月还二百元，有余力时便一口气还清。你们那边营业若有余利时，可替我预备这笔款，但不忙在一时，尽年内陆续寄些来便得。

八月廿二日　爹爹

1928年9月2日

[与思顺书]

顺儿：

十天前在礼拜上写了一大堆话，当信寄去，想已收。十天内连得你两封信，极高兴。

果然不出你所料，思成到家后第二天，我的病又发了，发得狠厉害，血块比前两回都多，好在时间短，不到一天已好了，虽然有小小发烧，睡了两天，却没有误了庙见。吉期那天的欢喜热闹，前信都讲过了。

你七月三十日信谈到你们的事，依我看只要你们不走，政府不会换人的。若是在马尼剌或星加坡便不敢说，你们那地方没有人打主意，纵令政府另派人，他连川资也拿不出来给人，那人也断不会自掏腰包跑去。还有一层，纵使有新人来接替你们，房子是自己的，顶多把领事馆挂牌卸下来，让他自找房子。你们爱在坎京住多时便住多时，不过把天津的二百五十元留支没有了而已。此外更无他事，有什么难解决呢？南京政府乱七八糟，一年内外更不会谈到换领事等事(尤其是没有收入的领事馆)，我绝对的不愿意和你们现在的长官说话(这人再讨厌可鄙没有了)，连间接托人说也不愿意，你们最好是当作没这回事，一切还是照自己原定计划做去便得了。

我太爱替亲爱的人管闲事，担忧虑，生性如此，无可如何。你二叔的事大抵可以麻麻虎虎蝉联下去若干时(钱现在是照常领)，但我真有点怄他的气，五十多岁的弟弟要老哥哥领他几手，像领老白鼻一样，自己什么事都不动，以下该如何打出一条生路(本来狠难，但虽难也不得不想法)，他也不去努力。我真是爱莫能助了。七叔没有多大问题，或者南开中学就可得一席，不然等几个月也不相干。姑丈靠你妈妈十几年替他积存的几千块钱，现在倒真是救命了。

希哲回来做生意，没有第二个地方比东三省再好了。思成已经先在那边栽下一个根子，你们将来更方便了。在未回以前倒有些可以预备的事，他们现在决意开放门户，招纳外资，但须避免日本的捣乱，不能不想"暗度陈仓"那法子。现在他们决意办垦务(先从北满办起)，想和美国人借农具，因为开垦最主要的资本就是农具(那边是大农制度，与美国从前情形同)，借钱会惊动小鬼耳目，赊农具却没有话说，赊得几百万块钱的农具(合同可以定宽些，头一年二三百万)，局面便立刻成立了。若有人好生接洽美国的农具工厂，谅来没有不欢迎，他们正要办这件事(昨天晚上罗钧任从奉天来才和我谈起)，我想希哲在那边若有门路不妨兜揽这件事，目前既可以得相当的佣钱，以后和垦务发生关系，发展的机会更不知多少。还有北满的森林，若有材木公司想合办也是有办法的，这些话我告诉你们留意，你们若能找着投资的人，我这边总有信介绍。东三省现在决定采不管关内的方针，照此下去十年，生产力发达不可限量，这些话不妨替他宣传。

奉天又打我的主意，想设一个国学研究院(规模比清华大多了)，找我去办，可惜我现在的身体是不能答应的。就令我高兴，你们也未必许我去，只盼望一年后能完全复原，脱离现在的"老太爷生活"才好。再谈。

思成入京十日，今晨才回。

思永现时想已在大西洋船上了。

九月二日　爹爹

1928年10月12日

[与顺儿书]

顺儿：

九月六日、九日书同日到(九日的却早到几点钟)。希哲那位贵长官竟自有这一手，也颇出我意外。再一想他是要替新贵腾星加坡缺，潮尾卷到坎拿大亦毫不足怪。李骏谅未必肯来，别派人，若那人耳目稍灵，知是赔钱地方亦当裹足不前，你们还是爱住多少时，便住多少时也。我一星期前正去信劝希哲和贵部长断绝来往，关起大门，料理自己的事。你九日来信所言正不谋而合，只管去一信索盘费，索不着以后可绝对的不理会矣。现在所谓国民政府者，收入比从前丰富得多(尤其关税项下)，不知他们把钞弄到那里去了，乃至连使馆馆员留支都克扣去。新贵们只要登台三五个月，就是腰缠十万，所谓廉洁政府，如是如是。希哲在这种政府底下做一员官，真算得一种耻辱，不过一时走不开，只得忍耐。他现在撑你们走，真是谢天谢地。

写到这里，阿永由坎发来的信也到了，忠忠也有一封信来(阿永伦敦信和给八爷的信片也是昨天到)。两天内连接五六封信，真高兴。

我平常想你还自可，每到病发时便特别想得厉害，觉得像是若顺儿在旁边，我向他撒一撒娇，苦痛便减少许多。但因为你事实上既未能回家，我总不愿意说这种话。现在好了，我的顺儿最少总有三五年依着我膝下，还带着一群可爱的孙子——小小白鼻接上老白鼻——常常跟我玩。我想起八个月以后家里的新生活，已经眉飞色舞了。

你们回来，何必急急于在津买房子呢？卖了斐岛房产，当然该用来添做资本去另辟你们的新路。新房子现租给中原公司，几乎连半价的租钱——百二十元——都纳不起(工部局却要照三百六十元收营业税)，常常拖欠一两个月，我们早已决意要收回了，催搬不下十数次，王搏沙①只是死赖着，交情上只得放松时日。他本来答应年内必搬出，拟和他再切实订明，

---

① 王搏沙，即王敬芳（1876～1933），字搏沙，河南巩县（今河南巩义市）人，曾担任中原煤矿公司和福中公司经理，1929年离开中原公司，寓居北平。

再不能过明年三月了。收回后却是不能租给别家，因为许多书放在房内，所以横竖总是空着。你们回来在那边住，不是最合式吗？我早打算那新房子，留着给你们姊妹弟兄——已结婚的——回来省亲的轮流着住，有时两个以上同时回来，也可以够住。将来那边常有人住，不空着，便是我最大的快乐。你当老姊姊的，便做带头马，先住他三两年，岂不好极吗？(思成他们回家自有他们现在收拾得很好那两间房子。)希哲性情是闲不住的，回来不到两三个月，怕就要往外跑——为营业计，也该早去觅机会——跑出去做生意，只怕一年到头在家的时候也不能多，你带着几个孩子，何必另起炉灶，又费钱又费事呢？

　　回来后，生意托给信托公司处分最好，一切由你们全权办理便得。最好是你们动身以前这几个月中，若有机会，把庄庄来年学费和永、庄两人回国川资都弄妥，交给他们。但数目太大，一时怕弄不够，那么交给信托公司办理，亦未尝不可。一切由你们斟酌自定。

　　今年家用略为差点，能有二三千回来便极好，否则我自有法子对付过去。

　　前信曾谈及怕生意闪手，现在风浪已过，大放心了，想七八月间，你们狠着急罢。

　　思成说你们吃得太坏，我和全家人都不以为然。宁可别的节省，吃得坏会伤身子，于孩子尤不相宜。虽只有几个月，希望你们还是改良些。

　　姑丈(全家)已回南了，二叔事情可挨到年底(以后一点办法没有)，七叔在南开教书，倒甚好。十四舅还是闲着，常常要我设法子，我实在爱莫能助，奈何。

十月十二日　爹爹

1928年10月17日

[与思成书]

思成：

　　这回上协和一个大当。他只管医痔，不顾及身体的全部，每天两杯泻油，足足灌了十天(临退院还给了两大瓶，说是两礼拜继续吃，若吃完了非送命不可)，把胃口弄倒了。也是我自己不好，因胃口不开，想吃些异味炒饭、腊味饭，乱吃了几顿，弄得胃肠一塌糊涂，以致发烧连日不止(前信言感冒误也)，人是瘦到不像样子，精神也狠委顿。现由田邨医治，狠小心，不乱下药，只是叫睡着(睡得浑身骨节酸痛)。好容易到昨今两天热度才退完，但胃口仍未复原，想还要休息几日。古人谓"有病不治，常得中医"，到底不失为一种格言了。好在还没有牵动旧病。每当热度高时，旧病便有窃发的形势，热度稍降，旋即止息，像是勉强抵抗相持的样子。

　　姊姊和思永、庄庄的信都寄阅。姊姊被撵，早些回来，实是最可喜的事。我在病中想他，格外想得厉害，计算他们在家约在阳历七月，明年北戴河真是热闹了。

　　你营业还未有机会，不必着急，安有才到一两月便有机会找上门来呢？只是安心教书，以余力做学问，再有余力(腾出些光阴)不妨在交际上稍注意，多认识几个人。

　　我实在睡床睡怕了，起来闷坐，亦殊苦，所以和你闲谈几句。但仍不宜多写，就此暂止罢。

十月十七日　爹爹

　　徽音的信，我懒得回他了。你去信最要紧叫他到上海时电告船期，塘沽登岸无人接，甚是不妥。

附 录

三十自述

"风云入世多,日月掷人急。如何一少年,忽忽已三十。"此余今年正月二十六日在日本东海道汽车中所作《三十初度·口占十首》之一也。人海奔走,年光蹉跎,所志所事,百未一就,揽镜据鞍,能无悲惭?擎一①既结集其文,复欲为作小传。余谢之曰:"若某之行谊经历,曾何足有记载之一值。若必不获已者,则人知我,何如我之自知?吾死友谭浏阳②曾作《三十自述》,吾毋宁效颦焉。"作《三十自述》。

余乡人也,于赤县神州,有当秦汉之交,屹然独立群雄之表数十年,用其地,与其人,称蛮夷大长,留英雄之名誉于历史上之一省。于其省也,有当宋元之交,我黄帝子孙与北狄异种血战不胜,君臣殉国,自沈崖山,留悲愤之记念于历史上之一县③。是即余之故乡也。乡名熊子,距崖山七里强,当西江入南海交汇之冲,其江口列岛七,而熊子宅其中央,余实中国极南之一岛民也。先世自宋末由福州徙南雄,明末由南雄徙新会,定居焉,数百年栖于山谷。族之伯叔兄弟,且耕且读,不问世事,如桃源中人。顾闻父老口碑所述,吾大王父④最富于阴德,力耕所获,一粟一帛,辄以分惠诸族党之无告者。王父⑤讳维清,字镜泉,为郡生员,例选广文,不就。王母氏黎。

---

①擎一,即何擎一,又称天柱,广东人,康有为弟子,第一本梁启超文集的编者。
②谭浏阳,即谭嗣同(1865~1898),字复生,号壮飞,湖南浏阳人,戊戌死难"六君子"之一。
③一县,即广东省新会县(今江门市新会区)。这里是南宋王朝最终覆灭的地方,宋元最后一战就发生在离梁启超出生地熊子乡茶坑村不远的崖山。
④大王父,即曾祖父。
⑤王父,即祖父。

父名宝瑛，字莲涧。夙教授于乡里。母氏赵。

余生同治癸酉正月二十六日，实太平国亡于金陵后十年，清大学士曾国藩卒后一年，普法战争后三年，而意大利建国罗马之岁①也。生一月而王母黎卒。逮事王父者十九年。王父及见之孙八人，而爱余尤甚。三岁仲弟启勋生，四五岁就王父及母膝下授《四子书》《诗经》，夜则就睡王父榻，日与言古豪杰哲人嘉言懿行，而尤喜举亡宋、亡明国难之事，津津道之。六岁后，就父读，受中国略史，五经卒业。八岁学为文。九岁能缀千言。十二岁应试学院，补博士弟子员，日治帖括②，虽心不慊之，然不知天地间于帖括外，更有所谓学也，辄埋头钻研，顾颇喜词章。王父、父母时授以唐人诗，嗜之过于八股。家贫无书可读，惟有《史记》一，《纲鉴易知录》③一，王父、父日以课之，故至今《史记》之文，能成诵八九。父执有爱其慧者，赠以《汉书》一，姚氏《古文辞类纂》④一，则大喜，读之卒业焉。父慈而严，督课之外，使之劳作，言语举动稍不谨，辄呵斥不少假借，常训之曰："汝自视乃如常儿乎！"至今诵此语不敢忘。十三岁始知有段、王训诂之学⑤，大好之，渐有弃帖括之志。十五岁，母赵恭人⑥见背，以四弟之产难也。余方游学省会，而时无轮舶，奔丧归乡，已不获亲含殓，终天之恨，莫此为甚。时肄业于省会之学海堂⑦，堂为嘉庆间前总督阮元⑧所立，以训诂词章课粤人者

---

①以上均指1873年，这一年的2月23日，清同治十二年正月二十六，梁启超生于广东新会熊子乡茶坑村。
②帖括，泛指科举应试文章，即八股文。
③《纲鉴易知录》，是清代学者吴乘权编辑的简明中国通史读本，初刻于康熙五十年（1711）。吴乘权又名吴楚材，曾与吴调侯合编了《古文观止》。
④《古文辞类纂》，是清代姚鼐编的各类文章总集，共七十五卷，是桐城派古文的代表选本，一度颇为流行。
⑤段、王训诂之学，段是段玉裁，王是王念孙、王忍之，他们都是训诂学的代表人物。所谓训诂学，即中国传统语文学，其实就是对古典文献的释读，广义的训诂学还包括音韵学和文字学。
⑥恭人，为旧时命妇封号，明清两代，四品官之妻封恭人。梁启超在这里所言是一种虚荣攀附的说法。
⑦学海堂，清代著名书院，位于广州城北越秀山麓，著名汉学家阮元创办于清道光五年（1825），以经史训诂为宗旨。
⑧阮元（1764~1849），字伯元，号芸台，谥文达，江苏仪征人，清代嘉庆、道光时名臣，被尊为一代文宗。

也。至是乃决舍帖括以从事于此，不知天地间于训诂词章之外，更有所谓学也。己丑年十七，举于乡，主考为李尚书端棻①，王镇江仁堪②。年十八计偕入京师，父以其稚也，挈与偕行，李公以其妹许字焉。下第归，道上海，从坊间购得《瀛环志略》③读之，始知有五大洲各国，且见上海制造局译出西书若干种，心好之，以无力不能购也。

其年秋，始交陈通甫④。通甫时亦肄业学海堂，以高才生闻。既而通甫相语曰："吾闻南海康先生⑤上书请变法，不达，新从京师归，吾往谒焉，其学乃为吾与子所未梦及，吾与子今得师矣。"于是乃因通甫修弟子礼事南海先生。时余以少年科第，且于时流所推重之训诂词章学，颇有所知，辄沾沾自喜。先生乃以大海潮音，作师子吼，取其所挟持之数百年无用旧学更端驳诘，悉举而摧陷廓清之。自辰入见，及戌始退，冷水浇背，当头一棒，一旦尽失其故垒，惘惘然不知所从事，且惊且喜，且怨且艾，且疑且惧，与通甫联床竟夕不能寐。明日再谒，请为学方针，先生乃教以陆王心学⑥，而并及史学、西学之梗概。自是决然舍去旧学，自退出学海堂，而间日请业南海之门。生平知有学自兹始。

辛卯余年十九，南海先生始讲学于广东省城长兴里之万木草堂⑦，徇通甫与余之请也。先生为讲中国数千年来学术源流，历史政治，沿革得失，取万国以比例推断之。余与诸同学日札记其讲义，一生学问之得力，皆在此年。先生又常为语佛学之精奥博大，余夙根浅薄，不能多所受。先生时方著

---

①李端棻（1833~1907），字苾园，湖南衡阳人，清末著名改革派、教育家，主考广东乡试时，将堂妹李蕙仙（端蕙）许配新科举人梁启超。
②王仁堪（1848~1893），字可庄，又字忍庵，号公定，福建闽县人，是当年广东乡试的副考官。
③《瀛环志略》，中国最早的世界地理读物之一，作者徐继畬，字健男，号松龛，山西五台人。
④陈通甫，即陈千秋，梁启超在学海堂时同学，后一起师事康有为。
⑤南海康先生，即康有为。
⑥陆王心学，即以宋代陆九渊、明代王阳明为代表的儒学流派，以"致良知"为其宗旨，与朱熹的理学分庭抗礼。
⑦万木草堂，是康有为在陈千秋与梁启超建议下于1891年创办的一所学堂，位于广州长兴里，培养了陈千秋、梁启超、徐勤、韩文举、曹泰、麦孟华等一批著名的维新变法人才。

《公理通》《大同学》等书，每与通甫商榷，辨析入微，余辄侍末席，有听受，无问难，盖知其美而不能通其故也。先生著《新学伪经考》，从事校勘；著《孔子改制考》，从事分纂。日课则《宋元明儒学案》、二十四史、《文献通考》等，而草堂颇有藏书，得恣涉猎，学稍进矣。其年始交康幼博。十月，入京师，结婚李氏。明年壬辰，年二十，王父弃养。自是学于草堂者凡三年。

甲午年二十二，客京师，于京国所谓名士者多所往还。六月，日本战事起，惋愤时局，时有所吐露，人微言轻，莫之闻也。顾益读译书，治算学、地理、历史等。明年乙未，和议成，代表广东公车百九十人，上书①陈时局。既而南海先生联公车三千人，上书请变法，余亦从其后奔走焉。其年七月，京师强学会②开，发起之者，为南海先生，赞之者为郎中陈炽③、郎中沈曾植④、编修张孝谦⑤、浙江温处道袁世凯⑥等。余被委为会中书记员。不三月，为言官所劾，会封禁。而余居会所数月，会中于译出西书购置颇备，得以余日尽浏览之，而后益斐然有述作之志。其年始交谭复生、杨叔峤⑦、吴季清铁樵子发父子⑧。

---

①上书，指发生在甲午战争失败后的公车上书运动。1895年4月，中国清政府和日本明治政府在日本马关签订大清战败条约，清政府承认高丽独立，并割让台湾及辽东半岛，赔款白银二万万两。消息传来，康有为、梁启超发动、组织在京参加会试的举子（即公车）上书，要求通过变法改变中国积贫积弱的现状。
②强学会，清末维新派政治团体，成立于1895年"公车上书"之后，并刊行《中外纪闻》。11月，上海强学会成立。1896年1月，御史杨崇伊上疏弹劾强学会，遂改为官书局。后北京强学会遭封禁，上海强学会也随之解散。
③陈炽（1855~1900），字次亮，江西瑞金人，清末任职户部，经济学家。
④沈曾植（1850~1922），字子培，号巽斋，浙江嘉兴人，进士出身，一代大儒。
⑤张孝谦，进士出身，翰林院编修，1895年曾参与强学会创办。
⑥袁世凯（1859~1916），字慰亭，号容庵，河南项城人，北洋军领袖，首任中华民国大总统。1915年12月改国号为中华帝国，自任皇帝，建元洪宪。后遭各方反对，引发护国运动，83天后帝制取消，袁世凯也在1916年6月6日因病去世，归葬河南安阳。
⑦杨叔峤，即杨锐（1857~1898），字叔峤，四川绵竹人，曾入张之洞幕府，戊戌六君子之一。
⑧吴季清，即吴德潇（1848~1900），字筱村，又字季清，四川达县人，是上海强学会发起人之一。铁樵是他的大儿子，又名吴樵，生于1866年，1897年病逝。子发是其第三子。

京师之开强学会也，上海亦踵起。京师会禁，上海会亦废。而黄公度①倡议续其余绪，开一报馆，以书见招。三月去京师，至上海，始交公度。七月《时务报》②开，余专任撰述之役，报馆生涯自兹始，著《变法通议》《西学书目表》等书。其冬，公度简出使德国大臣，奏请偕行，会公度使事辍，不果。出使美、日、秘大臣伍廷芳③，复奏派为参赞，力辞之。伍固请，许以来年往，既而终辞，专任报事。丁酉四月，直隶总督王文韶④，湖广总督张之洞⑤，大理寺卿盛宣怀⑥，连衔奏保，有旨交铁路大臣差遣，余不之知也。既而以札来，粘奏折上谕焉，以不愿被人差遣辞之。张之洞屡招邀，欲致之幕府，固辞。时谭复生宦隐金陵，间月至上海，相过从，连舆接席。复生著《仁学》，每成一篇，辄相商榷，相与治佛学，复生所以砥砺之者良厚。十月，湖南陈中丞宝箴⑦，江督学标⑧，聘主湖南时务学堂讲席，就之。时公度官湖南按察使，复生亦归湘助乡治，湘中同志称极盛。未几，德国割据胶州湾事起，瓜分之忧，震动全国，而湖南始创南学会⑨，将以为地方自治之基础，余颇有所赞画。而时务学堂于精神教育，亦三致意焉。其年

---

①黄公度，即黄遵宪（1848~1905），字公度，别号人境庐主人，广东嘉应人，清末新诗革命第一人，政治家、外交家。
②《时务报》，清末维新派创办的重要报刊，1896年8月9日在上海出刊，梁启超为总撰述，汪康年为总理。1898年8月8日停刊，共出69期。
③伍廷芳（1842~1922），本名叙，字文爵，又名伍才，号秩庸，后改名廷芳，广东新会人，清末民初杰出外交家、法学家。
④王文韶（1830~1908），字夔石，号耕娱，浙江仁和人，曾官居直隶总督兼北洋大臣。
⑤张之洞（1837~1909），字孝达，号香涛，直隶南皮人，清末名臣，洋务派代表人物之一。
⑥盛宣怀（1844~1916），字杏荪，晚年自号止叟，官办商人，洋务派代表人物之一，主张实业救国。
⑦陈宝箴（1831~1900），字右铭，义宁客家人，曾任湖南巡抚，清末维新派实权人物。
⑧江标（1860~1899），字建霞，号师郰，江苏元和人，曾出任湖南学政，配合陈宝箴在湖南推行变法。
⑨南学会，1898年春维新派在湖南成立的政治团体，由谭嗣同、唐才常等倡议发起，并得到湖南巡抚陈宝箴的大力支持。

始交刘裴邨①、林暾谷②、唐绂丞③,及时务学堂诸生李虎村④、林述唐⑤、田均一⑥、蔡树珊⑦等。

明年戊戌,年二十六。春,大病几死,出就医上海,既痊,乃入京师。南海先生方开保国会⑧,余多所赞画奔走。四月,以徐侍郎致靖⑨之荐,总理衙门再荐,被召见,命办大学堂译书局事务。时朝廷锐意变法,百度更新,南海先生深受主知,言听谏行,复生、暾谷、叔峤、裴邨,以京卿参预新政,余亦从诸君子之后,黾勉尽瘁。八月政变,六君子为国流血,南海以英人仗义出险,余遂乘日本大岛兵舰而东。去国以来,忽忽四年矣。

戊戌九月至日本,十月与横滨商界诸同志谋设《清议报》⑩。自此居日本东京者一年,稍能读东文,思想为之一变。己亥七月,复与滨人共设高等大同学校⑪于东京,以为内地留学生预备科之用,即今之清华学校是也。其

---

①刘裴邨,即刘光第(1859~1898),字裴邨,四川富顺人,1898年,以四品军机章京参与新政,是戊戌六君子之一。
②林暾谷,即林旭(1875~1898),字暾谷,1898年,先是参与组织保国会,后以四品卿衔,与谭嗣同、刘光第、杨锐同在军机章京上行走,参与新政,为戊戌六君子之一。
③唐绂丞,即唐才常(1867~1900),字黻丞、佛尘,湖南浏阳人,与谭嗣同并称"浏阳二杰"。1900年组织自立会、自立军,起兵勤王,后失败被张之洞杀害。
④李虎村,即李炳寰(1877~1900),字虎村,也作虎生,李树芳第三子,湖南大庸人,1897年秋考入长沙时务学堂,1898年戊戌政变后学堂停办。次年,与林圭等到日本求学,1900年加入自立军,起义失败后被杀。
⑤林述唐,即林圭(1875~1900),字述唐,号悟庵,湖南湘阴人,1898年秋入长沙时务学堂,戊戌政变后留学日本,1900年与唐才常一起组织自立军,为中军统领,起义失败后被杀。
⑥田均一,即田邦璇(?~1900),字伯玑、均一,湖南慈利人,1898年秋考入长沙时务学堂,戊戌政变后赴日本留学,1900年应唐才常之邀回国参加自立军起义,失败后被杀。
⑦蔡树珊,即蔡钟浩(1877~1900),字树珊,湖南武陵人,1898年秋考入长沙时务学堂,戊戌政变后留学日本,1900年回国参加自立军起义,并回家乡运动响应,失败后在湖南被俘,就义于长沙。
⑧保国会,是戊戌变法期间康有为发起组织的政治团体,1898年4月12日在北京成立,以保国、保种、保教为宗旨,因顽固派极力反对,不久停止活动。
⑨徐致靖(1844~1917),字子静,江苏宜兴人,清末维新志士。
⑩《清议报》,是立宪派创办的第一份宣传立宪的报纸,1899年12月23日创刊于日本横滨,主编梁启超。
⑪高等大同学校,戊戌政变之后,梁启超等逃亡日本,原长沙时务学堂以蔡锷为代表的一批学生循着梁启超的足迹来到日本。为了解决他们继续求学的要求,梁启超等在东京创办了一所学校,即高等大同学校。

年美洲商界同志，始有中国维新会①之设，由南海先生所鼓舞也。冬间美洲人招往游，应之。以十一月首途，道出夏威夷岛，其地华商二万余人，相絷留，因暂住焉，创夏威夷维新会。适以治疫故，航路不通，遂居夏威夷半年。至庚子六月，方欲入美，而义和团变已大起，内地消息，风声鹤唳，一日百变。已而屡得内地函电，促归国，遂回马首而西，比及日本，已闻北京失守之报。七月急归沪，方思有所效，抵沪之翌日，而汉口难作，唐、林、李、蔡、黎、傅诸烈，先后就义，公私皆不获有所救。留沪十日，遂去，适香港，既而渡南洋，谒南海，遂道印度，游澳洲，应彼中维新会之招也。居澳半年，由西而东，环洲历一周而还。辛丑四月，复至日本。

尔来蛰居东国，忽又岁余矣，所志所事，百不一就。惟日日为文字之奴隶，空言喋喋，无补时艰。平旦自思，只有惭悚。顾自审我之才力，及我今日之地位，舍此更无术可以尽国民责任于万一。兹事虽小，亦安得已。一年以来，颇竭棉薄，欲草一中国通史以助爱国思想之发达，然荏苒日月，至今犹未能成十之二。惟于今春为《新民丛报》②，冬间复创刊《新小说》③，述其所学所怀抱者，以质于当世达人志士，冀以为中国国民遒铎之一助。呜呼！国家多难，岁月如流，眇眇之身，力小任重。吾友韩孔广④诗云："舌下无英雄，笔底无奇士。"呜呼，笔舌生涯，已催我中年矣！此后所以报国民之恩者，未知何如。每一念及，未尝不惊心动魄，抑塞而谁语也。

孔子纪元二千四百五十三年壬寅十一月，任公自述。

附：我之为童子时

我所爱之童子乎？汝若不知我为谁，问汝先生及汝父兄，或能告汝。

---

① 中国维新会，是戊戌政变后流亡海外的康有为成立的改良派政治团体，1899年成立于加拿大。
② 《新民丛报》，是继《清议报》之后梁启超在日本创办的又一份立宪派报刊，该刊重在介绍西方思想文化、政治学说，对中国知识界产生了重大影响。
③ 《新小说》，创刊于1902年，在《新民丛报》之后，是中国近代最早刊载小说的杂志。
④ 韩孔广，即韩文举（1864～1944），字树园，号孔庵，广东番禺人，1891年入万木草堂，师从康有为。

汝欲听我为童子时之故事乎？我大半忘记，所记一二，请以语汝。

我为童子时，未有学校也。我初认字，则我母教我。直至十岁，皆受学于我祖父、我父。我祖父母及我父母皆钟爱我，并责骂且甚少，何论鞭挞。然我亦尝受鞭三次，至今犹历历可记。汝等愿闻此老受鞭之故乎？

我家之教，凡百罪过，皆可饶恕，惟说谎话，斯不饶恕。我六岁时，不记因何事，忽说谎一句，所说云何，亦已忘却。但记不久即为我母发觉。时我父方在省城应试也。晚饭后，我母传我至卧房，严加盘诘。我一入房，已惊骇不知所措。盖我母温良之德，全乡皆知。我有生以来，只见我母终日含笑，今忽见其盛怒之状，几不复认识为吾母矣。我母命我跪下受考问，我若矢口自承其罪，则此鞭或遂逃却，亦未可知。无奈我忽睹母威，仓皇失措，妄思欺饰以霁母怒。汝等试思，母已知我犯罪，然后发怒，岂复可欺饰者？当时我以童子无识，出此下策，一何可笑。汝等勿笑，可怜我稚嫩温泽之躯，自出胎以来，未尝经一次苦楚，当时被我母翻伏在膝前，力鞭十数。我母当时教我之言甚多，我亦不必一一为汝等告，但记有数语云："汝若再说谎，汝将来便成窃盗，便成乞丐。"汝等试思，我母之言，得毋太过否？偶然说句谎话，何至便成窃盗，便成乞丐？我母旋又教我曰："凡人何故说谎？或者有不应为之事，而我为之，畏人之责其不应为而为也，则谎言吾未尝为，或者有必应为之事，而我不为，畏人之责其应为而不为也，则谎言吾已为之。夫不应为而为，应为而不为，已成罪过矣，若己不知其为罪过，犹可言也，他日或自能知之，或他人告之，则改焉而不复如此矣。今说谎者，则明知其为罪过而故犯之也，不惟故犯，且自欺欺人，而自以为得计也。人若明知罪过而故犯，且欺人而以为得计，则与窃盗之性质何异？天下万恶，皆起于是矣。然欺人终必为人所知，将来人人皆指而目之曰，此好说谎话之人也，则无人信之，既无人信，则不至成为乞丐吗而不止也。"我母此段教训，我至今常记在心，谓为千古名言。汝等试思此为名言否耶？最可怜者，我伯姊陪我长跪半宵，犹复独哭一夜。伯姊何为哭？惧我父知之，我所受鞭扑更甚于今夕也。虽然，我伯姊之惧徒惧矣。我母爱我甚，且察我已能受教，遂未尝为我父言也。呜呼，吾母弃养将三十年矣，吾姊即世亦且十年，吾述此事，吾涕沾纸矣。汝等有母之人，须知天下爱我者，无过于母，而母之教训，实不易多得。长大而思母训，恐母不我待矣。

选自《饮冰室合集·文集之十一》

双涛阁日记

宣统二年庚戌日记
正月

一日

除夕欲次东坡湖字韵为一诗，迄不能佳，遂弃去，然坐此竟夕不成寐矣。晨起，率儿曹遥祝高堂年禧，礼毕，写《心经》一卷以为亲寿。

二日

摹《孔宙碑》《龙藏寺》各半页，临《圣教序》半页。（摹《圣教序》已七过，临始于此日，拟日课半页。）

三日

摹《孔宙碑》《龙藏寺》各半页，临《圣教序》半页。午后，偕觉顿、芹甫、娴儿如神户，欲买杜鹃花作供，先诣领事馆小坐。张隐南出所藏书画相示，流连展玩。既而遇雪，遂废看花之约，在领事馆晚食乃归。

隐南藏有赵松雪著色山水画十轴，极佳，余不娴赏鉴，觉顿谓非赝鼎也。从隐南处，借钱东涧《有学集》钞本，及《王荆公诗集》李注本归，枕上读《有学集》，尽四卷。（以上四日补记）

四日

摹《孔宙碑》《龙藏寺》各半页，临《圣教序》半页。发秉三、擘一书各一。得擘一、君勉书。（擘一书言，沪上纷传我已归沪，且在太和馆有大书饮冰室主人定座者，声影相吷，不审其意何居。）

东报言，昨日有美国观光团至苏州，被兵士数百围而狙之，负伤者数人，兹事即不起交涉，亦损威重矣。小民排外不足异，所异者乃在兵士也。

午后，复过觉顿作叶子戏，十一时始归。据李注本，校所藏《荆公集》，尽七卷。新年自放逸，游戏数日，至今日为止。一时半就榻，枕上读《有学集》。

五日

十一时起，摹《孔宙碑》半页，读报纸。

江西铁路，已收股份银八十万两，今复决议再募社债二百万两，若应募足额，则竣工可望云。此事前途如何，实不敢言。盖我国资本之枯竭，今日实已达极点，不赖外债，几于一事不能举矣。

荷兰国会忽然有扩张军备之议案，各国莫不骇诧。盖以今日之荷兰，虽竭其力以治兵，终不能与列强颉颃，此尽人所能知矣。然则今次之议案，其必为被动而非自动，无可疑者。客腊喧传德皇贻书荷兰女皇，促以治军，各报馆嚣然论其真意所存，而德人极力自辨，谓无此事，今议案既布，则人言其信矣。夫德人之眈眈以窥荷兰，既非一日，盖德人欲执世界之牛耳。其政策首宜挫英，年来汲汲扩张海军，其心已路人皆见，虽然其国内无一良军港，战端一开，海权悉为英所握，英雄无所用武，为德人计，惟得荷兰境内庵士的丹、安特和布、埃谟丁诸港，庶足以固其希利哥仑之根本。（希利哥仑者，德人新投三千万马克筑之，以为海军根据地者。）而自英人观之，则荷兰若归敌掌握，而苏格兰之门户圮矣。故自维廉·鳖特以来（英国百年前名相），常以拥护荷兰为备大陆之第一义，良非偶然。盖英德之争荷兰，若楚汉之于荥阳成皋也。前此道路流言，谓德人警告荷兰，使整军备，否则一旦有事，德国为自卫计，必当占领之。此说风传有年，使英人刿心怵目，然犹以为离间之言，不甚介意也。今此事既现于实，则欧洲外交上之大波澜，或当从此而起，将来荷兰或不堪德国之威逼，而加入联邦之一乎？或与比利时相结，而乞庇于英国宇下乎？二者必居一于是。

午后，为娴儿作《艺蘅馆文卷》第一集叙。临《圣教序》半页。梁山舟频罗庵论书云，帖教人看，不教人摹。当临写时，手在纸，眼在帖，心则往来于帖与纸之间，如何得佳，纵逼肖，亦是有耳目无气息死人。吾今临圣教，亦觉手眼阂隔，心驰两端，颇以为苦。第欲学书，终非痛下临摹之功不可。吾辈手如野马，下笔结体，无一合于古人义法，此如孙子教吴宫美人战，非施以强有力之节制，安能就范？但包慎伯言所临之字断不可多，每帖取数十字，多至百言已足。此确是不二法门，盖字少，则心眼与之相习也易，不致驰骛多失。而此百数十字，既烂熟而实有诸己，则未有不能举一反三者也。吾喜临全帖，欲装成袟以自程，恨未能用包氏法耳。

得擎一、碧泉、慧儒书，俱即覆（按：林碧泉、林慧儒皆任公先生同乡）。夜作《国会期限问题》一篇二千言，十二时成。校《荆公诗》，自第八卷至第十三卷。一时就榻。枕上读《有学集》，凡尽两卷，三时成寐。

六日（十五日火曜）

九时起，摹《孔宙碑》半页，读报纸。

东报记广东新练军五大队兵变，城门昼闭，袁海帅方命提督李準，率旧军防剿，且调桂军东下云。祸机所发，为大为小未可知，念之忡忡。

昨报苏州兵戕外人事，其原因乃由看剧兵士，欲强阑入剧场，阍者拒之，遂滋闹。日日言练兵，而所练之兵如此，可为一哭。

日本审问前此刺杀伊藤博文之韩人安重根讫，断以死刑，其同谋三人，监禁三年、一年有差。重根曾留学美国，智深勇沈，其刺伊藤，尾之数千里，一击而殪之。就逮数月，审判累次，今始告终。判官尝问以当时行刺既成后，何为不逃？将被逮时何为不自杀？重根言，身为匡复军一中将，安有逃理？此身一息尚存，要当留以为故国之用，岂肯效匹夫自经于沟渎？且吾正欲使日本之强暴，暴于天下耳。及闻死刑宣告，颜色不变，虽日人亦为之起敬云。呜呼，可谓奇男子也已矣！

英国新议会既召集，政府所提出之议案，第一为去年上院否决之预算案，第二为上院改革案。初爱尔兰国民党，要求首提爱尔兰自治案，今见此两案先出，不无怨言。旋经首相阿士喀与爱尔兰党领袖列德门协商，卒相提携云。此次议会，政府党不能占大多数，爱尔兰党，举足左右，便有轻重。今之列德门，犹格兰斯顿执政时之巴尼尔也，英人谓之为不冠宰相。

临《圣教序》半页，摹《龙藏寺碑》半页。

作《美国最近东方政略记》千言（未成），荷公相过，小酌微醺，遂不复能属文（案：荷广，汤觉顿号）。校《荆公诗》卷十四至十六，二时就榻，枕上读《有学集》。

七日（十六日水曜）

是日，德猷自东京至（按：德猷，任公先生堂弟），觉顿相邀为人日宴集，遂复游戏竟日。除摹《孔宙碑》半页外，一切课皆辍，斗叶戏将达日，殊可耻也。枕上读《外交时报》。（八日补记）

八日（十七日木曜）

十二时起。摹《孔宙碑》半页，读报纸。

广州之兵变，据日本领事所报告，其为革命党之阴谋无疑。然发难仅半日，而首领已潜逃无踪，卒至一哄而散，其志行薄弱，亦可惊也。呜呼，吾国今日，无论何种社会，皆无人焉。

韩侠安重根之母，传语其子曰："汝其死于芳洁，无玷名门。"重根闻之，感极而泣云："呜呼，不图亡国之余，乃见孟博母子，韩于是为不亡矣。"

英国此次再提出之豫算案，必仍遭上院反对，实意中事，闻现内阁，欲仿一千八百三十二年之例，请国王置新贵族，使入上院，以图制胜云，然以现在形势观之，所置新贵族，非在百名以外，不能以压敌党。此问题之解决，真不容易，恐不免为第二次解散议会也。

东报称，自洮南府至伯都讷一带土地，近顷为英美俄三国人纷纷买占，盖以锦爱铁路将开，欲博重利也。吾因此生两种感触，一曰浪掷巨资以开此路之无益，一曰地价差增税，不可不急行。

续撰《美国最近东方政略记》千言（未成）。晚写书谱半页，复作叶子戏达旦。

九日（十八日金曜）

午后一时始起，荒嬉极矣。读报后，摹《孔宙碑》一页，第六次摹本卒业。

客腊曾上书南海先生，有所规谏，其言憨直无礼，今日得先生复示，反复晓譬，前事释然，转增悚息。先生复寄示二律云：

人间不如意，爱念造因微。欢喜生烦恼，功名有是非。青山且面壁，明月自渔矶。宜释冤亲否，从嗟晏岁归。（原注：一有所爱，凡重国重君、爱家爱人，必生仇怨，而起无限冤亲。）

泛舟渺无住，现世亦多更。痴怒犹人相，盈虚观我生。菜从肉边煮，藕自淤中横。无碍莲花色,清凉自火坑。(原注:顺受其正,随喜所适,何所逃耶?不染不舍。)

又已酉腊,感怀一首云:

流亡海外一星周,自笑更生十二秋。得失兴亡亲历历,险艰情伪与由由。闭门种菜英雄老,握发非人心事休。神伤不敢看时报,花下藤床搔白头。

先生复以去年在埃及之开罗,所影相见寄,其相乃以全身入埃及人所用石棺中,仅露头目,洵达人之所为也,系以诗云:

盖棺论定是何人,后死斯文话劫尘。了尽人天偶乘化,此身未死死心新。

是日,作《美国东方政略记》二千言(未成),论锦爱铁路问题五千余言,横滨商会会报发刊辞千言。自向晚至次日朝暾初上时,凡成八千余言。固有春蚕食叶之乐,然不规则亦甚矣。

十日(十九日土曜)

午后三时起,临《圣教序》四行,读报。

英国政界老雄,统一党领袖张伯伦氏,以今日躬出席于议会,行宣誓礼,老态纷纶,升降须人扶掖,见者无不感动起敬云。英国之例,凡议员必须宣誓后,乃得投票。张君今年八十四岁,四年前八十荣寿时,已置酒别亲友,谓将退隐,不复闻国事。今兹以忠于关税改革主义,故去腊今春总选举时,前后四月间,演说累三百二十余度,舌强声嘶而不肯休。数年来,君虽挂名议会,恒不出席,闻今兹将常出席,际重大议案采决时,自行投票云。呜呼,鞠躬尽瘁,死而后已,张君见之矣。吾专制国民,又岂知雍容坐论中,有马革裹尸之烈也。

赎回安徽铜官山事,闻英人允以五万二千磅(镑)准赎云,此事交涉已经年矣。

连得南海三书,开示大道,及所以自处者,益恍然自失。(即作复)

客腊薄有所寄以济蜕广之急,得复书,述伯严二小诗以相示,致可诵,录之:

穷饿故人常满眼,未有如公彻骨贫。掌大雪花走相看,科头呵气已嗔人。十口虚悬反过之,强搜茊箧以相遗。而翁胜句犹能诵,我且无聊汝可知。

飧后,荷广过谈至九时。作去年世界大事记跋二千言。作《美国东方政略记后论》七百言。三时就榻。

十一日（二十日日曜）

九时半起，有杂客憧扰竟日。是日，初摹《张迁碑》，得两页，页八十四字。夜分校《荆公诗》，自第十七卷至第二十七卷。

顷巴黎开一万国摩洛哥公司，专承办摩洛哥各种事业，拟集资本金二百佛郎，法人占十之五，德人占十之三，其余则凡参列于《亚基士拉条约》诸国分占之，德法两国政府，要求以法人为社长，德人为副社长，近数年来世界之趋势，强者务相让而协以谋弱者，此事亦其一见端也。美国满洲铁路中立提案，即利用此种心理，但时机未熟耳，中国将来可怖之境遇，莫过于此。一时半就榻。

十二日（二十一日月曜）

九时起，摹《张迁碑》一页，读报纸。

驻藏帮办大臣温宗尧，电告政府，谓达赖喇嘛与俄国订结协约，请政府牒告各国使臣，谓该约非经中国皇帝认可，则作为无效云云。此固属亡羊补牢之一种办法，然其能有所补救与否，实不敢言。盖西藏已曾于数年前，与英国结约，而中国竟不能挠。今兹俄人其有辞矣，就令此约果能以中国皇帝之名义缔结之，然将来纠轕之问题，伏根于此者，正不知凡几，又可断也。当前年达赖在京时，吾尝建议谓当设法圈留之，勿使回藏，法当在都别创一庄严之寺，一宏壮之达赖府第以居之，崇以国师之号，使其以时入宫说法，以示优礼，而令蒙藏人民欲礼国师者，咸诣京师，一面移练军一镇，归驻藏大臣调遣，以镇抚其众，则达赖不至有所凭借以生事，国初二祖三宗所以驭蒙藏者，皆由斯道，而今日俄人图藏，亦全袭此故智耳。今前机既失，不可追矣，此后若犹思维系西陲，仍非固守列圣之政策而善用之不可，苟当轴得人，亦未始无法可设，惜乎肉食者不足以语此也。

近顷以黑龙江禁米出口，各国公使团向我政府抗议，我国以遏籴为救荒之一种政策，此自春秋战国以来，深入人心，牢不可破者。在前此交通未开时，此策或非得已，及今日则生计无国界，无论何种物品，苟需要过于供给，则四方辇而致之者，若水就下，但使人民有金钱，足以求诸市，则食之乏，断非所患也。况我国无一制造品可以出口，所恃以易人之财者，惟此区区农产物,此而禁之,何异饮鸩,乃致以此烦交涉,其顽冥真可哀也。呜呼,常识之不可以已也,如是夫。

今日英国政界现象,或称之为小党制大党之时代。盖自由、统一两大政党,其所占议院席相去仅一票(正月总选举之结果,自由党得二百七十二名,统一党得二百七十一名),故爱尔兰国民党及劳佣党之两小党者,举足左右,便有轻重,两大党皆不得不思所以结其欢心,故曰小党制大党也。据近数日所报,则爱尔兰党、劳佣党提出种种条件以要求现内阁,现内阁不堪其胁逼,殆将与之分张,果尔,则现内阁之蹶,可立而待也。虽然,以吾度之,爱尔兰党所持爱尔兰自治主义,与统一党所持大帝国主义,恰立于反对之两极端,而统一党之分子,以贵族富族为中坚,与劳佣党之利益更不相容。故此,两小党,欲自结于统一党以达其目的,无有是处。而爱尔兰党与自由党之亲交,已阅二十年,而现内阁之重镇埒特佐治,又与劳佣党有特别之关系,故吾料此两小党必不至与现内阁分携,今所持以要挟者,终当交让以解决,而政府所提诸案,在下院当无甚难关,其苦现内阁者,仍在上院耳。上院顽抗不屈,必再解散而行选举,其时则现内阁之运命所攸决也。

午后为娴儿辈讲《说文解字叙》。摹《龙藏寺碑》半页,唐以前诸碑帖,其结体皆雄伟,有龙跳虎卧之概,吾书溺俗已久,结体直无一与古人合,故愈弄姿而愈增其丑,今后惟当于此痛下苦功。

发碧泉、柳隅、若海、子坚各一书,二时就榻。

十三日(二十二日火曜)

今日为今上万寿节,以大丧未满二十五月,罢朝贺。

十一时起,写《张迁碑》二页(第一通毕业)。读报纸。

埃及首相敦特拉为其国民党所刺,近世以军队、警察日发达,暴动极不易,而暗杀岁必数报,亦可谓一时代之现象也。

午后作一长笺上南海,并附笺与镜如,遂休暇。

夕庆圣节,聚家人群饮,有醉意,遂相将作叶戏。

二时就榻,酒上脑不成寐,枕上见隐南见寄人日感怀诗,次韵和之,五时乃成:

中年更哀乐,稍解惜流光。百岁几灯夕,天涯一草堂。好春仍到眼,轻梦似还乡。作意酬佳节，花前累十觞。

料得蛮巢内，华星照夜堂。有人浮大白，伴妇织流黄。觅句剩消瘦，逃禅得坐忘。谁能问时事，复取恼诗肠。

五时半复就榻。

十四日（二十三日水曜）

十一时起，写《张迁碑》一页半，读报纸。

戴鸿慈死去，庸庸厚福，此公为最矣。

午后为人强拉赴宴往神户，即宿于商旅别所。（十五日补记）

十五日（二十四日木曜）

七时起，往书坊购书数种，十时返寓。

写《张迁碑》二页，复君勉、子芝各一笺。

南海先生以诗见寄。

读《后汉书·樊宏阴识传》（娴儿读史欲为札记，而苦无津逮，举此似之）

樊重欲作器物，先种梓漆，时人嗤之。然积以岁月，皆得其用。向之笑者，咸求假焉。凡欲成大业者，必不可有见小欲速之心。盖人类所以异于禽兽，文明人所以异于野蛮者，以其能知有将来而已，所见将来愈远，则其成就也亦愈大，治生经世，其道一也。德国人最号迟重，每举一事，常责效于百数十年以后。今世各国所行义务教育之制，国民皆兵之制，皆德人创之于十九世纪之初，而举世共嗤以为迂者也，及十九世纪末，则向之笑者，咸相师矣。豫章之木，生七年而后可识，其所以自为荣养者，固非朝菌之所得而喻也。

樊重营理产业，物无所弃，课役童隶，各得其宜，生计学之妙用，尽于是矣。今西国所以致富者，其道亦在无弃物而已。至于赈赡宗族，恩加乡闾，临终举素所假贷数百万，焚削文契，所谓富好行其德者非耶，其后之克昌宜矣。佛说，盛道因果报应，而《易》亦言积善之家必有余庆，积不善之家必有余殃。或疑造物者，日稽人簿籍，课其功罪，而一一予以相当之果报，无乃不惮烦，而岂知不然，凡积善者自有致庆之由，积不善者自有召殃之由，自业自得，固不必假手于造物也。若樊氏宗族，先免于湖阳之难，后免于赤眉之难，岂必有鬼神呵护其间，恩德及人，人自不忍见害耳。而不然者，则《左传》所谓，吾杀人子多矣，能无及此乎，其亡身而祸中子孙，乃必至之符，非必由天夺其魄也。故传曰：天道远人道迩。又曰：善言天者必有验于人。

范蔚宗论樊重，所见者大可诵。

沛王辅事发，贵戚子弟多见收捕，惟樊儵获免。非有幸有不幸也，儵清静自保之效耳。此亦吾向者天道人道之说也。《诗》曰：自求多福。

樊梵、樊準，并推产以让兄子，家风之美，数世不替，盛矣哉！后汉让产之举，史不绝书，虽由光武明章奖励节义所致，抑樊氏所以风天下者，亦与有力焉。移风易俗，匹夫有责，盖谓是也。

樊準请昌明儒学一疏，于东汉风俗所以懿美之故，真能推见本原，文气之排奡磅礴，亦至可学，此以赋体入文也。

将《樊阴传》与《史记·田窦传》并读，感慨系之，此亦两汉风俗之代表也。

二时就榻。

十六日（二十五日金曜）

十时半起，写《张迁碑》一页，读报纸。

加拉吉达电称，达赖喇嘛，为我兵所逼，出奔印度，大约将为寓公于彼地云。果尔，则他日之忧，正未有艾。微论我现在兵力，不足以镇压全藏也。借曰能之，而迷信宗教之民，终非可纯以力取。彼英俄两国之争，居达赖为奇货，皆深知此中消息者也。呜呼，自去年放达赖出京，吾知我对藏政策之无能为矣。

读《后汉书·刘赵淳于江刘周赵传》（为娴儿程式）

此孝义传也。后史率别标孝义之名，范书则否，此正以见孝之大也，孝为庸德。孝而别标传，则忠也廉也皆宜别标传矣，传中诸贤，其从政莅民，皆卓卓有可表见，所谓锡类不匮也，岂徒独善其身而已。夫能独善，则未有不能兼善者，不能兼善，斯所谓独善者，亦有未可信矣。

蔚宗论毛义、薛包二子，诵其推至诚以为行，行信于心而感于人，可谓知本。孟子曰：至诚而不动者，未之有也。不诚未有能动者也。此其效，岂仅在一身一家哉？

刘平与贼期约，犹不肯欺，所谓以身殉义，非矫饰所能为也。其以身代孙萌受刃，此资父事君之明验、苟有血气，皆将感动，贼之起敬，非偶然也。

淳于恭，见偷刈禾者，恭念其愧，因伏草中，盗去乃起。凡重名节者，亦必重人之名节，斯乃真锡类之义也。先高祖毅轩公，平生行谊，类此者甚多，盖一由施恩于人，不愿人知；一由讳人之短，不欲人愧。非安仁之仁者，不能如是也。吾行将述一家传，备辎轩之采，以厉末俗焉。

复子芝书，答问日本关税法。复碧泉书。

拟次韵酬南海先生赠诗，先成第三首：

故人泥犁示报身，住胎说法几千春。经过影事留蚕纸，不断芳心捣麝尘。隐几可能吾丧我，陟陻方叹国无人。苦求解脱成何事，斋白因缘合受辛。

飧后过荷庵小谈，归寓摹《龙藏》半页、《圣教序》半页，临《圣教序》四行。为娴儿批点日记。

作官制与官规千言（未成），一时半就榻。枕上读《天台四教仪讲义》（织田得能著）。

已成寐，为重衾所蒸，遽然而觉。起和南海先生诗，复得二章，将五时矣。

觚棱回首是河梁，十二年中各逊荒。难以焦头完火宅，枉将奇梦发明王。出生入死行何惧，转绿回黄究可伤。青史恐随弓剑尽，鼎湖西望最凄凉。

年年岁岁见恒河，童耄侵驰意若何。梦后天涯芳草谢，别来净土落花多。逝将去汝翔寥廓，何事干人有网罗。万法本来毛孔现，百年况是隙中过。

十七日（二十六日土曜）

昨夜竟夕不成寐，晨间卧听娴儿读书，久之睡去。

十时起，写《张迁碑》一页，读报纸。

加拉吉达电报称，达赖出奔印度，诉吾之暴于英，而英国各报，咸责前此撤兵之非计，度此次英之干涉，未有已也。吾国统治西藏策，一误于光绪三十二年，听达赖与英结约而不过问，再误于去年之放达赖出京，今兹殆不可收拾矣。赵氏兄弟此举，其英断实可佩。（度必有主之者，吾揣得一人焉，未敢断也。）惜乎！其于睦邻之道未察也，近来大吏举措，差强人意者有二事，一曰锦爱铁路，二曰挞伐西藏，皆政治上一种大计划，而外交上皆缘此多事，甚矣，常识之不易也。

土耳其与布加利亚宣战，巴尔干半岛，五十年来，迄无宁岁，滋可厌也，抑可鉴也。

仲策填一词寿我，仲策词大进，吾甚畏之。

齐天乐 (寿伯兄 庚戌正月)

东风已着柔条绿，烟敛翠微重见，青眼迎春，寒窗嚼雪，谁识当年幽怨？蓬莱乍浅，认怨叶题红，桃花人面，几度凝眸，高楼飞入故巢燕。　天涯鸥鹭去远，相思谁见得梦魂沈断，夜汐还崖，春波入海，空忆东华红软，柔情一线，倩燕燕丁宁，莫愁归雁，打叠闲情，岁华殊未晚。

竟一日之力，成次韵奉酬南海先生六章全录如下：

舣棱回首是河梁，十二年中各逊荒。难以焦头完火宅，枉教奇梦发明王。出生入死何畏，转绿回黄究可伤。青史恐随弓剑尽，鼎湖西望最凄凉。

年年岁岁见恒河，童耄侵驰意若何。梦后天涯芳草歇，别来净土落花多。逝将去汝翔寥廓，何事干人有网罗。万法本来毛孔现，百年况是隙中过。

故人泥犁未报身，住胎说法几千春。经过影事留蚕纸，不断芳心捣麝尘。隐几可能吾丧我，陟隍方叹国无人。苦求解脱成何事，斋白因缘合受辛。

树蕙滋兰糅众香，驷虬乘鹥更翱翔。吉凶同患谁能谢，茕独无媒忽自伤。未戩垂天供鶂叹，每循歧路泣羊亡。早知爱业忓难尽，悔向云山礼道场。

尝闻九折臂成医，填海移山亦我师。履道本来君子坦，睨乡无那仆夫悲。马牛呼我我何有，结辖思君君不知。四海少人多豺虎，高飞黄鹄欲安之。

抗怀结想大同时，无佛无魔尽远离。却断因根缘自净，本无我相彼何其。见灰壶子更奂卵，示疾维摩故大悲。只是诸恩报未尽，忘情太上亦相思。

是日舍作诗外，更无他课。夕饮颇醉，过荷拏谈至十二时。为娴儿批点日记。一时就榻。

十八日（二十七日日曜）

九时起，写《张迁碑》一页，读报纸。

十六日上谕将达赖喇嘛革职（据谕则达赖之逃在正月初三）。命驻藏大臣别选灵实幼童，择立以为达赖云。达赖托胎转生之信仰，今已渐薄，别立一人，未始不可，要在将来所以笼络之者何如耳。英国喀桑氏在上议院向印度事务大臣约翰·摩黎质问此事始末，及政府办法，摩黎答以未知详细，英政府对于此事，当严守中立，惟达赖喇嘛为宗教上之高位者、统治者，受印度数百万臣民之尊敬，英政府必以相当之礼，殷勤待之。且此次中国举动，实出人意外，英必将与中国政府交涉云云。此事为将来外交上一难题，固在意中，我大吏当发难伊始，当亦早已计及，其所以对英者，必有辞矣。但愿他日，切勿见胁于外，而复达赖之职，且勿托词而罪首事之人，则国体庶可以维系也。

俄罗斯借口于锦爱铁路有妨东清铁路，乃别要求由张家口至库伦及恰克图之一路，以为偿云。此事吾早言之矣，已失去之权利，不能缘此而恢复分毫，所赢得者，更胜以未失之权利耳。

闻锦爱铁路款，前此拟借美金五千万者，今将增为一万万，未知信否。日本报纸，言我政府借款之意，并不计及此路之利害何如，惟欲得此款以便挪用耳。此殆最能道破政府诸公之隐衷者，果尔，则吾党日日舆论形势，真搔不着痒处也。

东报又称，英国有要求派兵屯驻广东省城，保护租界一事，未知信否。以我国之内治日趋腐败，此等警报，将来续至者，当未有已也。

日本此次借换内债，著著成功，且将形之于外债，以现在全世界金融缓漫之极，各国中央银行纷纷引下利子，诚借换公债一绝好时机，惜吾国人懵无所知，不能利用之也。

午后，偕家人往须磨寺访梅，梅虽非佳，然散策亦致乐也。写《龙藏寺碑》一页，前许写白石词为仲弟寿，今日始业。

晚作《西藏戡乱问题》一篇，二千五百余言，即寄上海，令赶登第三期报。二时就榻。

十九日（二十八日月曜）

十二时起（昨夜不成寐，侵晓始合眼），写《张迁碑》一页，读报。

吴郁生继戴鸿慈后为军机大臣，此真拟议所不及者，官界分野，未易测算也。

英国舆论嚣然，訾我对藏政策之横暴，即其政府大臣宣言于议院，亦谓我此次举动为可骇，此真蔽于感情，不审事理之言也。光绪三十二年，《中英续订藏印条约》第一款云："中英两国，必尽力设法，使一千九百四年九月七日，即光绪三十年七月二十八日所订之条约，得以实行。"夫我之与英，曾于光绪十九年，订有《藏印条约》，徒以藏僧屡梗朝命，不能实行，以致英国有侵入拉萨之役。藏僧之所以敢于梗命者，徒以朝廷向示怀柔，而中央权力，不能圆满以施于其地耳。然则我国为履行条约上之义务起见，安得不强制达赖，使就范围，苟不尔者，英人能无责言乎？故此次之举，非特行使我国法上统治权固有之权利，抑亦于国际法上而忠实以行我义务也。英国政府无论若何辩词巧说，终不能得有干涉之口实，若强欲干涉，是无礼于我国而已，我政府其知之，我国民其知之。

写白石词半页。写《圣教序》半页。晚邀荷广小饮，有酒无肴，乃尔醺醉，竟谈至十二时。为娴儿辈批点日记。

作《筹还国债问题》一篇，仅草创大意，成数百言，觉倦怠，亦二时矣，遂就榻。

二十日（三月一日火曜）

十一时起，写《张迁碑》一卷，读报纸。

御史江春霖，以劾庆邸免职，此宣统朝谴黜言官之第一次也。追想去年今日，感慨系之。

圣彼得堡电，达赖复有书乞援于俄，彼狡恣谩已极，然我外交当局苟有人，英且无辞干涉，俄更何有？

写白石词二页，为《国风报》作广告一通。

晚写《圣教序》一页。作《筹还国债问题》未成。为娴儿辈改所作隗嚣窦建德合论，竟至彻夜，复为批点日记，六时就榻。

二十一日（二日水曜）

晨间朦胧似梦似觉，枕上听娴儿读书良久。前奉寄南海先生诗第二首，芳草谢之谢字，初用尽字，又欲用少字，总觉不安，枕上复诵，乃改为歇字，眼前语竟苦索数日不得，可笑也。愈知学诗当用多改之功也。

九时起，写《张迁碑》一页，第二通竟。读报。

数日来银价骤大落，前两月中，伦敦行情，大率来往于二十四辨士十六分之三（银一安士所值）。前日一落而为二十三辨士十六分之三，昨日更为二十三辨士八分之三，日金一圆至值上海银一两，正金、汇丰诸银行，皆停止中国汇兑，洵生计上一奇变也。暴落之原因，盖由印度增课银块入口税，盖世界之银块，供过于求久矣。前此恃印度为尾闾，自光绪二十九年，印度停止银币之自由铸造，需要日少，然究以境内银多，民间私铸甚盛，印政府不得已乃重课其税，遏其流入云。然经此次后，银价恐终无恢复至二十四辨士之日，只有每下愈况耳。而中国则不惟对外贸易，刻刻戒严，而外债磅亏，其负担之增重，殆不知所届，此犹不思速采金本位制，何异束手待毙耶？土耳其亦扩张海军，可谓东家效颦，与中国无独有偶。

英公使以西藏事件，质我外务部，部答以达赖谋叛，故黜之，吾国对于西藏政治，无所变更云。（东报电所述如此，恐有未尽。）又理藩部奏请特派专使，往印度与英督交涉，未知所欲交涉者为何事，窃以为专为说明理由，无须派使往印，英国既宣称严守中立，则其礼待达赖，原可置之不问，无为为此仆仆也。

达赖两诉于英俄，英俄方睦，若协以谋我，各于蒙藏交换利益，则盱食之日方长矣。今兹安危之机，全视外交矣。

午后假寐两小时许，过荷广小谈。

晚写《圣教序》半页，惫甚，十时遂卧。

二十二日（三日木曜）

八时半起，读报，作书数函，写《张迁碑》半页，为娴儿辈补批昨日日记。

英国政府本拟先提出豫算案然后及他案，今忽变其战略，集全力以攻击上院。其攻击上院也，本拟先提出上院改造案，今忽先提出上院否决权废止案，其英断实可惊。此皆由政府党不能得大多数，故以此要买爱兰党及劳佣党之欢心也。盖爱兰党之大政纲，在爱兰自治，然此事必为上院所厄，洞若观火，苟非从上院否决权为根本之解决，则其目的终无得达之时。爱兰党恐现政府财政案通过以后，将置此于不问，故要求先提此案，否则决不肯为政府之功狗。劳佣党对上院之态度，亦大略同之。政府之徇其意，实不得已也。今首相阿喀士宣言，谓将视此案之成否为去就。其在下院，则自由、爱兰、劳佣三党，同心敌忾，其得百一十余名之多数，必能制胜无疑。若在上院，则真与狐谋其皮也。此次或遂屈上院，而成为宪法上一大革命乎？或再解散下院，以致政府总辞职乎？二者必居一，于是，吾辈又拭目以观快剧也。

在野党首领张伯伦宣言，谓紧要之财政案，不吝协赞，不以小意见，误国家万机云云，其恢廓之度，与其政治上之德义，实可钦佩。此英之宪政，所以为万国冠也。然英政府现方以财政案为第二义，则安知在野党非以退为进，得集全力以抗争上院否决权一案耶？

加拉吉达电称，印度佛教徒，拟举空前之盛仪，以欢迎达赖。今方在准备中云，是殆有主之者，其野心固可愤，然以奇货授人，谁之责也？

美国海军部提出制舰案于国会，拟造三万二千吨之战舰二艘，每艘须制造费一千八百万打拉云，即此二舰，已须七千余万圆矣。我国今日而欲兴海军，犹却克欲与庆忌竞走，宁不可笑？

是日下午，因刘滇生（广东巡警道）到神户，约往相见，遂如神户，盘桓两日。

二十三日（四日金曜）

二十四日（五日土曜）

返寓。

二十五日（六日日曜）

昨夕彻夜成《国民筹还国债问题》一篇，凡七千余言。是日午前八时始就榻。午后一时起，子芝由长崎来。是日将《明治财政史》十五巨册，托刘君棣茂，带交秉三。是日作《西藏戡乱问题》二千言，未成。夜四时就榻。

二十六日（七日月曜）

十时起，是日为余初度，儿女列队奉祝，催人老矣。子芝远道来，临存之致可感也。（按：子芝，李端棨字）竟日与亲友作戏。除写《张迁碑》一页外，无他课。是日寄《国风报》第四号稿往上海。（以上四日皆二十七日补记）

二十七日（八日火曜）

十时半起。写《张迁碑》半页。读报。

美国费尔特费之劳佣者，约十二万人，拟为大同盟罢工，现方著著准备，决于本来复六日（阳历三月十二日）实行，届实行时，则市中一切给役，凡需人工者，当悉停止，全市黑暗骚扰之象，可以想见。据劳佣党之计划，非至胜败决定后，断不中馁云，各国报纸，咸称此举为有史以来最大之劳佣战争，有心人亟欲观其后效也。

是日偕子芝、荷广，及家人往大阪观剧，夜宿神户。

二十八日（九日水曜）

二十九日（十日木曜）

以上，二月一日补记。

二月

一日（十一日金曜）

七时半起，读报。写《张迁碑》一页，读日人所著《西藏通览》全部，略涉猎一过，下午游戏。

十二时，复作《张恰铁路问题》三千余言（未成）。二时就榻。

连日子芝在此，相与谈戏，除写字外，百课俱废。

四日（十四日月曜）

七时起，读报。写《张迁碑》一页（第三通毕业），《龙藏寺碑》半页。昨夕饮酒过度，觉头痛，十时假寐，至十二时乃愈。

是日子芝返长崎，始复理常课。读《政治官报》。

读《官报》，发钞江侍御春霖，连劾冯汝骙、朱家宝、张人骏，朋比谩欺，及专劾庆亲王老奸窃位，多引匪人诸折，慨然想见其为人。折中引包拯奏议、弹章有至七上，得请而后已者，谓区区之心，窃愿效之。议者或谓，仅对于一二人之事，刺刺不休，未免小题大做，甚且诮其欲沽直名，此皆非能知侍御者也。侍御折有云，方今国会未开，谕旨又禁言官毛举细故，臣虑言路诸臣，小者谓不必言，大者又不敢言，仗马寒蝉，习为容默，而二十二省之宪政，倚办疆臣之手，敷衍文书，无人举发。颁布宪法期以八年，恐未至八年，而天下事已败坏于督抚之手而不可收拾也。又云，枢臣贤否，实为治乱攸关。又云敢恳圣明，揽天下才，极一时选，古人梦卜求贤，版筑屠钓皆立作相，欲建非常之业，必用非常之人云云。综观诸折，所言皆关大体，而字字是血，句句是泪，洵至诚忧国君子之言也！不图餔糟啜醨之世，尚有此朝阳鸣凤，台垣有光矣。今侍御去矣，宋明谏官之批劾权贵，虽廷杖瘐毙相接，而继起不衰，所谓往车虽折，来轸方遒，而国之倾而未颠，决而未溃，恒赖乎此。呜呼！侍御去矣，台谏诸公，宁让侍御独为君子耶？

日本人之论，每谓中国欲行宪政，当废都察院，而我国学子，亦多有附和其说者。夫以法理论之，则立宪国有国会与政府相对峙，政府事事须对于国会而负责任，诚无取都察院以虱于其间，而台谏动以个人无责任之言，牵掣当道，亦不能谓绝无流弊。虽然，台谏之言，采用与否，其权固在君主，非如国会对抗政府之力，有宪法以为之规定，蔑视国会即为违宪也。然则台谏虽稍欢呶，于政体抑有何障害，视之与报馆之言论等，不亦可乎？窃谓政治上之监督机关，与其缺也，毋宁稍滥。我国将来，若能如英国行完全之政党政治，则都察院洵为无用之长物，若犹是大权政治，则此机关未可轻议废弃也。抑此又为八年以后言之耳。若在今日，则政治上独一之监督机关，惟有此院。院中诸君子，实应行将来国会所行义务之一部分。国家前途，于兹托命焉。诸君子其思所以自处矣。

偶读度支部议复南北洋拨款请互相抵拨折，为之一叹。

五日（十五日火曜）

十一时半起，读报。写《张迁碑》一页。

江侍御之黜也，陈、赵、胡三给御合词请收回成命，不省，以致激动全台，公上言路无所遵循，请明降谕旨一疏，士气之昌，差强人意。考言官风烈，莫盛于宋明，而以一人之去就，起全台之公愤者，尚未之前闻。此次之折，闻不署名者仅一人，此实与全台无异，台中自是增一段名誉之历史矣。顾尝论之，以宋明气节之盛，乃未闻有全台一致如今日者，其故盖别有在。宋明权臣，无论若何专恣，要莫不有畏惮言官之心，必杂置私人于言路以为己援。故其言路，恒分为政府党与非政府党之二派，今也全台皆不党于政府，洵属千古美谈，然亦可见言路之不足轻重，而政府视同无物也久矣。呜呼！是亦可以观世变也。

作《西藏问题关系事件调查记》五页（未成）。为娴儿辈批点日记。二时就榻。

六日（十六日水曜）

十二时起，读报。写《张迁碑》半页。

续作张恰铁路问题七百言（成）。续作西藏勘乱问题六千言（成）。为娴儿批点日记。四时半就榻。

七日（十七日木曜）

八时起，读报。写《张迁碑》半页。

英国改革上院案，已提出于国会，其大恉则变世袭的而为选举的。此案若通过，则将来英国上院之性质，当与法国略同矣。英国当一八三二年以前，上院恒为皇帝与政府所倚重，自选举法改正后，纯变为政党政治，于是上院非成为无用之长物，即出于离立之中间，改革论之起，三十余年于兹矣。格兰斯顿、罗士勃雷诸老辈，以毕生之力鼓吹之，时机未熟，蹉跎不成，今兹其或遂成矣乎。

东报称，哲布尊丹巴此次大助政府攻击达赖喇嘛，因达赖去年至库伦时，与彼大生意见，今故报复云。此诚一佳消息。黄教之大宗有四，一达赖，二班禅，三章嘉呼图克图，四哲布尊丹巴，而哲布尊在蒙古之势力尤极大，其有所言，蒙人奉之如响也。吾曾言今次之变，必须利用章嘉，以谋善后。所以不言班禅与哲布尊者，盖以班禅已为英所利用，且确知哲布尊久已为俄所利用也。今哲布尊知尊朝廷，更能以章嘉与之勠力，则藏事庶可定矣。虽然，哲布尊此举其或受人嗾使与否，仍未可知。君子不逆诈，不亿不信，与其洁不保其往，谓宜大奖之以劝来者矣。

全台又有连衔劾沪道蔡乃煌之举，狮子搏兔，亦用全力耶？抑所搏者，非兔而实虎耶？

是日以睡不足，写《龙藏碑》半页，午后屡假寐。晚作《官制与官规》六千言未成。发庇能（南洋地名）书一封。四时半就榻。

八日（十八日金曜）

十二时起，读报。写《张迁碑》半页。

美国此次议会，提出一种新税目，曰奁资税，凡奁资在千金以上，则税之，最少者税千分之二十，多者以累进率递增。其嫁于外国者，则税之加重云。此实自美作古之新税目也。遗产有税，则奁资亦宜有税，同为财产移转，受之者同为不劳而获，一税一否，洵为不公。此税若行，他国必将有踵之者矣。且美国女子，近最喜嫁与欧洲各国中落之勋爵子弟，以求虚荣，其重课之也亦宜。

读督办盐政大臣奏章各种办事章程，不过多添些差缺而已，不见有一毫之根本改革。所谓新政，大率如此，为之一叹。

是日写《圣教序》半页，《龙藏寺》一页，《龙藏寺》第一通卒业。为娴儿批点日记。作《宪政浅说》千言。二时半就榻。

九日

缺

十日（二十日日曜）

十二时起，读报。写《张迁碑》一页。为杂客所扰竟日。晚十二时后，为娴儿批点日记，及改所拟《请复宋儒王安石从祀孔庙折》。作《宪政浅说》千言。五时就榻。

十一日（二十一日月曜）

咨议局十论论题随记。（咨议局议决权之保障，咨议局与外交，各省咨议局之联合，咨议局与政党。）

是日写《张迁碑》《龙藏寺》《圣教序》各半页。

未时起，碧泉忽自东京至，与谈数时，故日间除写字外，无他功课。

晚作《咨议局与政治问题》二千五百余言。点定《中国古代币材考》，且续作千言。点定《中国国会制度私议》，续作千言。点定《论国民当亟求财政常识》，续作五百言。作《英国政界剧争记》三千言。直至翌晨九时乃就榻。

十二日（二十二日火曜）

午后四时始起。诵玉谿"醉起微阳若初曙"之句，觉别是一种况味也。写《张迁碑》《龙藏寺碑》各半页。

铁良开陆军部尚书缺，荫昌代之。铁良本袁世凯所汲引，及得志则排袁。袁既去，复为人所排，以有今日。十年以来之政局，则袁世凯之排吾党也。瞿鸿禨、岑春煊之排袁，而为袁所噬也。端方、铁良之排袁而去之也，端、铁之复为人所排也。螳螂黄雀，互相捕噬，其他小丑，依附升沈，而国家遂断送于群小之手。悲夫！

作《台谏近事感言》四千言成。为娴儿辈批点日记。四时半就榻。

十三日（二十三日水曜）

午后二时起。是日涛贝勒抵日本之马关。

写《张迁碑》《龙藏寺碑》各半页，《圣教序》一页，点定《变盐法议》，并续作千言（成）。晚间作《上涛贝勒笺》，千余言（未成）。觉头痛，三时半就榻，展转达旦不能成寐。

十四日（二十四日木曜）

晨六时始成寐，午后二时起。

英政府提出限上院议决权案于下院，其内容凡三端：（一）上院对于财政案，不能否认，不能修正。（二）财政以外之法案，苟在下院连续三会期通过者，虽无上院之同意，亦得成为法律。（三）议会以五年为一会期。《泰晤士报》大攻击之。谓此案若行，则上院实全等于伴食云。此次英政府处骑虎难下之势，非摧抑上院气焰，实无以自存。而上院为自卫计，必决死防战，大约非再行总举，不足以决胜负也。然上院权利之限制，早晚必当实行，英国终必成为一院制之国，盖可豫言耳。

是日写《张迁碑》《龙藏寺碑》《圣教序》各半页。

晚间续作《上涛贝勒笺》成之，凡四千言。

诵"郁郁涧底松"一章，感慨系之，尚须自写，厌极辄弃之，且图美睡。

为娴儿辈批点日记。三时就榻。

十五日（二十五日金曜）

十二时起，写《张迁碑》一页，第四通卒业。写《龙藏寺碑》半页。

荫五楼与德国某报馆访事语，谓受事后，将实行征兵制度，且广兴军事教育，但度支部计必反对，彼将以去就争之云云。其言实壮，虽然，凡百政策必相待而始行，征兵制度，亦岂如是简单可举者，况不从财政上立有方案，他事又安能议及耶？

上涛贝勒笺

（前略）立宪之政，惟其实不惟其名，苟实之不举，而徒欲袭此名，以上下相蒙，未有能济者也。夫国家之有政治，犹轮船、汽车之有机器也。机器事件有一不具，或虽具有而稍有锈坏，则不能以运行，以甲种机器移置于乙种机器，则枘凿而不相入，其究也归于两败。故古今中外之图治者，莫急于统筹全局，纲举然后目张。而我国今日之筹备宪政，譬诸用锈坏之旧机器，杂取他机器之一二事件以搀入之，而又不能具者也。夫自筹备宪政以来，亦既若上下勤力，惟日不足，而某顾乃以此比之者何也？盖无论欲举何政，必委诸行政机关，而任之者则在司此行政机关之人。今试以我国行政机关，比之东西诸立宪国，其有一相类者乎？以我国行政机关之人，比诸东西诸立宪国，其又有一相类者乎？以行政机关论之，则京署与外署不相连络。京署之中，各部与各部不相连络；外署之中，各省府州县互不相连络。而无论京署、外署，其署内职司，复各不相连络，责任无所归，功过无所考，冗员充牣，糜帑而不事事，此我国现在行政机关之情状也。以司机关之人论之，则内外群僚，其乃心国家，忠于职务者，千万人中不得一二焉；即有一二，又未必明于世界大势，知立宪国官吏所当有事，惟蹈常习故，致谨于簿书期会之间已耳。然此已其最贤者也，其他则大率恃苟且奔竞以进，视官职为市易之具，巧立名目，罔利自肥，一切要政，悉以敷衍了之，此我国现在司行政机关之人之情状也。夫以机关则如彼，以司机关之人则如此，此如董仲舒所谓琴瑟不调，甚者必改弦更张，然后可鼓。苟非挈裘振领，正本清源，于整饬纪纲澄肃吏治之道，痛下一番工夫，而务举其实，则复何一事之能办者。而今也不然，旧制之弊，旧习之壤，一切因而勿革，而徒骛新政之名。朝设一署，暮置一局，今日颁一法，明日议一章，凡他国所有新政之名目，我几尽有之矣。然人之有之，则以为国利民福之具；我之有之，则以为钻营奔竞之资。信如是也，则不如其无之，犹可以不致滥糜国帑，而斫丧国民之元气也。且国家凡百庶政，无一不互相连属，而其缓急先后之序，非统筹全局，则无以剂其宜，同是一要政也。往往有非先办甲事，而乙事万不能着手者，一误其序，则并归于无成而已。乃今之筹备宪政，其本末倒置者不知凡几，此某之所最为寒心也。试举一端论之：夫政无大小，其举之莫不需财，故欲办一事，必须将此事所需之财源，立一计划，确有把握，然后兴作。一国财源，只有此数，而应办之事太多，则权其轻重缓急，而分配务使得宜，此施政之本也。乃还观我国之财政则何如？岁入不满二万万，而偿还外债本息去其六千万，所余者乃分配于中央政府及二十二行省，以为政费。即新政一事不办，夫固已竭蹶不可终日。今也朝设一署局，暮颁一法令，条诰雨集，责吏民以奉行，而奉行之经费，则惟挪东补西，挖肉填疮，而绝未尝有一定之计划，此而欲其办有实际，安可得乎？今且勿论他事，殿下所司者，军政也，请言军政。陆军三十六镇之计划，创之已数年矣，而考其所以程功之道，则惟有分配各省而责成于督抚，无论督抚未尝实心任事也，即有实心，而费又安从出？各省所入，其支销皆已前定，而未有一省入能敷出者。今中央政府，责以某省练若干镇，某省练若干镇，文告急于星火，而一语及费之所出，则不复能置词，惟曰饬该督抚，无论如何，必须先尽此款而已。督抚虽极公忠，虽极多才，而无米之炊，云何能致？陆军既若是矣，而海军则亦有然。今之筹办海军，非欲借此以自齿于东西诸强之列耶，而试观现在世界海军之趋势则何如？各国每次之扩张案，其经费动十余万万，一战舰之制造费，动数千万，今我国之筹办海军，其将以为装饰之美观耶，抑期于可以一战耶？若期于可以一战，而不先从财政着手，以现今区区之岁入，就令将大小庶政一切停止，而悉举以投诸海军，阅十年之久，而吾所成就者，犹不足与欧洲第三四等之海军国比，况乃列强哉！今于海军财政，一无所计划，而惟责各省督抚以报效，报效者虽逾千万，而迁延年余，实缴者不及二三十万，夫恃千余万以办海军，已如九牛一毛，不知何用而可，况并此而为虚数也哉！而各督抚所认报效之款，又岂尝将该省财政通盘筹划，确见有此余闲款项，可以随时提支者，不过以此买政府欢心，得以为升迁之资，迨升迁他适，而前此所报效之责任，非复吾事矣。凡今日督抚之所以对付政府者，胥是术也。由此言之，则殿下与诸邸，虽日夜不遑启处，以图陆海军之发达，而其效又乌可睹耶？然此固不能尽为各督抚咎也，每岁所入，仅有此数，而待支之款，百川而不穷。今日军咨处及陆军部曰，无论款项若何紧急，先尽陆军；明日海军筹办处曰，无论若何紧急，先尽海军；又明日则邮传部曰，先尽某铁路；又明日则民政部曰，先尽警察；学部曰先尽教育。其他凡百庶政，莫不有然，要其结局，则无论何项，皆不能尽，以其尽无可尽，且虽不尽，而政府亦无辞以相难也。各督抚亦知其然也，故惟悉置不理，一味敷衍迁延以塞责，或揣测某部某处权力较大者，则略为应酬，以谋升迁之地，其他非所问也。然则无论若何良法美意，但以财政不给之故，即搁置不能举，借欲举之，则不过京外文牍往还，涂饰了事。此实我国近数年来政界之现状，无可为讳者也。夫使其弊，徒在新政之不能举办，犹可言也，而最危险者，乃在假新政之名，而日日朘人民之脂膏以自肥。数年以来，各省所兴种种杂捐，名目猥繁，为古今中外所未闻，人民之直接间接受其荼毒者，至于不可纪极。殿下特未尽知之耳，苟其知之，必将有瞿然愀然而一日不能以安者。夫以各国租税所入，与吾相较，则吾民之负担，似不得云重。虽然，此当视其国民之富力何如，未可以皮相断也。盖欧美列强，国民财产平均每人约二千余圆，其每岁收入赢息，平均每人二百余圆，故虽纳十余圆之租税于国家，毫不觉其重。今我国民财产收入未有调查，虽不能言其实数，然各种生利事业，尽为外人所夺，十年以来，人口货物所值，平均过于出口者一万三千万两，合以外债本息，每年漏卮于外者，合计约二万万两以上，积十余年，为二三十万万两，民力几何，奚以堪此？故二三年来，各处城市，破产频仍，恐慌屡起，今日全国，实已至民穷财尽之时，更事诛求，不出数年，悉成饿莩矣。然则国家将一切不取诸民，而坐听各种新政，经费无著，悉置不办乎？是又不然。苟能遵财政学之公例，以理一国之财，则自有许多新税源，可以绝不厉民，而增国帑数倍之收入者。以某之谫陋，前此曾略拟一中国改革财政私案，窃谓苟能实见施行，则每年得十万万元之收入，殊非难事。但非将财政机关，从根本以改革之，无从措手耳。今不此之务，而唯竭泽而渔，以朘削贫窭之小民，充其量所得不能增千数百万，而举国已骚然矣。夫民至于不能自赡其生，则铤而走险，何所不至。无曰养兵即可以防乱，试观唐宋元明之末叶，何一非由财政紊乱，酿成剧变，以至于宗社为墟耶？试观英国、法国百年前之革命，何一非由赋税繁重，民不堪命，群起而与王室为难耶？夫即以财政一项论，苟非及今以霹雳手段经理之，而其祸之所极，已不堪设想。况乎今之所谓筹备宪政者，其纷纠而无纪，敷衍而无实，无一非财政之类也。夫苟非迫于时势之万不得已，则亦何取乎立宪？既曰立宪矣，苟徒袭其名，思以涂饰天下耳目，而实际乃与立宪政治之原则相反，则将来患之所中，必有视专制为更甚者。彼波斯、土耳其两国，固与我国同一年宣布立宪者也，徒以阳托其名，而阴反其实，遂以酿成大乱，两国之皇室几覆焉。殷鉴不远，此去年事耳。今者举国官吏，见朝廷立宪明诏，三令五申也，则人人自托于筹备，观其奏报之文，虽若甚美，而究其实心实力，忠于国家，忠于宪政者，能有几人？大率借此为干进之阶，罔利之途，择肥而食，饱则扬去耳。彼辈视官职为传舍，精华已绝，褰裳去之，国之安危，于己无与也。故人人明知外患内忧之岌岌不可以终日，顾各怀得过且过之心。若殿下则安能，殿下与国家为一体，与朝廷为一体，国家朝廷，万年有道，则殿下安富尊荣，与天无极。国家朝廷，脱有不讳，则殿下欲为长安一布衣，岂可得耶？某岂好为此不祥之言，实有见夫今日官方之颓坏如彼，民力之凋悴如此。而徒日托于筹办新政，毫不审缓急先后之序，绝不为综核名实之谋，此如久病之夫，而杂进庸医之药，不至速其死生而不止，此某所为椎心泣血，而不自觉其言之戆也。俄奥两国，关于巴尔干问题有所协定，虽其内容如何未能详悉，要之实欧洲国际政局，日趋平和之兆也。盖巴尔干问题，实起于十九世纪之中叶，迄今垂六十年，未尝一日宁息。而此问题，实可分之为二，其一则巴尔干半岛内各国，缘政治之腐败，人种、宗教、国性之冲突，为巴尔干人民自身之忧患者也；其二则列强之与巴尔干有关系者，常生出政治上、外交上之冲突，为欧洲共同之忧患者也。所谓列强之冲突，举凡全欧各国，殆无一能免，然其最紧要之脉络，莫如俄奥对抗。自《巴黎条约》《柏林条约》以来，非惟不能缓和其势，且常若加增之。去年奥人忽将坡士尼亚、赫斯戈维纳两国吞并，几酿俄奥之战，终以奥与德有攻守同盟之约，俄人慑于德之兵威不敢动，而两国之积憾日益深，今兹协约，其或能以交让精神，一剖宿案耶？虽然，自顷一月以来，塞尔维亚、布加利亚两国王，相继朝于俄。俄人所以笼络之者，不遗余力，煽动阴谋，路人皆见，恐巴尔干小康之象，亦不过暂支目前而已。此等政局，虽于吾国无关系，然亦可见，凡一国内政不修，即为全世界扰乱之媒，而列国之共同干涉，时或出于不得已，我国人不可不审所以自处也。

晚饮酒太多，竟至大醉，九时半即沈沈然睡。

十六日（二十六日土曜）

五时起，电灯犹未熄也。庭中散步良久，至畅适。写《张迁碑》一页，读报。

涛贝勒抵神户，侨民及日人往迎者数百人。而此贵客乃高卧不起，并其随员亦无一人出而周旋，迎者怨詈而去。呜呼，辱国甚矣！

江西之九南铁路，又向日本借债四百万两，闻由东亚兴业会社承借，将来工程材料，皆归该会社一手包揽云。一方面则湘鄂方以死力拒款，他方面则诸路纷纷议借，吾国人之举动，无往而不矛盾也。

发一长函与君勉，已积十函不复，愧赧欲死矣。得大人手谕，命幼女名曰静，以宁静致远之义警我，敢不受教。晚写《圣教序》一页。

作《再论筹还国债会》三千言（未成）。为娴儿批点日记。十一时半就榻。

十七日（二十七日日曜）

七时起，写《张迁碑》半页，读报。

东报称，清江浦有新式军队二大队，于本月初十前后，忽然叛乱，鄂军往剿，仅乃敉平云。入春仅四十日，而新军生事已三报矣。吾常言，中国将以练兵亡国。呜呼，其毋使我不幸而言中也？

美国人要求锦州附近开矿权，闻已许可，此锦爱铁路生出之结果也。

闻理藩部严劾川滇边务大臣，得旨召还，其曲直虽非吾辈所深知，然朝廷此举，得毋近于杀晁错以谢七国耶？举棋不定，吾不知其所终极矣。

美国共和党，将有内讧之象，该党之专政垂二十年矣，当麦坚尼、卢斯福执政时，势若旭日中天，敌党屏息不得一伸，塔虎特受事未及一年，而人心日去，孰谓立宪国不恃人治哉？

荷庵昨日适西京，持吾书以谒将军溥侗，且将见涛贝勒焉。侗将军相见，致问良殷，而极述涛童騃之状，且与言朝局甚悉。其究也，归于疾不可为而已。侗好学解事，诚挚深沈，南海先生昔尝谓：天潢中有此人，中国犹有余望。刘裴村亦曾有一诗诵其志节，十年以来，佯狂自晦，吾意其堕落久矣。今据荷庵言，知岁寒松柏，固自殊异也。顾徼箕虽贤，无补于殷社之墟，悲夫！写《龙藏寺碑》《圣教序》各半页。

续作《再论筹还国债会》四千言（成）。二时就榻。

十八日（二十八日月曜）

十一时半起。写《张迁碑》半页，读报。

昼写《龙藏寺》《圣教序》各半页。作《新军滋事感言》，成数百字中辍。发书数函。

晚作《学养篇》，仅成七百言。为娴儿辈批点日记。一时半就榻。

十九日（二十九日火曜）

连两日，就榻后皆展转达旦始成寐，甚矣习之不易变也。十二时起，读报。写《张迁碑》半页。

前年以劾亲贵去官之赵提学（启霖），今兹因江侍御见黜，再抗疏严劾庆邸，留中不报，遂乞骸骨，许之。呜呼，又弱一个矣！

东报称，抚顺煤矿交涉事，我政府绝无准备，其所争境界问题，日人绘一矿区附近地图，提出交涉，我政府不以为然，而始终未尝能绘一地图以相示，其所主张何在，漠然不能捉摸，惟一味迁延云云。嘻，我外交手段如是，人之自由行路，抑何足怪！

读阮步兵《咏怀诗》，感不绝于余心，遂写三首，尚拟全写之。

晚写《圣教序》半页。续写阮诗一页。

是日，始发心读《大乘起信论》。所读者为桂伯华居士依贤首国师义记科注本（居士三年前所赠也），而以织田得能之讲义辅之。吾将以能卒业与否，卜吾罪业之浅深，根器之利钝也。为鼎父改文。三时半就榻。

将寝矣，视娴儿砚有剩墨，惜其明晨将被涤弃，乃取以写《张迁碑》半页，遂至四时，可叹也。

二十日（三十日水曜）

一时起，读报，写《张迁碑》半页。

东报称，简始（按：简始，陈昭常号）抗疏请建责任内阁，此诚今日第一义，老友真可爱也。

读《大乘起信论》五页。论中，依一心法，有二种门，一者心真如门，二者心生灭门。《易》所称，易有太极，是生两仪，似亦与此义颇有相合处，但两仪之阴阳，似不能相摄未见圆融无碍之体相矣。宋儒好言太极，全是蹈袭佛说，而不知其不类也。

写阮诗一页，《圣教序》半页。续读《大乘起信论》两页。为娴儿批点日记。作《新军滋事感言》二千五百言（成）。作《驭藏政策之昨今》千五百言（成）。四时半就榻。

二十一日（三十一日木曜）

一时起，读报，写《张迁碑》半页。读《起信论》二页。四时如神户，因少彭（按：少彭，麦氏，即双涛园主人）归。与荷庵共饯之也。十一时返寓，续读《起信论》，桂氏科注本，仅存义记中之释本文者，于其每段前幅所述大意，往往删去，致文义不明，非善本也。今依织田讲义补读。

是日由东京购得影本《广唐贤三昧集》一部，为宗室文昭集录手写者，文昭为渔洋弟子，是集综合渔洋诸选本而荟录之，故题曰渔洋山人元本，依初盛中晚，分前正续后四编，前此未有刻本，其写本落朝鲜人之手，复归日本人，展转为荆州田吴炤所得，以金属印刷法影印之，颇极精美。田今为使馆参赞也。

欲作文而意不属，取西奈波士氏之《欧洲现代政治史》读之，尽五十页。四时就榻。

二十二日（四月初一日金曜）

十二时起，读报。写《张迁碑》半页。读《起信论》五页。写《圣教序》《龙藏寺碑》各半页。入夜作《论请愿国会当与请愿政府并行》一文四千言（成）。为娴儿批点日记，为娴儿、鼎甫改文。五时半就榻。

二十三日（二日土曜）

是日张隐南招宴，起后即往神户，夕宿焉。

二十四日（三日日曜）

午后一时自神户返寓。写《张迁》《龙藏》各半页，《圣教序》一页（第八通卒业。入春后写此颇少），他课悉停。

晚间，作《再论锦爱铁路问题》一篇，此事由秉三倡始，曾有书告我暂时勿发论，则已无及。今日楚卿书至，言日人借吾言以游说当道，事将中辍，乃以系铃解铃相责，故勉为之，非本意也。为娴儿辈批点日记。发书数函。四时半就榻。

二十五日（四日月曜）

昨夜不能成寐。凌晨，出一策问题，示娴儿辈，即略与论文，至十时始寝。午后四时起。写《张迁碑》半页。读《大乘起信论》（桂本三页，织田本五十页）。

朱晦庵注《大学》，谓明德者，人之所得乎天，而虚灵不昧，以受众理而应万事者也。但为气禀所拘，人欲所蔽，则有时而昏，然其本体之明，则有未尝息者。此全取佛语以释经也，其所称虚灵不昧之本体，即佛所谓真如；其气禀人欲，即佛所谓无明。但人曷为而能得此明德于天，天有此明德，曷为惟人独能得之，而气禀人欲，又从何处突然而来，此皆不可解者。朱子窃取佛说，而将其最要因缘生法之一义斥去，则无往而可通也。

写阮嗣宗诗三首。是夕亦至曙乃成寐。

二十六日（五日火曜）

十二时起，读报。写《张迁》《龙藏》各半页，写阮诗三首。读《起信论》（桂本一页，织田本十二页）。下午，荷庵来谈，后复有杂客，妨我功课，甚厌之。晚作书数通。为娴儿辈改文，并批点日记。四时就榻。

二十七日（六日水曜）

夜间又不能成寐，凌晨遂起，拟俟下午少假寐，图今夕之美睡也。读报。写《张迁碑》一页（第五通卒业）。

报载，昨日有置一爆弹于摄政王府前之桥者，都中相惊以革命党，逮捕多人云。

读《大乘起信论》（桂本二页半，织田本四十页）。

作《军机大臣署名与立宪国之大臣副署》一篇千言。下午作娴儿生日诗，未成。晚写《圣教序》半页。八时就榻，居然得美睡。

二十八日（七日木曜）

六时起，天气佳甚，散步园中，得诗一首。

清明居然放晴暄，雏莺雏燕屋梁喧。百虫向阳争翾翩，余亦晨兴窥小园。桐乳舒苞柳眼小，山茶海棠都开了。独有樱花不放愁，似惜佳人隔云表。（期若海、孺博不至）

娴儿今日生日，作一诗示之：

令娴我娇儿，今始满十七。泥爷乞作诗，用宠渠生日。阿爷尺有短，娴也夙所悉。论文若鮀佞，说诗遽艾吃。蚓笛偶一吟，闻者笑咥咥。何苦学子固，呕心献丑拙。重违此诚求，拉杂聊有述。忆汝初生时，吾方还里阀。太爷乍抱孙，欢喜乃无匹。平居重生男，诸姑壹靡恤。阿好独怜汝，旦夕不离膝。一夕扶醉归，仰楣画太乙。醒汝于母怀，摩汝始燥发。吾恃汝承欢，忘忧若朏朏。无何吾适燕，布衣对宜室。末技市屠龙，客气吐扪虱。未睹鹏翼举，已遭蛾眉嫉。雪涕出修门，轻身走溟渤。其时汝五龄，念未去梨栗。间关侍母来，省我蛟鼍窟。逃险茧生足，啼饥瘦见骨。却从眉宇间，神理见英发。郁彼瑶玗光，葆此蕙兰质。吾方不受命，思挽虞渊日。赢粮走八荒，穷日所出没。屡遭削孔迹，几见黔墨突。迩来又十年，景光驶以疾。汝已如我长，群季又兰苕。君子不教子，诵诗愧贻厥。自从哭鼎湖，世事愈毻毸。悬知连城宝，永受迷邦刖。戢彼南图翼，理我西狩笔。稍从铅椠余，示汝学津筏。颇复雕文心，渐亦解诗律。论史慕膺滂，读左友侨肸（令娴方补读《左氏传》《后汉书》将卒业）。札记日数条，课卷旬一帙。向拓颜欧书，昔昔劼不聿。有时曼声吟，啾唧若秋蟀。程功尚无忒，行此六阅月。堂奥虽未窥，所进已奔轶。当知学问道，有若蛾时术。千里积跬步，成之在无逸。欲鞿文行远，首贵言有物。涓涓蹄涔水，盈易涸亦忽。浩浩江河流，振古挹不竭。方今东西通，诸派竞滂浡。物情自吹万，道际会贯一。倘有哲人兴，兹事吾敢必。汝已解作文，幸不病鞫诘。行当渡西海，通邮掇华实。国学苟多荒，虽美终有阙。勉矣锲不舍，希圣究始卒。葆此雏凤声，毋为江北橘。

写《张迁碑》半页。读《大乘起信论》（桂本三页，织田本二十四页）。写《圣教序》半篇。作《力命篇》未成。晚间休假。为娴儿辈批点日记。十二时就榻。

二十九日（八日金曜）

昨夕竟又不能成寐，在榻上读《俱舍宗大意》（日本赍藤唯信所著），遂尽二百页。治佛学大约须先从此入手。盖大乘教破我法两执，然我执之形相，俱舍宗之小乘教言之最详，其所以破之者，又较浅显易于领会，而诸法名目及其因缘，惟俱舍论列举最悉，若不治此，而先读大乘经论，决无从索解也。吾今将俟《起信论》卒业后，即读《俱舍论》，次乃读《成唯识论》，此或合于入道次第耶？

八时半，偕荷庵往神户，送麦少彭归国。十时返领事馆，以待侗将军。二时侗将军至自东京，来见于商话别所之楼上，深谈四时许，述朝局甚悉。一言蔽之，则群骏群盲以国家为市利之具，绝无一线光明，绝无半点光明而已。惟我本不希望政府，故闻其言亦无闷也。侗将军见识明敏，远过昔年，此操心危虑患深所致，然英气销磨亦甚矣。天潢中有此人，而卒无救于危亡，岂天已厌清德耶？呜呼，因念刘裴村先生（光第）曾有一诗，录之于此：

国有封将军，赐名为溥侗。龙种异凡子，拔迹金玉中。希圣识攸归，向方且多通。盛时每浩叹，忧国怀精忠。涕泣有所陈，小人势已雄。上言皮小李，下言济宁公。天下久唾弃，胡不忍决痈？内则有权阉，战安得有功？帝曰汝未知，岂余小子衷？余与汝徐徐，且可为开蒙。海云升朝霞，光映殿角红。引之跪近前,惨淡亲天容。帝曰汝勉哉,匪直光国宗。大廷实乏才,豢养诸疲癃。将军顿首谢,感激厉匪躬。问年十七八,雏凤鸣喈喁。何意宗室内,乃睹此奇童。一木千万叶,青黄各不同。一水千万派,清浊自朝东。(按:将军昨为我言,今年三十五岁,裴村此诗作于甲午乙未间,故曰问年十七八。)

晚间隐南约往大东旅馆小酌,返领署后,因阻雨不得归,又无榻可下,乃作竹戏达旦,于是连两夜未睡矣。

三十日(九日土曜)

九时返寓。十一时就寝。午后五时起。写《张迁碑》半页,读报。

为娴儿辈批点日记。三时就榻。

选自《饮冰室合集·专集之二十九》

哀 启

哀启者，不孝①启超，今负人间世无等之重罪，犹复靦然视息，更何敢有所述以辱我先君子②。虽然，我先君子之潜德，与夫不孝之罪状，固不可不于未死之前一陈述也。

呜呼痛哉！先君子往矣，当世贤士大夫其久亲炙于先君子者盖寡，或罕能道其行谊③。然吾乡邻族郦，乃至附近诸县鄙之耆献④，闻先君子之丧，虑无不汍澜⑤怆悼，是以知先君子平昔之德业，感人深也。

吾家自始迁新会，十世为农，至先王父教谕公⑥，始肆志于学，以宋明儒义理名节之教贻后昆⑦，而先君子以幼子最见钟爱，传家学独劭，少亦治举子业，连不得志于有司⑧，遂谢去，教授于乡。不孝启超、启勋及群从昆弟，自幼皆未尝出就外傅，学业根柢，立身藩篱，一铢一黍，咸禀先君子之训也。先君子常以为所贵乎学者，淑身⑨与济物⑩而已。淑身之道，在严其格以自绳；济物之道，在随所遇以为施。故生平不苟言笑，跬步必衷于礼，恒情嗜好无大小，一切屏绝，取予之间，一介必谨，自奉至素约，终身未尝改其度。不孝等每劝勿太自苦，辄教以家风不可坏，而衋然⑪以后辈之流于淫

---

①不孝，梁启超的谦称。旧时父母丧事中常用于自称。
②先君子，旧时对已故父亲的称呼。
③行谊，指已故之人的事迹、行为。
④耆献，也称耆宿，指有学问、有声望的老年人。
⑤汍澜（wán lán），流泪貌。
⑥先王父，即故去的祖父。教谕公，梁启超的祖父梁维清曾在县里担任过教谕，故又称教谕公。
⑦后昆，即后嗣，子孙。
⑧有司，即有关部门之意。古代设官分职，各有专司，故称有司。
⑨淑身，意为以善修身。
⑩济物，即济人，指救助安抚百姓。旧时用来形容朝廷大臣的抱负。
⑪衋（xì）然，悲伤痛惜貌。

佚为忧也。

粤濒海，民俗夙剽悍，赌盗械斗，视为常业。先君子常疾首痛恨，谓三害不去，乡治无由。而举吾乡夙曾与邻乡曰，东甲者，械斗三十年不解。东甲固同宗也，颇挟其科第资财，思以屈我乡，乡人愈积不能平。既而不孝启超弱冠①登第，稍有声于庠序②，乡人咸欲假以伸夙怨。先君子曰，此和解之时，非报复之时也。率不孝诣东甲，谒其宗祠，遍拜其父老，使执子弟礼加谨。于是东甲大欢，积年干糇之愆③尽捐，至今敦睦友助，过他乡焉。县之诸乡化之，斗者尽惭，相率请先君子为之解纷，先君子未尝不锐以自任，而所至盖未尝不宁息。浸假而邻县若新宁，若香山，若开平，若恩平，若鹤山，其乡之民有悁忿思斗者，辄相语曰，其先质成于梁太公。先君子则不问祁寒暑雨，必裹粮匍匐以救之。盖近三十年，此数县械斗之风稍息，民命借以全活者，不知其几，皆先君子心力为之也。

先君子谓赌为盗源，欲化盗必先禁赌。比年④以来，治粤者方以奖赌为理财妙用，全粤久成赌国，独吾乡则博簺之具⑤不得入境，盖先君子之于此物，嫉之甚严，而禁之甚周。当初禁时，子弟有不率教者，或于丛箐中辟密室，或匿舟港汊复曲之处，风雨深夜，相聚而嬉。先君子恒踏泥泞，揭沼沚，以搜索之，既得则诲以利害，至于流涕，彻旦不息。先君子尝缘此犯霜露致疾，而受者亦内疚以自澡雪⑥，卒为善士。久之而比闾相戒，以不忍欺矣。

粤海滨诸县，为群盗窟宅垂百年，吾乡绾毂⑦崖山之口，称最冲剧。顾比岁乡中无一盗，而外盗亦未或敢一相扰，盖自先君子既任乡政，先绝赌以清盗源，复办团以防盗侵。吾乡虽丁男不满千，然团保之力实足以自固。故三十年来办清乡之军吏，其足迹未尝一履吾茶坑，而吾茶坑亦未尝一度以盗

---

①弱冠，泛指男子20岁左右的年纪。梁启超登第时只有17岁，不足20岁。
②庠序，即古代的地方学校。
③干糇，指干粮、粮食。愆（qiān），过失。
④比年，意为近年。
⑤博簺（sài）之具，指一种赌博游戏所用器具。
⑥澡雪，意为改正。
⑦绾毂，指交通要冲之地。

案劳有司之检护。在乡人固安之若素，而不知皆先君子瘁涸①心血以易之也。

呜呼，频年来先君子以不孝故，常播越②于外乡，风亦稍替矣，而茶坑之乡治，犹为最于吾粤。使先君子之业不一中辍，其所大造于乡，宜何如者？使先君子之业扩而充之，其所大造于国，宜何如者？先君子虽排难解纷，日不暇给，事后有言谢者则掩耳。若将浼③，踧踖④若无以自容；或强之，则所受以糕饵二纸盒、酒二瓶为常。自挈以归，糕饵则赉⑤童孺曰，此某乡某某长老所馈也；酒则贮以飨客，瓶累累有标识，视一岁积瓶而本岁所和息之事，其数可知也。

或问事非切己，何所求，何所为，而劳苦若此？先君子则曰，吾亦不自知，吾但觉人有困厄，为吾力所能解者。苟吾力不尽，则吾心一息不能自安耳。直至去年夏秋之间，先君子为林姓与陈姓、周姓与刘姓两械斗案，犹费数月之力，为之往复奔走，其老而无倦也。若此，孔子称仁者安仁，呜呼，吾先君子几近之矣。

先君子之孝友睦慈，其庸德⑥实为人所莫能及。不孝启超生始弥月，而先王母⑦黎见背⑧，不及见其所以孝养者如何。而逮事先王父教谕公者犹二十年。教谕公年七十四，而弃养⑨时先伯父松涧公先卒已四十年，先仲父梅涧公先卒亦十六年矣。教谕公自六十五以后，无岁不病，两伯母皆异宫以处，唯先君子与先慈⑩实日夜侍。昔人称奉亲懿行⑪，谓衣不解带，目不交睫者若

---

① 瘁，意为过度劳累。涸，意为干涸。这里指梁启超的父亲为家乡平安用尽了心血。
② 播越，意为流亡。
③ 浼（měi），意为请托。
④ 踧踖，恭敬而不安状。
⑤ 赉（lài），意为赐予、给予。
⑥ 庸德，又称常德，指一般的道德规范。
⑦ 先王母，指故去的祖母。
⑧ 见背，指长辈去世。
⑨ 弃养，父母去世时所用婉辞，谓父母死亡儿女不得奉养，亦泛指尊者、长者死亡。
⑩ 先慈，指故去的母亲。
⑪ 懿行，意为善行。

干月，若吾父母之事吾王父，则十年之中若此者，岁必数月也。先慈既以积劳奄逝，其最后五年之役，则先君子一身自任之。自饮食以逮溲溺①，息息需人，先君子必躬自操执，子侄仅得间接承事而已，曾未有所假手。

教谕公常以先君子之能治乡事为乐，且于诸孙学业责望至切。先君子日则劬劳②乡社、乡校间，夕则就病榻报告成绩以博欢笑，盖十年如一日。逮教谕公既考终③，不孝等稍稍成立，而先君子精力亦渐渐耗瘁矣。先君子同怀④六人，其四蚤逝，唯家三姑母适赵氏者，齿弱于先君子六岁，今又健存而既寡居，故数十年兄妹相依为命，浃旬⑤不见，则结轖⑥不能自解。先大伯母二十五而寡，先君子事之如母，有一子为先兄启昌，字伯蕃，先君子笃爱之过于不孝兄弟，顾授之学，督课甚严，不稍姑息。学成饩⑦于庠，才名籍甚，先君子方稍自慰。而伯蕃遽以二十九岁夭没，妇以哀殉，遗三子不数年而长次复继夭，唯幼仅存。先君子深痛极恸，坐是更不忍与先伯母远离。盖先伯母极人生不堪之境遇，晚而失明，能排遣一二以保其天年者，唯先君子是赖。先君子既以友于之爱，不愿斯须去乡井，而不孝启超乃自作孽，亡命十余年不返，贻先君子以惊忧播越，至再至三，间岁辄一涉重洋抚视不孝等而噢咻⑧之，然在家则系念儿孙远出，又萦怀嫂妹，十余年间，心绪未尝一日宁帖。先君子之无量痛苦，一一皆不孝贻之戚也。

先君子精力之强，体魄之健，逾于常人，平生极操劳而遘疾殊少。年二十八，遭先王母之丧。先王母之丧，以急病气息既不属，而先君子始躬负以归命于祖屋之正寝。其间相距可半里，因感受医家所谓骸风者，自是每遇暴风雨将至，辄全身筋骨作酸痛，数十年不治。然舍此无他大疾苦。辛亥之冬，尝大病一次，时革命方酣，广东秩序大乱，扶病以适日本，不孝等一见欲号，盖面目几不可识认矣。已而颐养数月，健善似反过其旧。去年三月，

---

①溲溺，意为解小便。
②劬（qú）劳，意为辛苦、劳累。
③考终，意为享尽天年，长寿而亡。
④同怀，即同胞兄弟姐妹。
⑤浃旬，满十天为浃旬，也指较短的时日。
⑥结轖（sè），意为郁结不畅。轖，气结不畅。
⑦饩（xì），意为给养、俸禄。
⑧噢咻，意为安抚、笼络。

不孝等南归介寿，而先君子复率之遍展诸墓，攀崖越岭，步履甚健，不孝等窃窃自喜慰，谓更锡十龄，彼苍其或不有所吝。时帝制之议已浸萌芽，不孝启超乃窃请于先君子，谓将弃官避世，奉亲以终。先君子正色切责曰：汝与项城①既已共事，项城苟欲干国纪，汝宜思所以匡救之，阻止之，不得则思所以裁制之，惩治之，不务此二者，而唯思洁其身，非能率吾教也。遂督促克日北上，不孝等乃皇悚告行。

呜呼痛哉！酷哉！使早知彼日即为与吾亲永诀之时，虽日日威以夏楚②，何当寸步去左右？使吾亲早知彼爱子自兹以往即无复更受彼顾复之日，当亦不忍割此心上肉而麾之去也！

呜呼痛哉！酷哉！不孝启超岂复能齿于人类？禽兽犹知反哺，不孝乃并禽兽而不如！先王父卧病十年，先君子未尝一日不侍侧，犹常以奉侍不谨，引为大戚。不孝之于先君子，乃并未尝得一刹那顷奉侍。受病不知何时，服食不知何药，当吾亲宛转殗殜③之日，正不孝指天画地之时，两月不成服④，百日不奔丧，日日锦衣美食，华堂宴处，勾心斗角，抗颜抵掌，以谈当世之务，人伦道尽，何以自容？

呜呼痛哉！酷哉！先君子之丧，旧历二月十一日，而今历三月十四也。距丧前半月，不孝奉手谕，告以尝撄⑤小极，旋已全愈。谕中有陈林械斗将复起，不能卒调停，引为至憾。复谆谆言三舍妹姻事，冀速见其成。末更授不孝以苏子瞻⑥《留侯论》，命终身诵焉。由今思之，语语皆遗命也。使不孝稍有感觉者，以彼时奔归侍养，何患不及事？不孝罪孽积躬天夺之魄⑦，闻亲病

---

①项城，指袁世凯，河南项城人。
②夏（jiǎ）楚，即教师使用的教鞭，以此鞭策学生。这里指父亲以此鞭策梁启超。夏，同"榎"。
③殗殜（yè dié），意为病不太重，时卧时起的样子。
④成服，旧时丧礼大殓之后，亲属按照与死者关系的亲疏远近穿上不同的丧服，叫"成服"。
⑤撄（yīng），意为触犯，缠绕，这里指梁启超的父亲在信中说，他曾有过一点不适，已经好了。
⑥苏子瞻，即苏轼，字子瞻，号东坡居士，故又称苏东坡，宋代文学家，《留侯论》是他的一篇散文，这篇文章根据《史记·留侯世家》所记张良圯上受书及辅佐刘邦统一天下的事例，论证了"忍小忿而就大谋""养其全锋而待其毙"的策略的重要性。
⑦天夺之魄，意为天夺去了他的魂魄，比喻人已离死不远。

而狃于小愈，瞷然不以为意，有噩征而不之省也。

呜呼痛哉！酷哉！不孝之罪实通于天！先君子盖病于香港，殁于香港，其时不孝启超身在香港，而乃委死父于不顾也。不孝方应武鸣陆公①之召，入桂从军，而取道香港。以三月八日至十二日行，不审以何罪业为鬼瞷弄，自发罪念，妄以所履至险，惧贻老父忧，不敢往朝，且不敢通闻问疾，大渐两日，而不孝乃去港。不孝去港两日，而病遂不起也。闻先君子之病，初本甚微，忽见报纸，谣登不孝启超发狂疾入医院，疑惧相乘，遂以增剧。使不孝能以其时忽诣膝下，安见不霍然病已？即不尔，而更征良医选药物，病殊非不可疗。盖病之加剧，乃在误食汤圆，胀梗胃际，非不治之症，而人事有未尽也。天乎，律以春秋许止②不尝药之义，不孝启超乃躬弑吾父也。

呜呼痛哉！酷哉！先君子弥留之际，乃严责家人，毋得以电召不孝启超，谓不孝方有事于国也。使不孝犹在国中者，无论如何，其必能闻报而奔视含敛，乃万咎所业，天罚未已，使之越在安南穹远复绝之域，蜷伏展转，经月始达南宁，音信梗断，百无见闻。由南宁而梧州而肇庆而广州，中更事态万千，所历又复经月，不孝启勋等罪又万死，乃徇亲朋之请，匿不以告，而不孝启超于此两月中，乃食肉衣锦，雍容欢笑，曾不自知其非人。亲朋所以为不孝计者用心至苦曲，而用情至厚挚，不孝其安敢有怼③？独恨不孝天性凉薄，自绝于天，自绝于吾父，遭此大故，阅数十日曾不能于寤寐中得一征兆以自警觉，致陷于旷古未闻之大戾而未由自赎，实自求祸，其又谁尤？犹复不知其罪，嚻然思于役异域，道出港沪之间，不孝启勋始不能更复有所隐，一一告以实。而不孝启超既已成天地间莫大之罪人，而永劫弗克自湔拔矣。

呜呼痛哉！酷哉！邦人诸友，不知其不肖，或妄以国事相期许，国事丝毫何所裨补？而只此一垂老之亲，生不克养，病不克侍，丧不克亲，悠悠万

---

①武鸣陆公，即陆荣廷，广西武鸣人，壮族，时任广西都督。
②许止，春秋时许国许悼公的太子，父亲生病，他找来一服药给父亲吃，不料，父亲吃药后便死了，《春秋》责他弑君，因为他只知进药而不知替父亲尝药，造成了父亲的死亡。梁启超以此责备自己没有尽到孝道。
③怼（duì），意为怨恨。

古，人间何世，彼苍者天，曷其有极！今者干戈满眼，魑魅搏人，奉輀[1]归葬，不知何日，大事未了，安敢祈死，以益其罪，有觍[2]苟活，诚知不复能齿于人数，但思乘此苫块[3]余生，一述先君子之盛德大业，庶几海内耆硕长老锡以鸿藻，永其讴思，小之为泉壤之光，大之兴国人之化，则不孝等虽死之日，犹生之年，神志瞀乱，语无伦次，伏唯矜鉴。棘人[4]梁启超、启勋、启文、启雄泣血稽颡[5]。

选自《饮冰室合集·专集·附录》

---

[1] 輀（ér），即古时运载灵柩的车。
[2] 觍（tiǎn），即人脸。
[3] 苫块，即"寝苦枕块"的缩写。按照古礼，居父母之丧，孝子要以草荐为席，土块为枕。
[4] 棘人，遭父母之丧者的自称。
[5] 稽颡（qǐ sǎng），犹言稽首。颡，指脑门儿。

梁启超在徐志摩和陆小曼婚礼上的训词

徐志摩！陆小曼！你们的生命，从前很经过些波澜，当中你们自己感受不少的痛苦！社会上对于你们还惹下不少的误解。这些痛苦和误解，当然有多半是别人给你们的，也许有小半由你们自招的吧？别人给你们的，当然你们管不着；事过境迁之后，也可以无容再管。但是倘使有一部分是由你们自招吗（呢）？那，你们从今以后，真要有谨严深切的反省和勇猛精勤的悔悟——如何把痛苦根芽，划除净尽，免得过去的创痕，遇着机会，便为变态的再发。如何使社会上对我们误解的人，得着反证，知道从前的误解，真是误解？我想这一番工作，在今后你们的全生命中，很是必要。这种工作，全靠你们自己，任何相爱的人，都不能相助。这种工作，固然并不难，但并不十分容易，你们努力罢！

你们基于爱情，结为伴侣，这是再好不过的了。爱情神圣，我很承认；但是须知天下神圣之事，不止一端，爱情以外，还多着哩。一个人来这世界上一趟，住几十年，最少要对于全世界人类和文化，在万仞岸头添上一撮土。这便是人之所以为人之最神圣的意义与价值。徐志摩！你是有相当天才的人，父兄师友，对于你有无穷的期许，我要问你，两性爱情以外，还有你应该作的事情没有？从前因为你生命不得安定，父兄师友们对于你，虽一面很忧虑；却一面常常推情原谅，苦心调护。我要问你，你现在，算得着安定没有？我们从今日起，都要张开眼睛，看你从新把坚强意志树立起，堂堂的作个人哩！你知道吗，陆小曼？你既已和志摩作伴侣，如何的积极的鼓舞他，作他应作的事业，我们对于你，有重大的期待和责备，你知道吗？就专以爱他而论，爱情的本体是神圣，谁也不能否认；但是如何才能令神圣的本体实现，这确在乎其人了。徐志摩！陆小曼！你们懂得爱情吗？你们真懂得爱情，我要等着你们继续不断的，把它体现出来。你们今日在此地，还请着许多亲友来，这番举动，到底有什么意义呢？这是我告诉你们对于爱情神，负有极严重的责任，你们至少对于我证婚人梁启超，负有极严重的责任，对于满堂观礼的亲友们，负有更严重的责任。你们请永远的郑重的记着吧！

　　徐志摩！陆小曼！你们听明白我这一番话没有？你们愿意领受我这一番话吗？你们能够时时刻刻记得起我这一番话吗？那么，很好！我替你们祝福！我盼望你们今生今世勿忘今日，我盼望你们从今以后的快乐和幸福常如今日。

选自《梁启超传》